Ingrid Ramm-Bonwitt

Mudras – Geheimsprache der Yogis

Ingrid Ramm-Bonwitt

Mudras –
Geheimsprache der Yogis

Verlag Hermann Bauer
Freiburg im Breisgau

CIP-Titelaufnahme der Deutschen Bibliothek

Ramm-Bonwitt, Ingrid:
Mudras – Geheimsprache der Yogis / Ingrid Ramm-Bonwitt. –
2. Aufl. – Freiburg im Breisgau : Bauer, 1988
    ISBN 3-7626-0325-1

Mit 10 Farbtafeln, 45 Schwarzweiß-Abbildungen und 192 Zeichnungen im Text.
Umschlagbild: Buddha Amida mit Beschwichtigungsgeste.
Kamakura (Japan), 13. Jahrhundert (Musée Guimet, Paris).

2. Auflage 1988
ISBN 3-7626-0325-1
©1987 by Verlag Hermann Bauer KG, Freiburg im Breisgau
Alle Rechte vorbehalten
Umschlaggestaltung: Grafikdesign Wartenberg, Staufen
Satz: IBV Satz- und Datentechnik GmbH, Berlin
Druck und Bindung: Druckerei Welsermühl, Wels
Printed in Austria

Inhalt

Einleitung

Mudra, ein Wort mit vielen Bedeutungen, wird als Geste, mystische Stellung der Hände, als Siegel oder auch als Symbol bezeichnet. Diese symbolischen Finger- oder Körperhaltungen vermögen bestimmte Bewußtseinszustände oder -vorgänge bildhaft darzustellen. Umgekehrt können die bestimmten Haltungen auch zu den Bewußtseinszuständen, die sie symbolisieren, führen.

Die Mudras scheinen ihren Ursprung im indischen Tanz zu haben, der als Ausdruck höchster Religiosität gilt. Der Tanz, ein Geschenk des Gottes Brahma, ist nach Ansicht der Hindus eine Form des Gesanges mit dem Körper. Der Tänzer vermag sich dank des poetischen und musikalischen Hintergrunds völlig auf seinen Körper, seine Hände, seine Füße und Augen zu konzentrieren. Der indische Tanz offenbart uns eine Art Metaphysik der Gebärde, eine Körpersprache, in der Gedanken und Gefühle symbolisch ausgedrückt werden.

Die Bewegung des ganzen Körpers, die Haltung des Kopfes und des Oberkörpers, die Armführung und die Modulation der Hände übernehmen die Stellung des Wortes. Freude, Triumph, Liebeswerben, Wehmut, Resignation, Zorn, Angst und so weiter werden mit festgelegten Gesten (Mudra) wohlabgemessen zum Ausdruck gebracht. Der indische Tanz wird als physische Manifestation des kosmischen Rhythmus angesehen. Shiva Nataraja, der König des Tanzes, ist der Gott des Rhythmus. Sein Tanz verkörpert nicht nur seine göttliche Hoheit, sondern auch die ewige Bewegung des Universums.

Die spirituelle Bedeutung der Mudras fand ihren vollkommenen Ausdruck in der indischen Kunst. Die in der hinduistischen und buddhistischen Kunst dargestellten Gesten der Gottheiten und die Attribute, die sie mit sich führen, symbolisieren ihre Funktionen oder rufen bestimmte mythologische Begebenheiten wach.

Dank vielfältiger Tendenzen und regionaler Besonderheiten erlebte die indische Kunst, insbesondere die Bildhauerei, vom 2. bis zum Beginn des 4. Jahrhunderts eine Phase ausgesprochenen Formenreichtums. Aus dieser Zeit gibt es viele Werke, die sowohl vom Hinduismus als auch vom Buddhismus inspiriert worden sind. Dank ihrer reichen Ikonographie und der großen Zahl erhaltener Werke steht die buddhistische Kunst in dieser Zeit jedoch im Vordergrund.

Von den bildlichen Darstellungen des Gautama Buddha sind sechs Mudras bekannt, die in einem engen Zusammenhang mit seinem Leben und seiner Lehre stehen. Die beiden Richtungen des Buddhismus, Hinayana (das »Kleine Fahrzeug«) und Mahayana (das »Große Fahrzeug«) betrachten die Buddhadarstellungen als ein Mittel, die Verinnerlichung zu fördern und eine tiefe Atmosphäre des Glaubens zu schaffen.

Die Mudra ist auch aufs engste mit den Ritualen des Tantrismus verbunden. Im tantrischen Ritual, das aus Mudras, Mantras (heiligen Silben) und Visualisationen besteht, umwirbt der Gläubige liebevoll seine angebetete Gottheit mit dem Ziel, diese in sich selbst zu realisieren.

Der Tantrismus war im 8. Jahrhundert nach Christus zu einem gesamtindischen Phänomen geworden und hat viele Bereiche des indischen Lebens, vor allem die Kunst, stark beeinflußt.

Die ersten literarischen Fundamente des hinduistischen Tantrismus finden sich in den Shiva-Tantras des Pashupata-Shivaismus, der von der philosophischen Lehre der Samkhya-Philosophie geprägt wurde. In diesen ersten Tantras aus dem 7. bis 9. Jahrhundert findet man heilige Texte, Riten zur Verehrung von Shiva sowie Techniken des Yoga.

Auch der Buddhismus erlebte eine große tantrische Bewegung, die weit über Indien hinaus Bedeutung erlangen sollte und heute noch im tibetischen Buddhismus und in Japans Shingon-Sekte lebendig geblieben ist. Für die tantrische Richtung des Buddhismus wurde der Begriff »esoterischer Buddhismus« geprägt, da alle mit den Tantras und ihrem Geheimwissen verbundenen Lehren in esoterische Sprache, Symbolik und Ikonographie eingekleidet wurden. – Der buddhistische Tantrismus entwickelte sich etwa seit dem 4. Jahrhundert und kam in Indien zwischen dem 6. und 12. Jahrhundert zur spirituellen und kulturellen Blüte. Die wichtigsten Hilfsmittel des buddhistischen Tantrismus für das Fortschreiten auf dem spirituellen Weg sind die Mantrarezitationen, die Einweihung in die geheimen Mandalas, die yogischen Techniken der Visualisation und Konzentration und die Anwendung der Mudras, der symbolischen Handgesten. Einige der bekanntesten Gesten sind uns von den Buddha- und Bodhisattva-Statuen her bekannt. Bei den tantrischen Mudras handelt es sich um die Nachahmung der Gesten des Buddha, mit deren Hilfe man die Buddhanatur in sich realisieren möchte.

Im Hatha-Yoga, der typische tantrische Elemente enthält, bezeichnen Mudras Hand- und Fingerstellungen sowie Körperpositionen, die benutzt werden, um sich in einen bestimmten Bewußtseinszustand zu versetzen. Es ist bekannt, daß der Körper in seinen Gesten die psychischen Bewegungen, wie Freude, Trauer, Wut und so weiter ausdrückt. Daß umgekehrt die körperliche Bewegung und Haltung Einfluß auf die Psyche haben, ist weniger bekannt. Nach Ansicht der Yogis beeinflussen bestimmte Körperhaltungen und Gebärden (Mudras) unsere Psyche und können bewußt auf diese einwirken.

Als Begründer des Hatha-Yoga gilt Gorakhnath, der wahrscheinlich im 12. Jahrhundert gelebt hat. Er gilt als Verfasser einer heute verlorenen Abhandlung über den Hatha-Yoga, die eine Summe von traditionellen Disziplinen und Techniken beschreibt, mittels derer man zur vollkommenen Beherrschung des Körpers gelangt. Die hathayogischen Abhandlungen wie die Hathayoga-Pradipika aus dem 15. Jahrhundert, die Shiva-Samhita und die Gheranda-Samhita basieren wahrscheinlich auf der Literatur des Gorakhnath.

Kapitel 1

Mudras im indischen Tanz

Die mystischen Handgesten, die Mudras, spielen im indischen Tanz, der aufs engste mit der Religion, der Poesie und der Dramatik verbunden ist, eine so wichtige Rolle, daß ihnen im Natyashastra, der ältesten Tanzbibel der Welt, ein ganzes Kapitel gewidmet ist. Durch die Sprache der Hände und die Ausdrucksfähigkeit des Gesichtes vermag der indische Tänzer allen Empfindungen Ausdruck zu verleihen. Die reiche Symbolik der tänzerischen Gestensprache ist nur durch den vorausgegangenen Bewegungsablauf und Sinnzusammenhang zu verstehen. Die Kenntnis der indischen Mythologie bildet die Grundvoraussetzung zum Verständnis des indischen Ausdruckstanzes.

Zu den bekanntesten indischen Tänzen gehören Raslila, der Liebestanz Krishnas mit den Hirtenmädchen, der als Analogie zur Beziehung zwischen der menschlichen Seele und Gott verstanden wird, und Tandava, der kosmische Tanz des Gottes Shiva, der die Zerstörung der Illusionswelt symbolisiert.

Der Gebärdentanz, der aus einer Verschmelzung der verschiedenen Kulturströmungen in Indien hervorgegangen ist, lebt noch heute in Hunderten von indischen Dörfern und Städten weiter. Die hohe Kunst des Gebärdentanzes drang im 8. Jahrhundert nach Christus nach Thailand, Kambodscha, Indonesien und Japan. In diesem ganzen Kulturgebiet sind Gebärdentänze, wenn auch in erstarrter Form, noch heute lebendig.

Der indische Tanz

Die indischen Tänze sind Mimen, in denen sich der Tänzer durch Stellungen, Körperbewegungen und Gesten ausdrückt. Der mimische Tänzer vermag in zwei Minuten das auszudrücken, was das Worttheater in zwei Stunden sagt. So spielt der Mime in wenigen Minuten den Lebenslauf eines Menschen, Jugend, Reife, Alter und Tod. Die Symbolik der Geste ist so reichhaltig und ebenso präzise wie die Kunst des Wortes. Beim indischen Tanz mit seinen metaphysischen Tendenzen ersetzt die ganze Ansammlung von Gebärden, Zeichen und Haltungen das Wort. Die Körpersprache des indischen Tanzes vermag verborgene Bereiche des Gefühlslebens und unergründliche Zustände des Denkens auszudrücken, wozu die Sprache nicht imstande ist. Die Symbole der Gestensprache gewinnen durch ihre Vielzahl an Interpretationsmöglichkeiten eine größere Bedeutung für den Geist als es das Wort vermag. Sie bezaubern den Zuschauer und bilden eine fortgesetzte Stimulanz für den Geist.

Der indische Tanz will den Zuschauer zu einer genußvollen, aber leidenschaftslosen Betrachtung des Lebens anregen. Die Mittel, mit denen der Tänzer diesen Genuß hervorruft, sind die Rasas, die Empfindungen. Es gibt acht sogenannte stabile Rasas: Liebe, Heiterkeit, Ärger, Trauer, Stolz, Angst, Empörung und Verwunderung. Indem der Zuschauer von angsterfülltem zu heiterem, von erotischem zu traurigem Rasa geführt wird, erweckt der Tänzer eine Anzahl von Stimmungen, die schließlich in einem neunten Rasa, der genußvollen Summe aller Rasas, gipfelt. Neben den acht stabilen Rasas gibt es nicht weniger als 33 unstabile Verfeinerungen und Abwandlungen, die von Entmutigung, Schwäche und Unruhe bis zu Freude, Traum und Sicherheit reichen. Jeder dieser Rasas kann im Verlauf des Tanzes kurz auftauchen und dann wieder in den Hintergrund treten. Nach der Aufführung eines Tanzdramas soll der Zuschauer ein Gefühl des Friedens und der Ausgeglichenheit empfinden.

Der Tanz als Träger religiöser Tradition

Der Tanz gilt in Indien als hochentwickelte Kunstform und ist von der Religion und Philosophie nicht zu trennen. Er ist eine mehrdimensionale Kunstform, die metaphysisches Wissen, Poesie, Dramatik und Mimik miteinander verbindet. Die Kenntnis der indischen Epen Ramayana und Mahabharata, der Bhagavad-Gita sowie der Mythologie bildet die eigentliche Voraussetzung zum Verständnis des indischen Tanzes. Alle Hauptthemen der indischen poetischen und religiösen Literatur finden ihren Ausdruck im Tanz. Er ist ein Geschenk der Götter und ein Mittel, um mit ihnen zu kommunizieren. Im indischen Tanz erhält alles eine religiöse Dimension. Sogar die erotischen Tänze haben esoterische Bedeutung; so ist die menschliche Liebe eine Analogie der Beziehung zwischen der Seele und Gott. Der Tanz der Seele mit Gott ist der Versuch des Menschen, zum Göttlichen zu gelangen:

> »Die Bewegung des Körpers ist hier so sehr vergeistigt, so sehr ist jede Nuance des Spreizens der Finger und der Armbewegung zum Ausdruck einer seelischen Bewegung geworden und so sehr ist jede seelische Bewegung ein Schritt zu, von und in Gott, daß von einer vollkommenen Harmonie gesprochen werden muß. Daher jeder, der einmal indisches Tanzen gesehen hat, ahnt, daß hier die innerliche Bewegung des mystischen Auf-

stiegs der Seele zu Gott sichtbar wird. Der Körper ist ganz und gar zum Instrument geworden. Manchmal fast bewegungslos, aber immer im höchsten Maße expressiv, ist der Körper, soweit nur irgend möglich, entfernt von dem, was der Westen ›sinnlich‹ nennt.«[1]

In Indien findet man kaum einen Volkstanz, der ohne seinen religiösen Hintergrund zu verstehen wäre. Der indische Tanz war und ist bis heute Bestandteil vieler sozial-religiöser Handlungen. Von der Geburt bis zum Tode wird der Mensch vom Tanz begleitet. Bei jeder religiös-festlichen Gelegenheit finden Volkstänze statt, die sowohl im Tempel, dem Ort der religiösen Überlieferung und Erziehung, als auch außerhalb des Tempels aufgeführt werden.

Gemäß der Tradition wird der Tanz vom Guru an den Schüler weitergegeben, der erst dann in der Öffentlichkeit auftreten kann, wenn sein Lehrer ihn dazu für fähig hält. Die Anwesenheit des Gurus beim ersten öffentlichen Auftritt ist unerläßlich. Jeder Schüler führt zu Beginn seiner Ausbildung eine Zeremonie zu Ehren des Meisters (Gurupuja) aus. Er bietet ihm ein neues Gewand, einen Ring aus Gold, Blumen oder andere Geschenke an und verspricht, ihm treu zu sein und gehorsam seinen Anweisungen zu folgen. Von diesem Moment an nimmt der Lehrer seinen Schüler an und führt ihn in seine Kunst ein.

Die Ursprünge des indischen Tanzes

Ausgrabungen in Mohenjo-Daro und Harappa haben schlüssige Beweise dafür erbracht, daß der Tanz in Indien schon vor 5000 Jahren ausgeübt wurde. Die Bronzefigur eines tanzenden Mädchens, die zu Beginn dieses Jahrhunderts ausgegraben wurde, deutet auf die vorarische Tradition des Tanzes hin. Diese Figur stellt möglicherweise eine Vorgängerin der Tempeltänzerinnen (Devadasis) dar.

Die meisten Forscher sehen die Anfänge des klassischen indischen Tanzes in den mimischen Tänzen, die bei Götterfesten stattfanden, vor allem bei den Krishna- und Shiva-Kultfesten. Beispiele dafür sind die Tänze Krishnas, in denen seine berühmten Kinderschelmereien und seine Liebesverhältnisse mit den Hirtinnen dargestellt werden. Auch der Gott Shiva erschien als mimischer Tänzer, als Erfinder des Tanzes, der durch seinen Tanz die Menschen befreien wollte. Shiva, der tanzende Hochgott der Inder, vereinigt in sich die zwei anscheinend unvereinbaren Aspekte, den dionysisch-ekstatischen und den apollinisch-kontemplativen. Er ist Urasket und Urtänzer zugleich.

---

1 Zitiert bei Sequeira, Ronald A.: *Klassische indische Tanzkunst und christliche Verkündigung*, Seite 38

Die Inder behaupten, der Tanz sei göttlichen Ursprungs, ein Geschenk des Gottes Brahma, das er dem Weisen Bharata überreichte, der damit die Menschen erfreuen sollte. Wer dieser Bharata wirklich war, ist bis heute noch nicht geklärt. Er gilt als Verfasser des Natyashastra, des ältesten und einzigen Tanzkodex auf der ganzen Welt, der auch heute noch den indischen Tänzern als Lehrbuch dient. Mit seiner Datierung haben sich mehrere Forscher befaßt. Eine Analyse gewisser Inschriften weist darauf hin, daß diese Tanzbibel bereits im 2. Jahrhundert nach Christus bestanden hat. Das Natyashastra gilt jedoch nicht nur als Gesetzbuch für den Tanz, sondern auch als Lehrbuch für Drama, Musik und Poesie. Unter Natya versteht man die gesamte darstellende Kunst. Dem Natyashastra wurde später ein zweiter Text hinzugefügt, das Abhinayadarpana, das Erläuterungen der Gestensprache der Hände, der Mudras oder Hastas enthält. Beide Bücher gelten als Hauptquellen der Tanzsprache.

Das Natyashastra bildete den Endpunkt einer Entwicklung, die sich über mehrere Jahrhunderte hin entfaltet hatte. Der indische Tanz ist aus einer großartigen Verschmelzung der verschiedenen Kulturströmungen, die der Subkontinent kennt, hervorgegangen. Die hohe Kunst des Gebärdetanzes, die im Abendland verlorenging, lebt noch heute überall in Indien weiter.

Die Klassifikation der Bewegungen

Der indische Tanz verfügt für alle Lebensumstände über eine mannigfaltige Mimik und eine genau festgelegte Zahl von bestimmten Gebärden, die von dem indischen Publikum nicht die Anstrengungen der Übertragung verlangen, da sie ihm seit der Kindheit vertraut sind. Die festgelegten Fingerstellungen, das mechanische Augenrollen, das Verziehen der Lippen, die ganze Dosierung der Muskeltätigkeit mit ihren methodisch berechneten Effekten schließt jegliche Improvisation aus. Der europäische Zuschauer, gewöhnt an szenische Freiheit und spontane Improvisation, ist oft schockiert über diese Art geistiger Architektur aus Gebärden und Mimik. Der indische Tanz ist mit einer bewundernswerten »mathematischen« Genauigkeit berechnet. Nichts bleibt dem Zufall oder der persönlichen Initiative überlassen.

Doch obwohl dieser Tanz mit verwirrender Minutiosität geregelt ist, hinterläßt er beim Zuschauer durch seine Überfülle von Eindrücken und seinen unerschöpflichen Vorrat an Gebärden eine Empfindung von Reichtum und Phantasie.

Bharata beschreibt im Natyashastra die verschiedenen Stellungen, Ausdrucksmöglichkeiten, Bewegungen und Handgesten. Es werden allein dreizehn Bewegungen des Kopfes, acht Arten des Blicks, neun Bewegungen der

Augen, neun der Lider, sieben der Augenbrauen, sechs der Nase, der Wangen, der Unterlippe, des Kinns, des Mundes, vier Bewegungen des Gesichts, neun des Halses und 24 Handgesten beschrieben.

Die Gestensprache der Hände

Die Hände sind das sensibelste Werkzeug und die ausdrucksvollsten Glieder des Menschen und ein wichtiges Mittel zur Kommunikation.

>»Die Hand ist eines der wichtigsten Instrumente aktiver Kommunikation zwischen uns und der Außenwelt. Wir nehmen etwas mit den Augen wahr – das gibt uns ein Bild, und wir machen uns eine ungefähre Vorstellung. Das perspektivische Sehen erlaubt uns eine Schätzung von Größe und Entfernung. Doch genauere Informationen und reale Größenverhältnisse erhalten wir erst, wenn die Dinge in unserer Reichweite sind, wir sie berühren können. Durch die Hände stellen wir den Kontakt zu ihnen her. Wir nehmen und geben mit vollen Händen und Armen. Wenn wir diese Beziehungen unterbrechen wollen, ziehen wir unsere Hände zurück. Mit den Händen weisen wir auf etwas hin, wir können mit ihnen beschreiben und unsere Gefühle zum Ausdruck bringen. Angesichts dieser Fülle von Funktionen und Verständnismöglichkeiten unserer Hände wird klar, welche Zwangsjacke eine Erziehung dem Menschen anlegt, die Verarmung der Bewegung, ein gemessenes Benehmen, Zurückhaltung zum Ziel hat. Sie unterdrückt die Sprache seiner Hände und nimmt ihm damit eines seiner wichtigsten Mittel, die Welt zu begreifen. Wer sich nicht mit den Händen ausdrücken und mit ihnen den anderen erfahren kann, entbehrt eines der wichtigsten Verständigungsmittel und beschränkt seinen eigenen Gefühlsreichtum.«[2]

Die Handbewegungen, die Mudras oder Hastas, spielen im indischen Tanz eine so große Rolle, daß Bharata ihnen im Natyashastra ein ganzes Kapitel gewidmet hat. Mit seinen Händen vermag der indische Tänzer allen Empfindungen Ausdruck zu verleihen, wie sich freuen, weinen, drohen, trauern, sich fürchten, Abscheu zeigen, Vertrauen schenken und dergleichen. Der Kern der Sinnübermittlung in der Gebärdekunst liegt in der Ausdrucksfähigkeit des Gesichts, der Augen und in der Gestensprache der Hände. Das Gesicht stellt die inneren Zustände (Bhava) dar, und die Hände ermöglichen die Übermittlung eines bestimmten Sinnes. Durch das Zusammenspiel von Händen, Augen und Geist kommt es zu einer Darstellung der inneren Zustände,

---

2 Molcho, Samy: *Körpersprache*, Seite 142

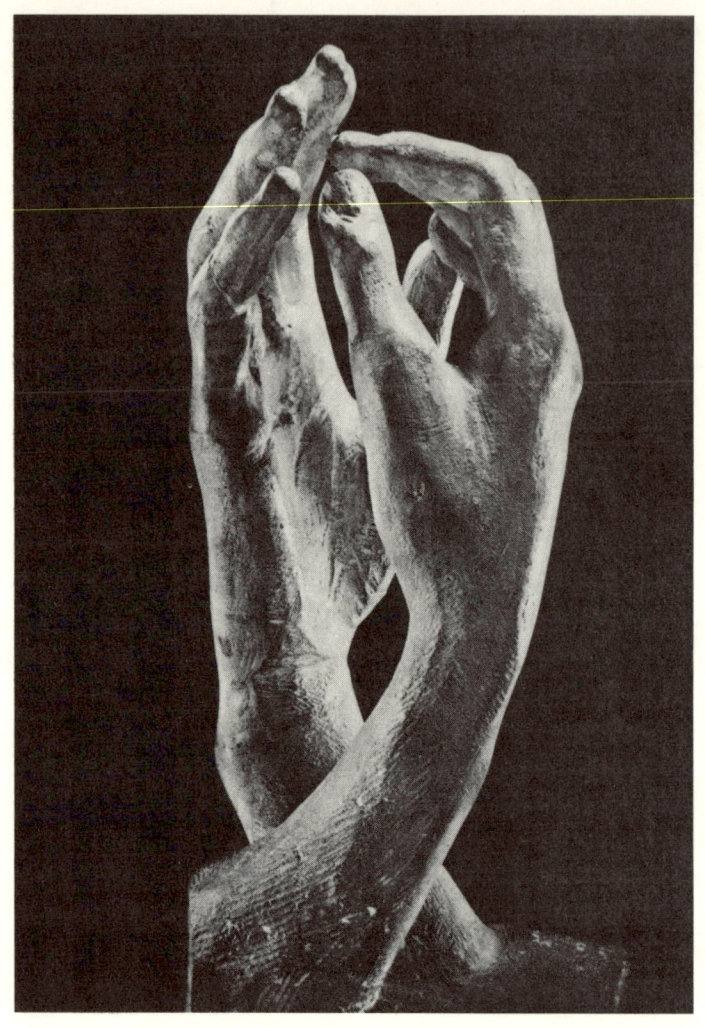

Auguste Rodin: Die Kathedrale

und dadurch entstehen die Grundstimmungen (Rasas). Durch die Sprache seiner Augen und Hände vermag der Mensch seine innersten Gedanken und Gefühle zum Ausdruck zu bringen.

Zahlreiche Gesten sind Nachahmungen dessen, was der Mensch in der Natur gesehen hat. Die Erscheinungen in der Natur wiederum stehen symbolisch für bestimmte Empfindungen oder weisen auf bestimmte Götter hin. So symbolisieren zum Beispiel Muschel, Fisch und Garuda den Gott Vishnu, während der Pfau für den Gott Karttikeya steht.

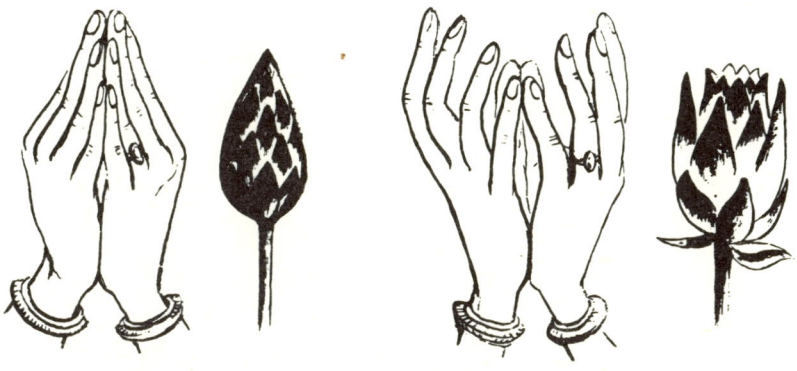

Die Lotosknospe   Die halbgeöffnete Lotosblüte

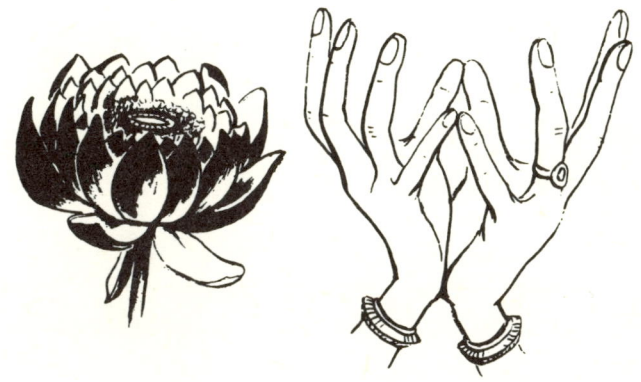

Die vollerblühte Lotosblüte

Die Pfau-Geste

19

Die Geste des mystischen Vogels Garuda

Die Hirsch-Geste

Die Fisch-Geste

Die Muschel-Geste

Der Tanz, ein Geschenk der Götter

Brahma

Die Hindu-Tradition besagt, daß der Tanz nicht von den Menschen, sondern von den Göttern geschaffen wurde. Brahma, als Gestalter des Universums und Wächter der Welt, gilt als Begründer dieser Kunst. Er ist der Gott der Weisheit, und die ersten vier Veden sollen aus seinem Haupt entsprungen sein. Man glaubt, er sei aus einer Lotosblume geboren, die Vishnus Nabel entsprang. Sein hervorstechendes Merkmal sind seine vier Köpfe. Eine Zeitlang soll er sogar fünf Köpfe besessen haben. Eine Legende besagt, daß Brahma, nachdem er sich eine Partnerin geschaffen und sich in sie verliebt hatte, das schüchterne Mädchen (Sarasvati) durch seine feurigen Blicke so beschämte, daß es sich ihm zu entziehen versuchte. Wohin sie aber floh, nach links, nach rechts oder rückwärts, jedesmal erwuchs Brahma ein neuer Kopf. Als das Mädchen sich schließlich zum Himmel erhob, entstand Brahmas fünfter Kopf. Brahma vermählte sich später mit Sarasvati, und dies war der Ursprung der Menschheitsgeschichte.

In seinen vier Armen trägt er ein Zepter, einen Löffel, einen Rosenkranz, einen Wasserkrug und die vier Veden. In den vier heiligen Veden werden bereits die Künste der Mimik und des Tanzes beschrieben. Das gesamte Wissen der vier Veden faßte Brahma zusammen und schuf so den fünften, den Natya-Veda. Aus dem Rig-Veda nahm er die Sprache, aus dem Sama-Veda die Musik, aus dem Yajur-Veda die Mimik und die Bewegung des Körpers, aus dem Atharva-Veda die ästhetischen Emotionen. Der fünfte Veda, in dem alle Themen der Mythologie und der heroischen Tradition verbunden sind, sollte zu Dharma (religiöse Pflicht) und Artha (weltliche Pflicht) führen.

Die erste Aufführung aus dem Natya-Veda stellte den Sieg der Götter über die Dämonen dar. Während die anwesenden Götter hingerissen waren, versuchten die Dämonen, die Aufführung zu stören. Um weitere Zwischenfälle zu vermeiden, ließ Brahma ein Theater bauen, stellte es unter den Schutz der Götter und nahm selbst in der Mitte der Bühne Platz. Zum Gedenken an ihn werden noch heute vor jeder Aufführung Blumen gestreut.

Vishnu

Vishnu, als der Welterhalter und die Verkörperung von Gnade und Güte, wird von vielen Hindus als der universale Gott angesehen. Meist wird er als Jüngling mit blauer Hautfarbe und in gelbem Gewand dargestellt. Blau symbo-

21

Brahma, der Schöpfergott (Khmer, 10. Jahrhundert)

lisiert die Ewigkeit, die unendliche Ruhe, Gelb die Standhaftigkeit und Weisheit. Die Attribute Vishnus, Muschel, Rad, Keule und Lotosblüte, stehen mit der Schöpfung in Verbindung und symbolisieren die Elemente Raum (Muschel), Luft (Rad), Feuer (Keule) und Wasser (Lotos).

Häufig wird Vishnu als Narayana (»der sich in den Wassern Bewegende«) schlafend auf der zusammengerollten Weltenschlange Ananta, die sich im kosmischen Milchozean befindet, dargestellt. In dieser Stellung, die Vishnu nach jedem Zerfall des Universums einnimmt, befindet er sich im kontemplativen Schlaf (Yoga Nidra). In diesem Zustand plant Narayana, der kosmische Mensch, die neue Ordnung, das neue Zeitalter. Lakshmi, die Schicksalsgöttin, seine Frau, sitzt zu seinen Füßen und weckt ihren Gatten erst dann, wenn das neue Zeitalter angebrochen ist.

Die Neuerschaffung der Welt wird durch die Geburt des Schöpfergottes Brahma symbolisiert, der aus dem Lotosnabel Narayanas emporsteigt.

Vishnu erscheint in vielen Inkarnationen auf der Erde. Bei den ersten drei handelt es sich um Tiergestalten: Fisch, Schildkröte und Eber. Es folgt ein halb menschliches, halb tierisches Wesen, der Mannlöwe; dann kommt der Zwerg Vamana, dessen Legende sich schon in der ältesten indischen Literatur findet. Auf Vamana folgt Rama, eine der bedeutendsten Inkarnationen Vishnus, der als Held des Ramayana den Dämonenkönig Ravana besiegt. Rama verkörpert als zärtlicher Gatte, freundlicher König und tapferer Fürst das Idealbild des indischen Mannes. Vishnus achte Inkarnation ist Krishna, einer der populärsten hinduistischen Götter, der von einem umfangreichen Mythenkreis umgeben ist. Der Legende nach war Krishna ein ausnehmend liebenswürdiger Knabe, der stets zu Schelmereien und allerhand Schabernack aufgelegt war. Seine Jugend verbrachte er unter Hirten und im Spiel mit Hirtinnen. Früh begannen seine Liebesabenteuer, die sich aus den kindlichen Neckereien mit den Hirtinnen entwickelten. In der Bhagavad Gita erscheint der schöne, inzwischen zum Mann gewordene Krishna als Wagenlenker Arjunas. In dieser Rolle verkündet Krishna der ganzen Menschheit seine Lehre von der Rettung der Welt, eine Lehre, die als Yoga des »selbstlosen Handelns« (Karma-Yoga) bekannt ist. Durch die Hingabe (Bhakti) an einen bestimmten Gott und durch Handeln ohne Anhaften vermag der Gläubige seine Seele mit Gott zu vereinigen. Die neunte Inkarnation, in der Vishnu als Buddha erschien, ist offensichtlich ein Versuch, den Buddhismus als eine dem Hinduismus unterlegene Doktrin hinzustellen.

Vishnu in seiner Inkarnation als Buddha wird als ein Demagoge beschrieben, der die gläubigen Hindus zu einem falschen Glauben zu verführen versuchte. Die Anhänger Vishnus legten dem Buddha Glaubenssätze in den Mund, die im Vergleich zu seiner wirklichen Lehre weitgehend entstellt sind. Die negative Darstellung Buddhas erklärt sich aus der Sorge, daß die buddhistische Religion die Anhänger des Hinduismus ihrer Lehre und ihrem Ritus entfremden könnte. Die zehnte und letzte Inkarnation Vishnus liegt in der Zukunft und findet erst am Ende unseres Zeitalters statt. Dieses Zeitalter, das Kali-Yuga, ist durch religiöse, geistige und soziale Verwirrung charakterisiert. Nachdem Vishnu wieder auf der Weltenschlange über die Neuordnung der Welt nachgedacht haben wird, wird er als pferdeköpfiger Gott in der Welt erscheinen, um eine neue Zeit des Friedens einzuleiten.

Der Liebestanz Krishnas

»Wenn ihr mich liebt, kommt, tanzt mit mir.«[3]

In den Mythen bildet der Liebestanz den Höhepunkt der Erlebnisse Krishnas mit den Gopis (Hirtinnen) und das Ende seiner Jugend. In einer mondhellen Nacht spielte Krishna auf der Flöte, um die Hirtinnen herbeizulocken und ihnen einen Vorgeschmack davon zu geben, welch himmlische Freude es sein würde, mit ihm im Paradies zu sein. Er sang und tanzte mit ihnen und weihte sie in die Geheimnisse des Eros ein. Dazu blies der Herzensfänger verführerisch auf seiner Flöte und versetzte die liebeskranken Hirtinnen in höchste Verzückung. Jede tanzte mit ihm als sei er ihr besonderer Liebhaber. Krishna entfernte sich von ihnen, um Radha, seine ausgewählte Gopi, zu sehen. Radha hatte in stolzer Verblendung darüber, daß Krishna gerade sie als Geliebte auserwählt hatte, von ihm verlangt, daß er sie trage, worauf er sie stehenließ und im Wald verschwand. Die anderen Hirtinnen fanden Radha, und auf ihr gemeinsames, flehentliches Rufen besann sich Krishna und kehrte zu ihnen zurück und setzte den Tanz fort. Durch seine magischen Kräfte versetzte er jede Frau in den Glauben, er tanze gerade mit ihr allein und liebe nur sie. Sechs Monate dauerte der Tanz mit seinen erotischen Freuden und endete mit einem Bad im Fluß, an dem die ganze Gesellschaft teilnahm.

Die große Liebe der Hirtinnen zu Krishna ist Ausdruck der menschlichen Liebe zu Gott. Die Flöte Krishnas ist ein Symbol des Rufes Gottes an die Menschenseelen, die wie die Hirtinnen allem entsagen, um zu ihrem geliebten Krishna zu fliehen. Um die allumfassende Liebe Gottes zu beweisen, mußte Krishna nicht nur Radha, sondern alle Hirtinnen lieben, denn Gott liebt alle Seelen.

In der indischen Dichtung wird die Beziehung Krishnas zu Radha ausführlich beschrieben. Die Gedichte schildern das Auf und Ab ihrer gegenseitigen Zuneigung und die Qualen der verliebten Radha, die auf ihren Geliebten

3 Sequeira, Seite 16

24

wartet, während er mit den anderen Gopis flirtet. Spätere krishnaitische Sekten erotisch-mystischen Charakters knüpften an diese Episode an, und die irdische Liebe wurde vielfältig allegorisch interpretiert. Radha wird als die unendliche Liebe gesehen, die das Wesen Krishnas bildet. Der Mann hat an der Natur Krishnas, die Frau an der Radhas teil. Hier zeigt sich der Einfluß des Tantrismus, der davon ausgeht, daß der Mensch in seinem eigenen Körper sowohl Männliches als auch Weibliches besitzt. Für den männlichen Tantriker besteht die tantrische Praxis darin, die Natur des Weiblichen zu erfassen und zu erfahren (bei weiblichen Tantrikern ist es genau umgekehrt). Die Wahrheit der Liebe kann nur im Körper erfahren werden, da derjenige, der die »Wahrheit des Körpers realisiert, Zugang zur höchsten Glückseligkeit« (Mahasukha) hat.

Die Vereinigung von Radha und Krishna verkörpert eine »göttliche Verfassung«, die, einem Spiel (Lila) gleich, zur Wiederentdeckung uranfänglicher Spontaneität (Sahaja) führt. Der Sahaja-Begriff spielt in den indischen Liebesgesängen eine große Rolle. Sahaja ist eine Aktivität der Seele, die nur unter der Bedingung innerer Freiheit und Unabhängigkeit möglich wird. Die Liebenden dürfen sich nichts verweigern, sie müssen sich alles geben und dürfen einander dennoch nicht verfallen. Es ist eine vom Ego befreite Liebe, in der Gebundenheit und Freiheit keine Gegensätze sind, denn die Liebe ist ganz frei und zur gleichen Zeit gebunden. Die geheime, illegitime Liebe zwischen Radha und Krishna, die sich über alle Schranken der weltlichen Ordnung hinwegsetzt, wird zum Symbol der Vereinigung mit der Gottheit. Im erotischen Mystizismus ist die Liebe zu Gott ein intensives Gefühlserlebnis der Einheit und der Liebe, untrennbar verbunden mit dem Ausdruck dieser Liebe in jedem Akt des Lebens.

Als Beispiel für diese erotische Liebe sei hier ein Gedicht von Harivans (1522–1587) wiedergegeben, das die Liebe zwischen Hari (Krishna) und Radha beschreibt:

»In lieblicher Laube ruhen sie beide.
Radha und Hari in kostbarem Kleide.
Durch die Herbstnacht leuchtet des Vollmonds Pracht.

Der Dunkle umschlingt die goldige Schlanke,
Wie der Wolkenflor des Blitzes Ranke
Verdunkelnd umfängt in gewitternder Nacht.

Sie prangen im Scharlach- und Safrangewande,
Ihre Herzen stehen in loderndem Brande,
Es weht die Luft süß duftend und kühl.

Auf Blättern und Blumen liegen die Schönen;
Er spricht zu ihr in den süßesten Tönen,
Sie wehrt ihn ab in schamhaftem Spiel.

Entzückt berührt er wieder und wieder
Ihre Brust, ihre Perlenkette, ihr Mieder,
Mit schüchternem »nicht doch« zurück sie ihn hält.

So lieblich spielt der Erhabene Hohe;
In Umarmungen glüht seiner Leidenschaft Lohe,
Und der Strom seiner Liebe läutert die Welt.«[4]

---

4 Zitiert bei Glasenapp, Helmut von: *Brahma und Buddha*, Seite 314

Krishna (Südindien, 17. Jahrhundert)

Bereits in den Upanishaden (750 – 500 v. Chr.) wird die Meinung vertreten, daß Shiva der höchste Gott sei. In der Shvetashvatara-Upanishade wird er als das personifizierte Brahman (Weltseele) verherrlicht und in der Atharvashiras-Upanishade als Herr der Geschöpfe.

Shiva ist sowohl der Gott der Askese als auch der Gott, der mit einer extremen Potenz begabt ist. Widerstreitende Tendenzen sind in ihm lebendig. Er kann voller Güte und zugleich auch unbegreiflich zornig erscheinen. Seinen lebenspendenden zornigen Aspekt nennt man »Ugra«, den freundlichen, milden Aspekt »Saumya«. Als Fruchtbarkeitsgott tritt er verbunden mit einer Göttin auf, die als Manifestation der Großen Göttin gilt. Die shivaitische Legende benennt sie mit vielen Namen: Uma, Sati und Parvati sind die bekanntesten. Die Mythen berichten, daß Shiva in seiner nicht-arischen Gestalt als Rudra, ein gefürchteter wilder Berggott, mit Sati, der Tochter des arischen Schöpfergottes Daksha, verheiratet gewesen sein soll. Nachdem Daksha seinen unkultivierten Schwiegersohn nicht zu einem Opferfest der Götter eingeladen hatte, nahm sich Sati aus Scham über ihren Vater das Leben. Nach dem Tode seiner Frau kehrte Shiva allen weltlichen Dingen den Rücken und zog sich in den Himalaya zurück.

Die Götter hielten nun Rat, wie sie Shiva dazu bringen könnten, wieder zu heiraten. Sie beschlossen, Sati solle als Parvati, die Tochter des Himalaya, wiedergeboren werden. Als Parvati ins heiratsfähige Alter kam, versuchte sie alles, um Shiva für sich zu gewinnen. Sie unterzog sich strengster Askese, um dadurch des großen Gottes würdig zu werden. Obwohl Parvati Shivas Begehren entzündete, ließ der Herr der Askese diese Leidenschaft nicht zu. Erst nach vielen Jahren, als Parvati die höchste aller Bewußtseinsstufen erreicht hatte, nahm er sie zur Gemahlin. Sie ist es, bei der Shiva in tausend Jahre währender Umarmung verweilt. Die Vereinigung der beiden entspricht der Erfüllung des göttlichen Gesetzes von der Aufhebung der Gegensätze im androgynen (zwitterhaften) Urzustand der Schöpfung. Durch den erotischen Symbolismus wird die Befreiung aus dem Spannungszustand des Dualismus zum Ausdruck gebracht.

Die Vereinigung von Shiva und seiner Gemahlin wird oft durch entsprechende Symbole dargestellt. So symbolisiert der Lingam (Phallus) zusammen mit der Yoni (Mutterschoß) die Aufhebung der Dualität.

Der Stier, Symbol für die Macht der Sexualität, ist neben dem Lingam ein Symbol für die zeugende Kraft des Gottes. Shivas Kontrolle über den Stier versinnbildlicht die Bezähmung der physischen Natur. Nur derjenige, der in der Lage ist, seine Triebe zu beherrschen, vermag den Stier zu reiten.

Shivas Kontrolle über die physischen Impulse und seine durch Meditationen und Kasteiungen gewonnenen spirituellen Fähigkeiten verhelfen ihm zu grenzenlosen Kräften, so daß er große Wunder tun und als Fruchtbarkeitsgott für die Welt große Leistungen vollbringen kann.

In der Ikonographie wird Shiva oft als nackter Asket mit aschebeschmiertem Körper und wirrem Haar dargestellt. Vibhuti, die heilige Asche, ist ein Symbol der Reinheit. Sie weist darauf hin, daß Shiva durch seine asketischen Übungen, durch Selbstkontrolle, seine Leidenschaften verbrannt hat. Auch heute noch bestreichen sich die Anhänger des Shivaismus mit Asche, die aus verbranntem Kuhmist nach genauen Vorschriften gewonnen wird. Der Kuhmist symbolisiert alles das, was schwer, passiv, negativ und böse (Tamas) im Menschen ist. Das Verbrennen dieses Mistes symbolisiert die Verwandlung der niedrigen Natur in eine höhere, reine (Sattva). Durch das Einreiben mit dieser heiligen Asche will sich der gläubige Shivait von den materiellen Dingen und der Sexualität befreien und sich in ein spirituelles Wesen verwandeln.

Die Verteilung der sieben heiligen Flüsse in Indien gehört auch zu den Wohltaten Shivas. An der Stelle, wo der Ganges in mächtigen Wasserfällen ins Tal stürzte und alles auf der Welt zu zerstören drohte, stand Shiva, um die Macht des Wassers zu brechen. Er zwang den Fluß, seinen Weg durch sein verfilztes Haar zu nehmen, um dann, gebändigt in sieben heiligen Strömen, über die Flanken des Himalaya hinunterzufließen.

Einige Ikonographien zeigen Shiva mit fünf Gesichtern, vier Armen und drei Augen. Das dritte Auge erschien auf seiner Stirn, als ihm seine Frau Parvati eines Tages spaßeshalber die Augen zuhielt, wodurch die Welt in Dunkel gehüllt und der Gefahr des Untergangs ausgesetzt wurde. Mit einem einzigen Blick aus diesem Auge vermochte Shiva alle seine Feinde zu besiegen. Sein rechtes Auge symbolisiert die Sonne, das linke den Mond, das Auge in der Mitte das Feuer. Das dritte Auge stellt die spirituelle Kraft dar, und man empfiehlt deshalb den Yogaadepten, sich auf den Punkt zwischen den beiden Augenbrauen zu konzentrieren. Shiva ist entweder mit einem Tigerfell oder mit der Haut eines Elefanten bekleidet. Das Tigerfell symbolisiert die Bezähmung der Unruhe und der Zerstreuung, die Elefantenhaut die Bezähmung des Stolzes und der Aggressivität. Seine Waffen sind der Dreizack, deren drei Spitzen die Eigenschaften des Gottes als Schöpfer, Erhalter und Zerstörer versinnbildlichen, ein Schwert, ein Bogen und ein in einem Schädel endender Stab, ein charakteristisches Attribut für Asketen und Yogis. Begibt er sich in den Kampf, um Dämonen zu besiegen, wird er von Schlangen begleitet, die er sich um seinen Hals, um die Schultern oder über seinen Kopf hängt.

Das wirre zerzauste Haar, der Haarschmuck aus Schlangen und die Halskette aus Schädeln, die er trägt, wenn er als Herr der Geister auf den Friedhöfen umhergeht, betonen die gewalttätige Seite des Shiva. In seiner Gestalt als der Zerstörer Mahakala kommt seine wilde Natur zum Ausdruck, und er macht sich ein Vergnügen daraus, Friedhöfe zu besuchen. Getreu dem Charakter Shivas in der Gestalt von Mahakala kann der Shivakult blutige und orgiastische Züge annehmen. Bei einigen shivaitischen Asketenorden wird die Selbstkasteiung nicht selten ins Grauenhafte gesteigert. Sie verstoßen bewußt gegen die Tabus der hinduistischen Ordnung. Sie trinken Alkohol, ernähren sich von unreiner Nahrung aller Art und von jeder Fleischsorte. Diese Praktiken rechtfertigen sie damit, daß alle weltlichen Genüsse ausgerottet werden müssen, daß es weder Gutes noch Böses, weder Angenehmes noch Unangenehmes gibt. Die Symbolik, die hinter der Meditation auf den Friedhöfen steht, ist in zahlreichen asketischen Orden bekannt. Der Friedhof symbolisiert die Totalität des psychomentalen Lebens. Hier verbrennt der Yogi seine verschiedenen Geistes- und Sinnestätigkeiten, seine gesamten egoistischen Erfahrungen. Zur gleichen Zeit befreit er sich von der Furcht und beschwört Dämonen, um sie zu unterwerfen.

Shiva Nataraja, der König des Tanzes

Einer der bekanntesten Namen Shivas ist Nataraja, der König der Tänzer beziehungsweise des Tanzes. Shivas Tanz wird als eine physische Manifestation des kosmischen Rhythmus angesehen. Nataraja verkörpert die Bewegung des Universums. Der Kosmos ist sein Theater, er selbst ist Schauspieler und Publikum zugleich.

>»Wenn der Schauspieler seine Trommel schlägt,
kommt jeder, um ihn zu sehen.
Wenn der Schauspieler seine Requisiten zusammen-
sammelt, verweilt er alleine in seinem Glück.«[5]

Von den verschiedenen Tänzen Shivas sind drei von besonderer Bedeutung. Der erste ist ein Abendtanz im Himalaya, zu dem mehrere Götter kamen, um den König der Tänzer zu bewundern. Sarasvati spielte die Laute, Indra die Flöte, Brahma hielt die Zimbeln, Lakshmi sang, Vishnu schlug die Trommel, und die anderen Götter standen herum, um den himmlischen Tanz Shivas zu erleben.

Den zweiten bekannten Tanz führte Shiva vor einer Versammlung von Rishis (Heiligen) in der goldenen Halle von Chidambaram, dem Zentrum des Universums vor. Der vierarmige Shiva, mit Ketten, Armbändern und Kobras

5 Coomaraswamy, Ananda K.: *The Dance of Shiva*, Seite 66

Der tanzende Shiva (Südindien, 11. Jahrhundert)

31

behangen, besiegte in diesem Tanz einen wilden Tiger, eine abscheuliche Schlange und den schlauen Zwerg Muyalaka. Als der Schlangengott Shesha den Tanz gesehen hatte, unterzog er sich asketischen Übungen, in der Hoffnung, den tanzenden Shiva noch einmal zu sehen. Einige Rishis, die bisher Vishnu allein gepriesen hatten, erkannten in diesem Tanz den Beweis für Shivas Überlegenheit.

Mit dem dritten, dem kosmischen Tanz (Tandava) bewirkt Shiva die Vernichtung der Welt am Ende jedes Zeitalters. Nach hinduistischer Auffassung impliziert diese Zerstörung jedoch einen Neuanfang. So ist Shiva trotz der Rolle des Zerstörers auch der für die Neuerschaffung zuständige Schöpfergott, der »Gutesverheißende«. Shiva, das höchste Wesen, ist Urquell aller Dinge im Kosmos, der bösen wie der guten, der sichtbaren wie der unsichtbaren. Als Schöpfer und Vernichter vereinigt er in seiner Gestalt alle Gegensatzpaare und steht doch über ihnen, ist ruhevoll und unbeteiligt.

Der Tandava-Tanz stellt die Zerstörung der Illusionswelt der Maya dar. Der gesamte sichtbare Kosmos ist nichts anderes als eine Illusion, ein Trugbild, das das wahre Sein verdeckt. Erst indem man durch die äußeren Sphären der greifbaren und sichtbaren Erscheinung hindurchblickt, kann man zum reinen Sein, zum Absoluten, mit welchem Namen auch immer man es bezeichnen mag (das Unbedingte, Transzendente, Unsterbliche etc.), vordringen. Die eigentliche Grundlage der Maya, die wie ein Schleier die Wahrheit verhüllt, ist der Widerspruch. Die dunklen Seiten des Lebens bilden das Gegengewicht für die hellen. Beide Seiten wechseln sich ab, wie die milde Güte der Götter und der grausame Ehrgeiz der Dämonen. Die Welt ist eine Mischung von Gut und Böse, von Glück und Unglück. Um den ewig wechselnden fließenden Aspekt der Welt zu ertragen, bedarf es der Annahme der Totalität. Der Anbeter Shivas fühlt sich als Manifestation der Maya und unterwirft sich ihr. Er betrachtet das Leben als eine flüchtige Melodie, die eben anhebt und dann wieder schnell verklingt. Begreift der einzelne seine Rolle und seinen Anteil am lust- und leidvollen Lebenslied, dann gibt es für ihn keine Trauer und Enttäuschung mehr. Leiden und Freuden des Tagesablaufes werden in der Ekstase, im kosmischen Tanz aufgehoben. Diejenigen, die diesen mystischen Tanz erblicken, sind befreit aus der Kette der Wiedergeburten, und ihre Seele taucht in den Ozean der Glückseligkeit (Ananda).

Im Tandava-Tanz wird Shiva mit vier Armen und Händen dargestellt (siehe Abbildung Seite 31). In der oberen rechten Hand hält er eine kleine Trommel, das Symbol des ersten Tons der Schöpfung. Der Ton wird in Indien mit dem Äther assoziiert, dem ersten der fünf Elemente. Äther ist die durchdringende Manifestation der göttlichen Substanz, aus dem sich die anderen Elemente wie Luft, Feuer, Wasser und Erde entwickelt haben.

Die obere linke Hand trägt mit einer halbmondähnlichen Stellung der Finger (Ardhachandra-Mudra) auf ihrer Innenfläche eine Flamme, die die Zerstörung der Welt symbolisiert. Die untere rechte Hand vollzieht die Furchtabwendungsgeste (Abhaya-Mudra), die Schutz und Frieden gewährt. Die linke untere Hand, die den ausgestreckten Rüssel eines Elefanten nachahmt (Gaja-Hasta-Mudra), symbolisiert Shivas Sohn Ganesha, den Beseitiger der Hindernisse.

Der erhobene linke Fuß, dessen Verehrung zur Vereinigung mit dem Absoluten führt, symbolisiert die Zuflucht und Rettung der Seelen. Mit dem rechten Fuß bezwingt Shiva den Dämon Apasmara, den Dämon der Vergeßlichkeit und Unachtsamkeit, der die Blindheit und Unwissenheit des Menschen symbolisiert. Der kosmische Tänzer Shiva wird von einem Flammenring umgeben, dessen Ursprung wahrscheinlich in dem destruktiven Aspekt des Gottes zu suchen ist.

In dem kosmischen Tanz vereinigen sich die fünf Eigenschaften des Gottes Shiva:

1. Schöpfung und Evolution (Sristi)
2. Erhaltung und Schutz (Sthiti)
3. Zerstörung und Wiedergeburt (Samhara)
4. Spiel der Täuschungen beziehungsweise Verhüllen des wahren Wesens (Tirobhava)
5. Gunst beziehungsweise Aufnehmen der Gläubigen (Anugvaha)

Diese fünf Eigenschaften sind in den Stellungen seiner Hände und Füße versinnbildlicht.

»Oh, mein Lord, Deine Hand, die die heilige Trommel hält, hat den Himmel, die Erde, andere Welten und unzählige Seelen an den richtigen Platz gebracht. Deine erhobene Hand schützt sowohl die bewußte als auch die unbewußte Ordnung der Schöpfung. Alle diese Welten werden verwandelt durch die Hand, die das Feuer trägt. Deine linke Hand gibt den müden gepeinigten Seelen Zuflucht. Dein erhobener Fuß gewährt allen, die sich Dir nähern, ewige Glückseligkeit.«[6]

6 Coomaraswamy, Ananda K.: *The Dance of Shiva*, Seite 71

Die Gesten im Tanz

Tänzerin (Ajanta, Indien, 5. Jahrhundert)

1. Pataka

Das Banner

Definition
Die Geste, in der der Daumen gebogen ist und die anderen Finger gestreckt sind, wird Pataka oder das Banner genannt.

Bedeutung
Diese Geste wird zu Beginn des Tanzes ausgeführt; sie symbolisiert: eine Wolke, einen Wald, einen Rückzugsort, die Brust, einen Fluß, die Welt der Götter, ein Pferd, die Nacht, den Wind, den Schlaf, den Mond, das Aufstehen, Wohlwollen, das Meer, innere Hitze, einem Schicksal folgen, ein Versprechen ablegen, ein Palmblatt, den Ozean, einen Monat, ein Jahr, Regen, Gleichheit, Macht, Ruhm, eine Reihe guter Taten, das Anreden einer Person, eine Ablehnung.

Pataka wird auf Brahma, den Schöpfer selbst zurückgeführt und symbolisiert die fünf Weltkräfte: der Daumen symbolisiert die Kontrolle der physischen Energie, die anderen vier Finger jeweils das Loslassen der emotionellen und geistigen Energien. Die Patakahaltung gilt als Grundhaltung der klassischen indischen Tanzsprache.

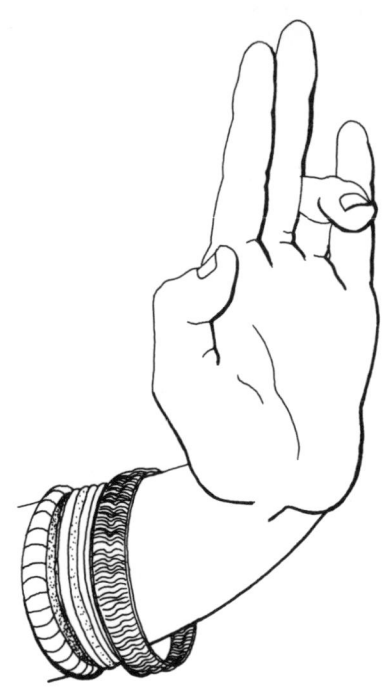

2. Tripataka

Die Fahne mit drei Streifen

Definition
Die Handgeste, in der der Ringfinger und der Daumen gebogen sind, wird als »Fahne mit
drei Streifen« bezeichnet.

Bedeutung
Eine Krone, Bäume, Blitz und Donner, Indra, der König der Götter, eine Öl-
lampe, eine Taube, ein Körper, ein Pfeil, eine Ketaki-Blume, Motive, die auf
einem Gesicht oder einer Brust gezeichnet sind, das sich Umdrehen, das Zu-
rückkommen, die Flugart gewisser Vögel, die Verehrung der Füße des Guru,
ein Asket, eine Tür, Meeresmonstren. Tripataka wird auf Indra zurückgeführt, der seinen Donnerkeil ohne den Ringfinger hielt.

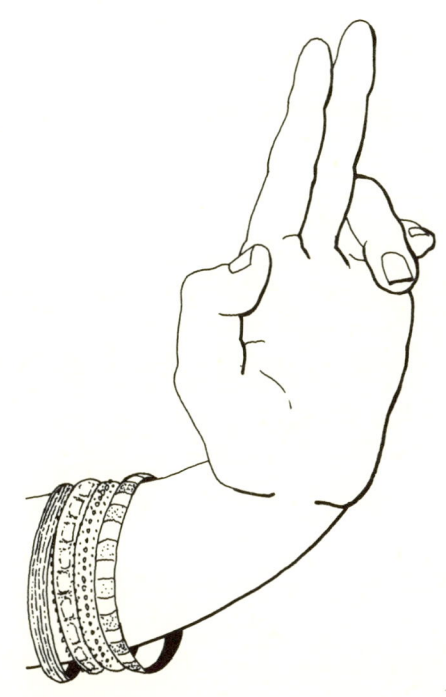

3. Ardhapataka

Die halbe Fahne

Definition
Ardhapataka oder »die halbe Fahne« entsteht aus der Tripataka-Stellung, indem zusätzlich noch der kleine Finger gebogen wird.

Bedeutung
Blätter, ein Tisch, um zu schreiben oder zu malen, ein Messer, das Ufer eines Flusses, die Zahl 2, eine Fahne, ein Dolch, der Eingang eines Tempels, die Hörner eines Stieres.

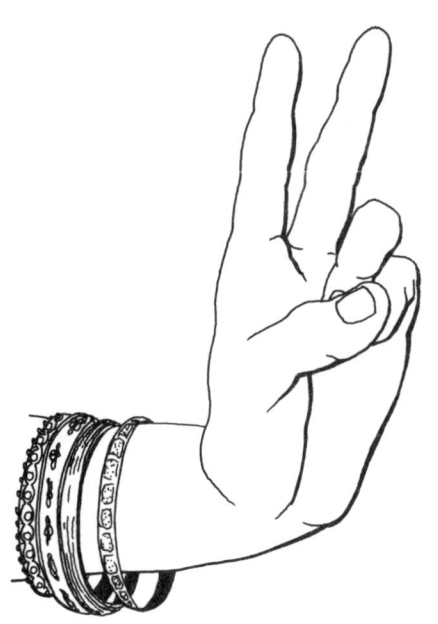

4. Kartarimukha

Schere

Definition
Zeige- und Mittelfinger sind
gestreckt, die anderen Finger
gebogen.

Bedeutung
Die Trennung von Mann und Frau, Aufruhr, Täuschung, Lüge, Stehlen, der
Tod, ein Augenwinkel, sich unterscheiden, sich uneinig sein, die Trauer darüber, alleine schlafen zu müssen, ein Fehler, das Fallen, Entfremdung, Tränen.

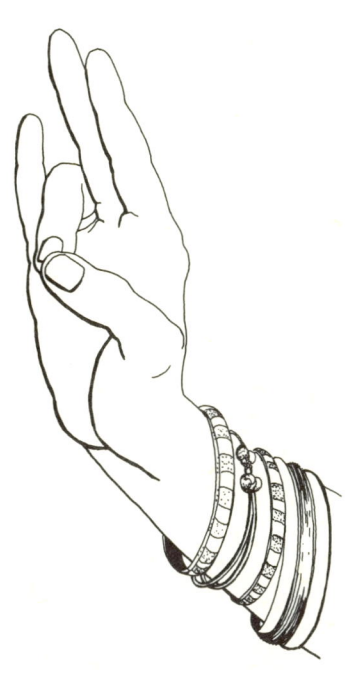

5. Mayura

Der Pfau

Definition
Ringfinger und Daumen berühren sich, die anderen Finger sind gestreckt. Diese Mudra wird »Der Pfau« oder Mayura genannt.

Bedeutung
Der Hals eines Pfaus, der Kopf eines Pfaus, ein Vogel, ein gutes oder schlechtes Omen, ein dekoratives Zeichen auf der Stirn, die Stirn, das Wasser eines Flusses, eine heilige Angelegenheit, eine Diskussion über heilige Texte.

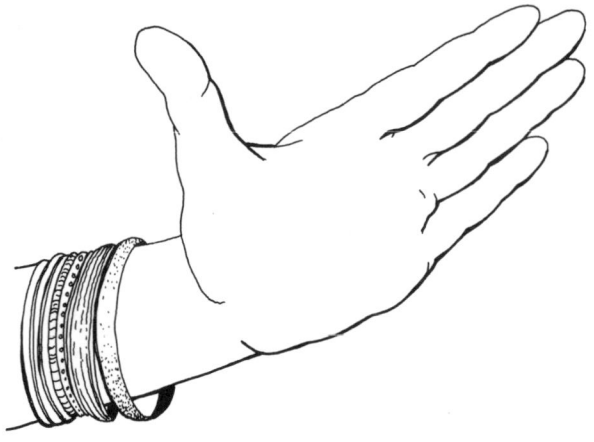

6. Ardhachandra

Der Halbmond

Definition
Alle Finger sind gestreckt, der Daumen ist abge-
spreizt. Diese Geste heißt Ardhachandra-Mudra oder
Halbmond-Geste.

Bedeutung
Der Mond am achten Tag nach Neumond, eine Hand, die einen Hals umfaßt,
ein Teller, eine Taille, ein Fluß, der Ursprung, die Geburt, eine Meditation,
Gebete, physischer Kontakt, die Begrüßung einfacher Leute, geweihte Got-
tesbilder, ein Speer, ein Gedanke, Angst, Sorgen.

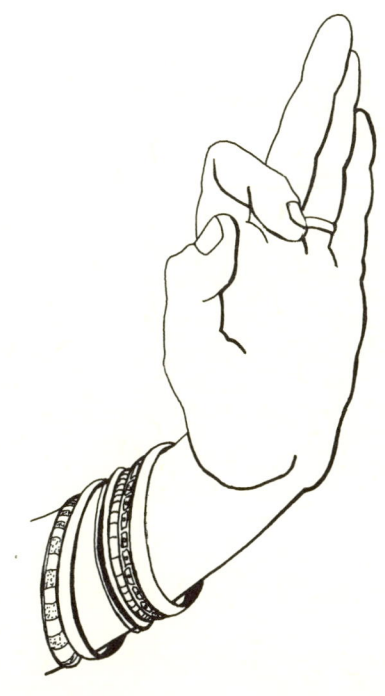

7. Arala

Der Haken

Definition
Wenn der Zeigefinger der Pataka-Mudra gebogen ist, entsteht
die Geste, die Haken oder Arala
genannt wird.

Bedeutung
Das Trinken von Gift, Nektar, Ambrosia etc., starker Wind, Verwüstung.

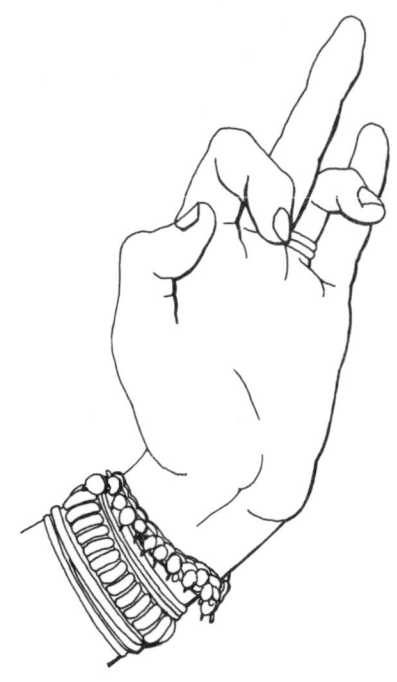

8. Shukatunda

Der Schnabel des Papageis

Definition
Wenn der dritte Finger der Arala-Mudra auch gebogen wird, dann wird diese Mudra zum »Schnabel des Papageis« oder Shukatunda.

Bedeutung
Das Schießen eines Pfeils, einen Speer werfen, die Erinnerung an eine Behausung oder an ein Land, Sehnsucht, das Entblößen schwacher Charaktereigenschaften, das Verraten eines Geheimnisses, das Aussprechen mystischer Worte, eine schreckliche Erscheinung, ein Wutanfall, »nicht-ich«, »nicht-du«, »es soll nicht getan werden«.

Diese Mudra wird auf Parvati, Shivas Frau, zurückgeführt, die während eines Liebesstreites diese Geste verwendet haben soll.

9. Mushti

Die geschlossene Faust

Definition

Wenn der Daumen die vier zu-
sammengekrümmten Finger
bedeckt, so wird diese Mudra
»die geschlossene Faust« oder
Mushti genannt.

Bedeutung

Beständigkeit, Bewegungslosigkeit, Festigkeit, Härte, Mut, Kraft, Dickköp-
figkeit, Aggressivität, Kampfeslust, der Mond, ein starker Griff.

Mushti wird auf Vishnu zurückgeführt, der diese Geste im Kampf gegen
Madhu verwendete.

10. Shikhara

Die Spitze

Definition
Wenn in der Gebärde der geschlossenen Faust der Daumen erhoben ist, so wird diese Mudra Spitze oder Shikhara genannt.

Bedeutung
Der Gott der Liebe, ein Bogen, Gewißheit, Bestimmtheit, eine Gabe, die Oberlippe, ein Zahn, Verlegenheit, Eingang, Fragen, Phallus, nein sagen können, Erinnerung, vorschlagen, erzählen, eine Serie liebender Umarmungen, Glockenläuten, Schweigen, ein Ehemann, Besinnung, etwas Innerliches ausdrücken, den Gürtel aufmachen, der Geliebte.

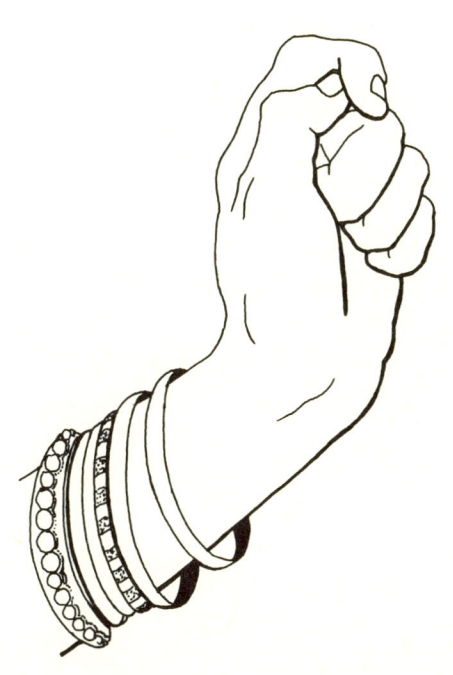

11. Kapittha

Der Baum, auf den die Affen
klettern; Elefantenapfel

Definition
Wenn der Zeigefinger der Shik-
hara-Geste den gebogenen
Daumen berührt, dann wird die
entstehende Mudra Kapittha,
»Der Baum, auf den die Affen
klettern« oder Elefantenapfel
genannt.

Bedeutung
Die Göttin des Glücks, der Schönheit und des Wohlstands, die in jeder Hand
eine Lotosblume hält. Die Göttin der kreativen Sprache, des Wissens, der
Kunst und der Wissenschaften, dargestellt mit einer Laute, Zimbeln spielend,
Kühe melkend, das Ende eines Kleids anfassend, graziös dastehend, den Kopf
mit einem Sari bedeckend, das Gesicht unter einem Schleier versteckend.

Diese Geste wurde von Vishnu verwendet, um den Berg Mandara zu
schleppen.

12. Katakamukha

Öffnung des Armreifs

Definition
Wenn in der Kapittha-Geste auch der Mittelfinger den Daumen berührt, dann wird diese Mudra »Öffnung des Armreifs« oder Katakamukha genannt.

Bedeutung
Das Halten einer Perlenkette oder Blumengirlande, Blumenpflücken, einen Bogen spannen, Betelblätter anbieten, die Zubereitung von Sandelholzpaste, Parfüm auftragen, sprechen, einen Blick auf etwas oder jemanden werfen, einen Pfeil ziehen, einen Bogen langsam spannen, Verteilung von gefalteten Betel-Blättern.

Katakamukha wurde von Shiva verwendet, als er Guha das Bogenschießen beibrachte.

46

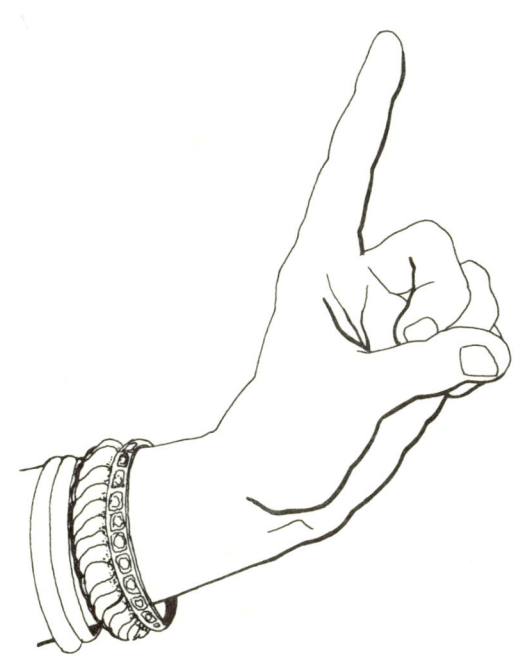

13. Suchi

Die Nadel

Definition
Wenn der Zeigefinger der Katakamukha erhoben ist, dann
wird diese Mudra Nadel oder
Suchi genannt.

Bedeutung
Die Zahl 1, Einheit, die Zahl 100, der Schlaf, eine Stadt, ein Stab, ein Körper,
ein Regenschirm, Meditation über die äußerste Realität, die Sonne, die Welt,
das Universum, Ja sagen, Einsamkeit, eine Warnung oder Drohung, Erstaunen, Überraschung, ein Haarzopf, Fähigkeit, eine Hand, kritische Prüfung,
Unterscheidung, das Ende des Tages, der Abend, Trommelschläge, Blumenstrauß, kriechende Pflanzen, Kurven, die verschiedenen Arten des Sprechens,
Gesten für Zorn, Schweiß, Ohrringe, Ketten, Stolz, Scheidung, Streit, das
dritte Auge Shivas, jede Art von krummer Bewegung. Diese Mudra wurde von
Brahma verwendet, als er sagte: »Ich bin einzigartig.«

14. Chandrakala

Der wachsende Mond

Definition
Wenn in der Nadel-Geste der Daumen ausgestreckt
wird, dann heißt diese Mudra »der wachsende
Mond« oder Chandrakala.

Bedeutung
Der Mond, das Gesicht, Shivas Krone, ein Land, eine Region, der Ganges, ein
Knüppel, eine Keule.

15. Padmakosha

Die Lotosknospe

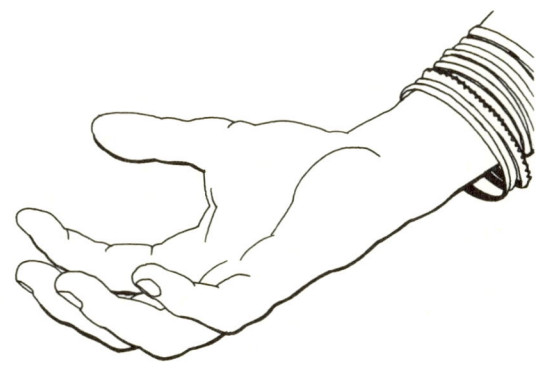

Definition
Wenn die gebogenen Finger ein wenig Abstand von einander haben und die Handinnenfläche leicht gekrümmt ist, so wird diese Mudra Lotosknospe oder Padmakosha genannt.

Bedeutung
Eine Lotosblüte, ein Ball, die runden Brüste einer Frau, eine kreisförmige Bewegung, die Knospe einer Blume, eine Kurve, ein Ei, ein Blumenstrauß, ein Kochtopf, die Frucht eines Kaptittha-Baums (Elefantenapfel) und viele andere Früchte, eine Blume von Java, eine Rose aus China; Blumen zerstreuen, der erste Brand bei der Leichenverbrennung.

16. Sarpashirsha

Der Schlangenkopf

Definition
Wenn die Fingerspitzen der Pataka-Mudra leicht gekrümmt
sind, dann heißt diese Geste
Schlangenkopf oder Sarpashirsha.

Bedeutung
Eine Schlange, Sandelholzpaste, eine beschwichtigende Stimme, einen Elefanten streicheln, einem Gott oder Weisen Wasser anbieten, die Arme eines
Kämpfers oder Athleten, Wasser sprenkeln, jemanden ernähren, für jemanden liebevoll sorgen, das Gesicht waschen, Wasser anbieten, trinken oder
ausgießen, Frauenbrüste streicheln, Schüchternheit, ein Kind verstecken,
Pranayama (Atemübung), »es ist wahr« sagen.

17. Mrigashirsha

Der Hirschkopf

Definition
Wenn der kleine Finger und der Daumen der Schlangenkopf-Mudra gestreckt sind, dann heißt diese Geste Hirschkopf oder Mrigashirsha.

Bedeutung
Frauen, Wangen, ein Rad, Grenzen, die nicht überschritten werden können, Furcht vor Gesetzen, Streit, ein Kleid, ein religiöses Zeichen auf der Stirn beziehungsweise die drei horizontalen Linien der Shivaiten auf ihrer Stirn, eine Laute, eine Fußmassage, der Kopf eines Hirsches, sämtliche Besitztümer, ein Treffen, ein Tempel der Liebe, die weiblichen Geschlechtsteile, spazierengehen, umherirren, reisen, wandern, hier, jetzt, den Geliebten anrufen.

18. Simhamukha

Der Kopf des Löwen

Definition
Wenn Zeige-, Mittel- und Ringfinger nach vorn gestreckt sind und die beiden anderen Finger nach oben zeigen, dann heißt diese Geste »Kopf des Löwen« oder Simhamukha.

Bedeutung
Der Kopf eines Löwen, vedische Riten, Opferdarbietung, ein Hase, ein Kaninchen, ein Elefant, eine Krone von Lotosblüten, ein Medikament, das von einem Doktor hergestellt wurde, die Genesung durch dieses Medikament.

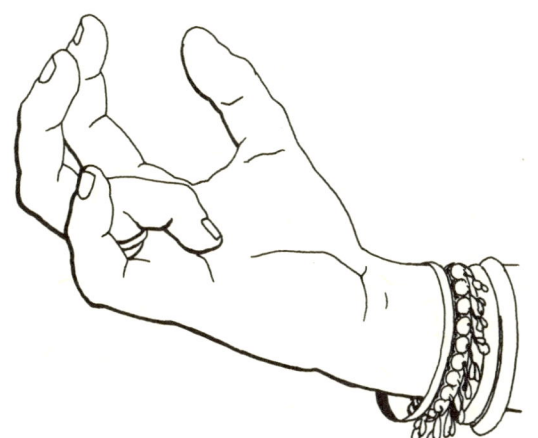

19. Langula

Schwanz

Definition
Wenn in der Padmakosha-Mudra der Ringfinger ge-krümmt ist, dann heißt diese Mudra »Schwanz« oder Lan-gula.

Bedeutung
Eine kleine Klingel, die klingelnden Armbänder von Kindern, ein Vogel, der seine Nahrung von den Mondstrahlen erhalten soll, eine Betelnuß, die Brüste eines sehr jungen Mädchens, eine weiße Wasserlilie, ein Kuckuck, der die Regenzeit ankündigt, eine Kokosnuß, Glöckchen, die Formen unreifer Früchte, die Äußerungen zorniger Frauen.

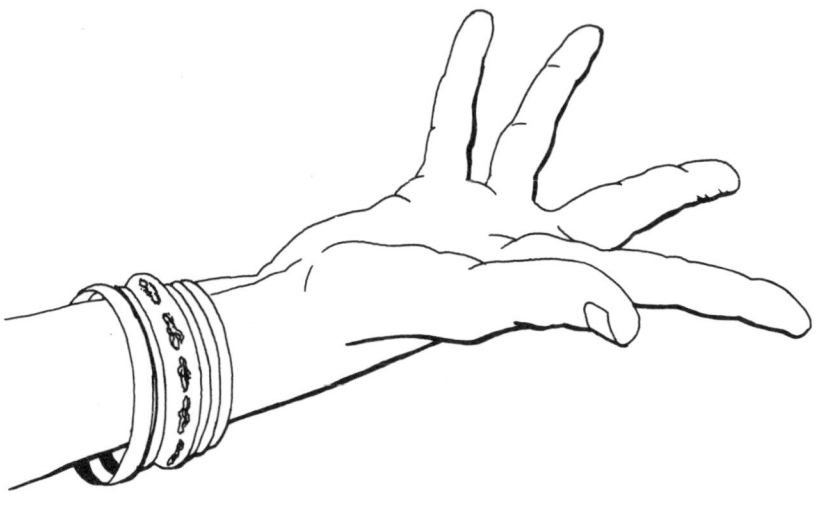

20. Alapadma

Die voll erblühte Lotosblume

Definition
Wenn die Finger weit voneinander getrennt sind,
dann heißt diese Geste »die voll erblühte Lotosblume« oder Alapadma.

Bedeutung
Die voll erblühte Lotosblume, Brüste, Früchte von verschiedenen Bäumen,
Trennung von einer geliebten Person, ein Spiegel, Vollmond, Schönheit, eine
Stadt, Wut, ein See, ein Haarknoten, ein Karren, Murmeln, Tumult, Angabe,
Eingebildetheit, Schmeichelei, Lobrede, Sehnsucht, eine kreisförmige Bewe-
gung, Verweigerung, Frauen unter sich.
 Diese Mudra wurde von Krishna verwendet, als er Butter und Milch stahl.

21. Chatura

Das Quadrat

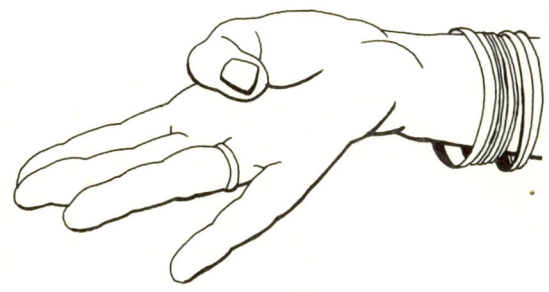

Definition
Wenn der Daumen gekrümmt ist, Zeigefinger, Mittelfinger und Ringfinger sich berühren und der kleine gestreckte Finger von dem Ringfinger etwas entfernt ist, dann heißt diese Mudra »das Quadrat« oder Chatura.

Bedeutung
Gold, Kupfer, Eisen und andere Metalle, Feuchtigkeit, Trauer, Kastenunterschied, Augen, Wissen, frisch, saftig, zart, schmackhaft, Sorge, Bedrängnis, charmant, graziös, ausdrucksvoll, erfreut sein, Öl, eine kleine Menge, ästhetische Emotionen, erotisches Vergnügen, Intelligenz, Imagination, Vergebung, Befriedigung, Grad des Bewußtseins, Intimität, Klugheit, Reinheit, Geschicklichkeit, Glückseligkeit, Jugend, Zuhause, Freude, guter Charakter.

22. Bhramara

Die Biene

Definition
Wenn der Daumen und der Mittelfinger sich berühren, der Zeigefinger gekrümmt ist und der Ringfinger und der kleine Finger gestreckt sind, heißt diese Mudra Biene oder Bhramara.

Bedeutung
Eine Biene, ein Papagei, ein Kranich oder ein anderer Wasservogel, ein Flügel, ein Kuckuck oder ein anderer Vogel, Schnelligkeit, Rhythmus schlagen, Vertrauen erwecken, Kindergespräch.

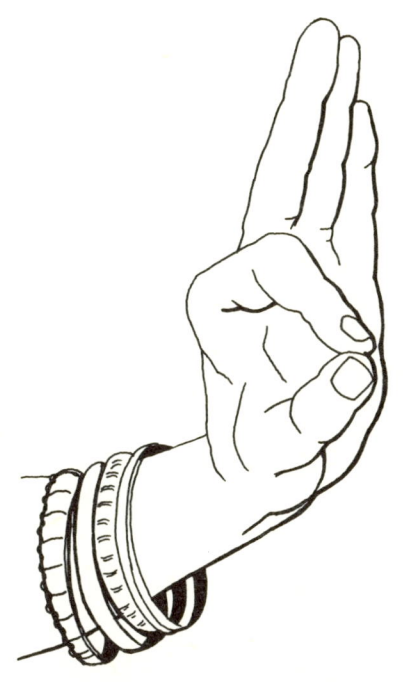

23. Hamsasya

Der Schwanenkopf

Definition
Wenn der Zeigefinger und der Daumen sich berühren und die anderen Finger gestreckt sind, dann wird diese Mudra Schwanenkopf oder Hamsasya genannt.

Diese Mudra wird im Buddhismus Chin-Mudra (Geste des Bewußtseins) oder Vyakhyana-Mudra (Geste der Erklärung der Doktrin) oder Samdarsana-Mudra (Geste der perfekten Vision) genannt.

Bedeutung
Eine Segnung, ein Fest, eine Perlenkette, eine Girlande von Jasminen oder anderen Blumen, ein Stein zum Anfassen, eine Zeichnung oder ein Gemälde, günstige Gelegenheiten, vielverheißende Zeremonien, günstige Zeichen, Lehren, Gewißheit, Bestimmtheit, Entscheidung, eine Flamme anmachen, ein Insektenstich, ein Damm, die Hochzeitsschnur binden, Initiation, rituelle Anbetung (Puja), Meditation, singen.

24. Hamsapaksha

Der Schwanenflügel

Definition
Wenn in der Sarpashirsha (Schlangenkopf)-Mudra der kleine Finger nach oben zeigt, dann wird diese Geste »Flügel des Schwans« oder Hamsapaksha genannt.

Bedeutung
Die Zahl 6, die Konstruktion einer Brücke, Zudecken, Verstecken, ein Etui, Zurückhalten, Sammeln, den Ahnen Wasser anbieten, Geschenke annehmen, Essen der Brahmanen.

25. Sandamsha

Die Zange

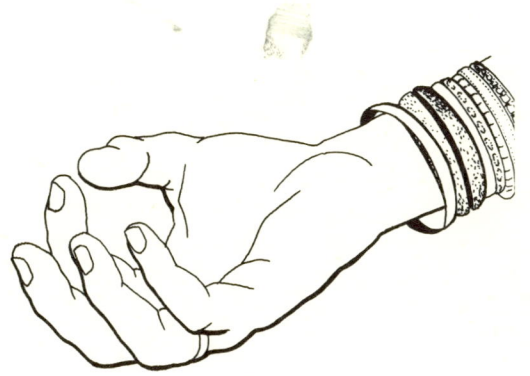

Definition
Wenn die Finger der Padmakosha (Lotosknospe) mehrere
Male hintereinander geöffnet
und geschlossen werden, so
wird diese Mudra Zange oder
Sandsamsha genannt.

Bedeutung
Der Bauch, die Zahl 5, eine Wunde, ein Tumor oder ein Pickel, ein Wurm, ein
Schädling, große Angst, die Darbietung einer Gabe für die Götter, Großzügigkeit, Ängstlichkeit, heilige Opferschnur, Pflücken und Binden von Blumen, Herausziehen eines Pfeils, sich wütend ausdrücken.

26. Mukula

Die Knospe

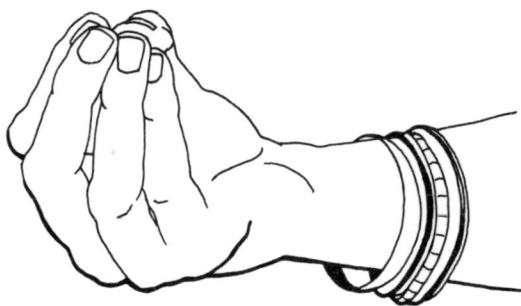

Definition
Wenn die Fingerspitzen sich berühren, dann wird diese Mudra Knospe oder Mukula genannt.

Bedeutung
Nabel, eine Wasserlilie, ein Essen, essen, die fünf Pfeile des Liebesgottes, Bananenblüte, ein Objekt halten, Gebet (Japa), Selbst (Atman), Benehmen einer liebessüchtigen Frau, die Zahl 5, Kinder küssen, rassische Vermischung.

Mukula ist auf den Windgott Hanuman zurückzuführen, der die Sonne zu greifen versuchte.

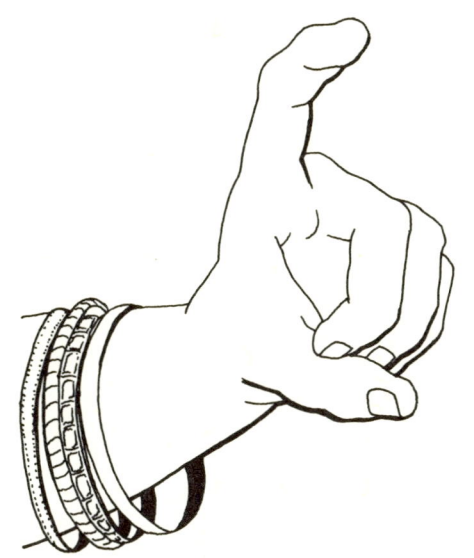

27. Tamrachuda

Der Hahn

Definition
Die Geste, bei der alle Finger
zusammengefügt sind und der
Zeigefinger nach oben zeigt
und gekrümmt ist, heißt Tam-
rachuda oder Hahn.

Bedeutung
Ein Hahn oder andere Geflügeltiere, ein Reiher (eine falsche Person), ein
Rabe (eine freche oder schamlose Person), ein Kamel, ein Kalb, schreiben
oder zeichnen.

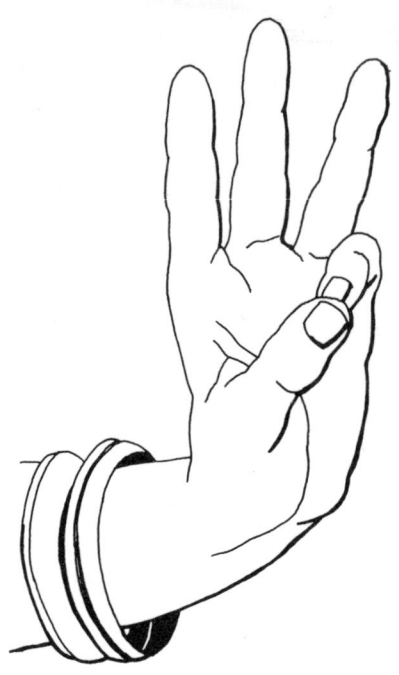

28. Trishula

Der Dreizack

Definition
Wenn der kleine Finger und der
Daumen sich berühren und die
anderen drei Finger gestreckt
sind, wird diese Mudra Dreizack oder Trishula genannt.

Bedeutung
Ein Blatt des Betel-Baumes, die Idee der Trinität (die drei Götter: Brahma,
Vishnu, Shiva, die drei Gunas: Sattva, Tamas, Rajas).

Der Tänzer Ram Gopal als Shiva (Tanz der untergehenden Sonne)

29. Anjali

Die Begrüßung

Definition
Wenn die zwei Handinnenflächen sich berühren, so wird diese Mudra Anjali oder Begrüßungsgeste genannt.

Bedeutung
Begrüßung einer Person: Die Hände werden oberhalb der Brust gefaltet.

Begrüßung eines Brahmanen: Werden die Hände vor der Brust gefaltet, symbolisieren sie das Licht des Herzens, das nicht nur zum Mitmenschen strahlt, sondern ins eigene göttliche Selbst.

Begrüßung eines Gurus: Werden die Hände vor dem Gesicht gefaltet, symbolisieren sie das dritte Auge Brahmas oder die Flamme, aus der die höchste Glückseligkeit herausblitzt.

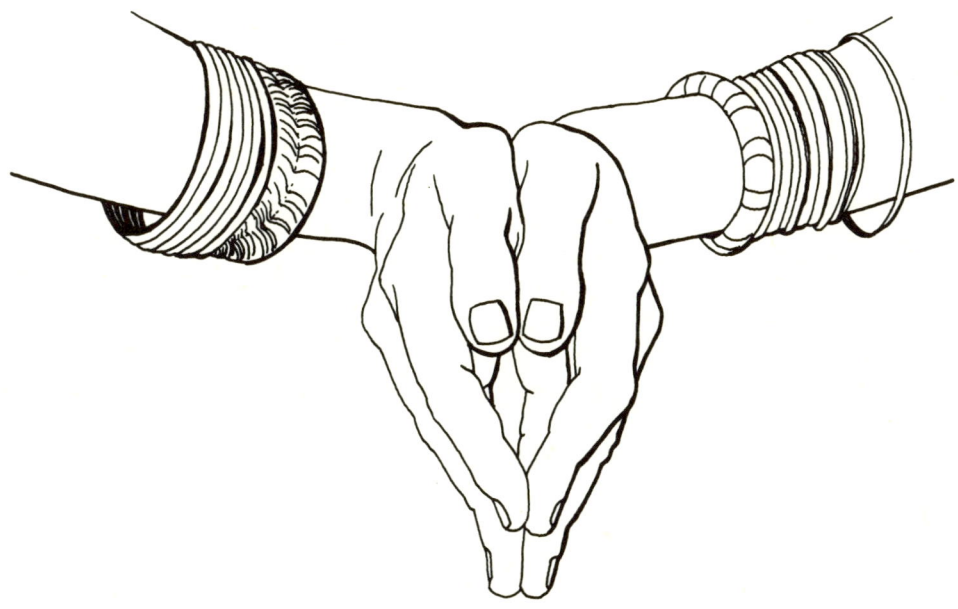

30. Kapota

Die Taube

Definition
Wenn die Hände in Anjali-Mudra sich nur noch oben und unten berühren,
heißt diese Geste Taube oder Kapota.
Bedeutung
Huldigung, Begrüßung, sich an einen Guru wenden, respektvoller Gehor-
sam, Unterwürfigkeit, das Sprechen mit Älteren.

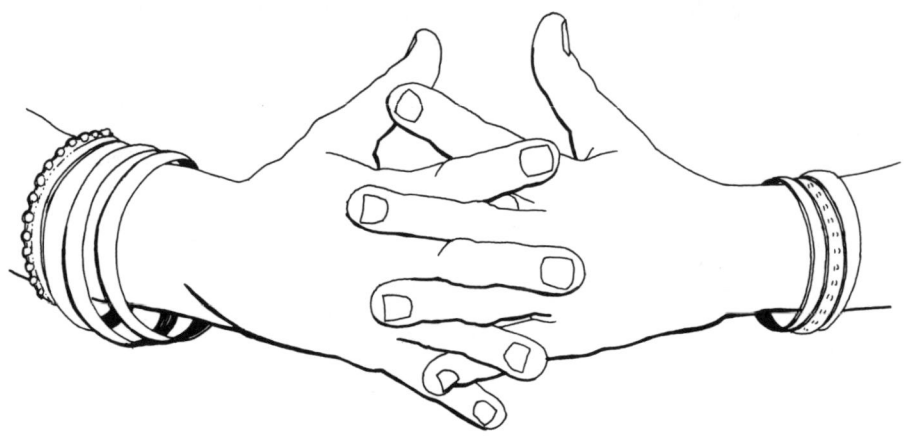

31. Karkata

Der Krebs

Definition
Wenn die Finger der einen Hand in den Zwischenraum der anderen Hand
hineingleiten, wird diese Mudra Krabbe oder Karkata genannt.
Bedeutung
Zusammenkommen vieler Menschen, Menge, seinen Bauch zeigen, in eine
Hohlmuschel blasen, seine Glieder strecken, den Ast eines Baumes biegen.

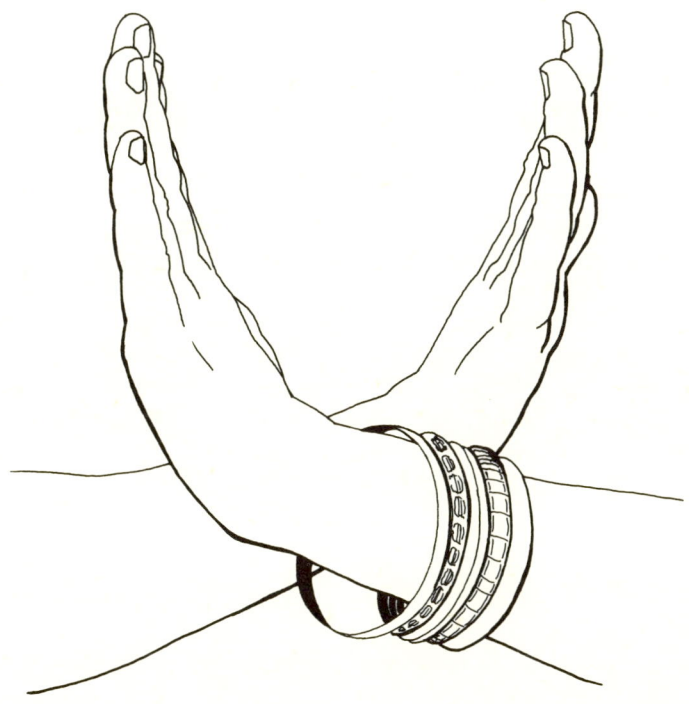

32. Svastika

Das Kreuz

Definition
Wenn die Hände in Pataka-Mudra sich am Handgelenk kreuzen, so wird
diese Geste Kreuz oder Svastika genannt.
Bedeutung
Ein Krokodil oder ein anderes Wassertier, Darstellung Gottes und des Ewig
Unsterblichen.

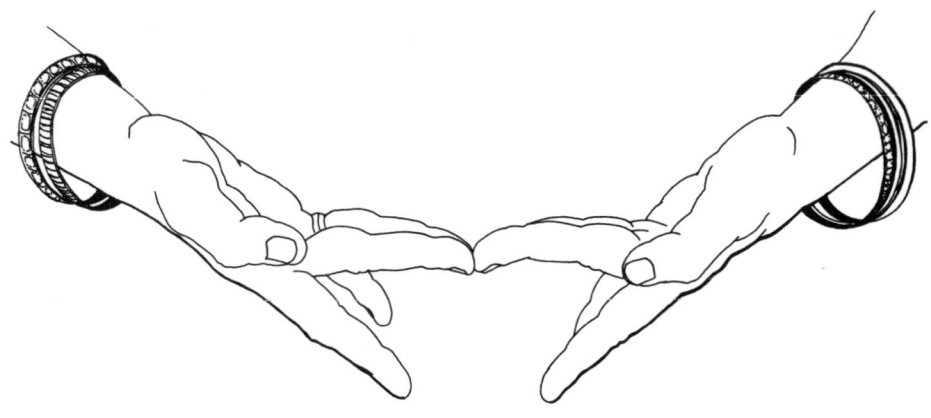

33. Khatva

Das Bett

Definition
Wenn der Ring- und Mittelfinger der beiden Hände sich berühren, der Zeige-
finger und der kleine Finger senkrecht sind und der Daumen nach hinten ge-
bogen wird, so heißt diese Mudra Bett oder Khatva.
Bedeutung
Ein Bett, eine Couch oder eine Sänfte.

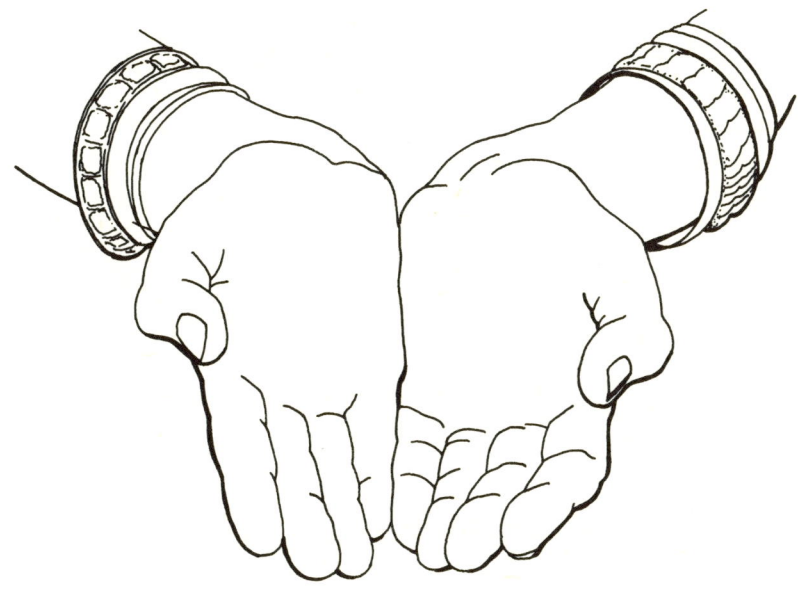

34. Pushpaputa

Eine Hand voller Blumen

Definition
Wenn beide Hände in der Schlangenkopf-Mudra (Sarpashirsha) so gegen-
einander gehalten werden, daß sie die Form einer Tasse bilden, wird diese
Geste »eine Hand voller Blumen« oder Pushpaputa genannt.

Bedeutung
Das Halten von Wasser, Früchten oder anderen Objekten in der Hand, das
Anbieten von Wasser in der Morgen- oder Abenddämmerung, das Anbieten
von Blumen, während Mantras dabei ausgesprochen werden, eine Hand, die
magische Kräfte besitzt, der Ritus, Öllampen vor einem Gottesbildnis hin und
her zu schwenken.

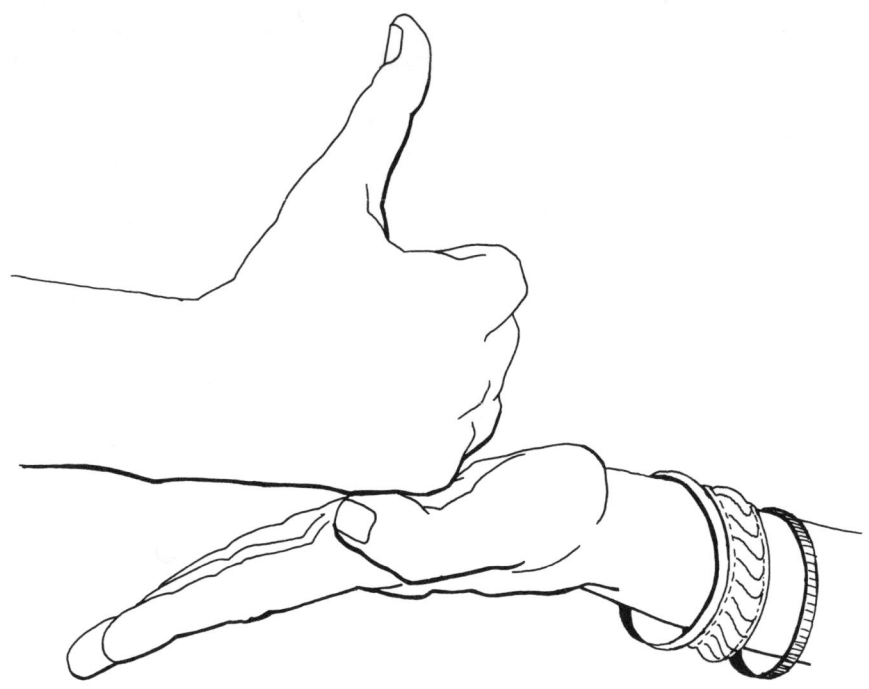

35. Shivalinga

Das Shiva Linga

Definition
Wenn die rechte Hand in Shikhara-Mudra (Spitze) auf die linke Hand in
Halbmond-Geste (Ardhachandra) gelegt wird, so symbolisiert diese Mudra
das Shivalinga oder den Phallus des Siva.
Bedeutung
Eine Geste, die benutzt wird, um das abstrakte Symbol des Gottes Shiva zu
zeigen.

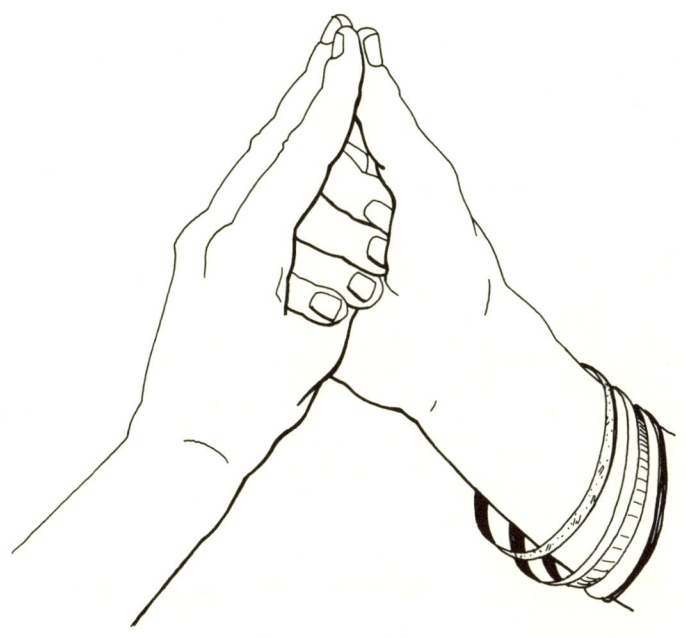

36. Shanka

das Muschelhorn

Definition
Wenn der Daumen der Shikhara (Spitze)-Mudra von der anderen Hand um-
schlossen wird, so symbolisiert diese Mudra das Muschelhorn oder Shanka.
Bedeutung
Dämonen, Titanen, Drachen, Ankündigung eines Krieges.

37. Chakra

Das Rad

Definition
Wenn die Handinnenflächen der Halbmond-Geste (Ardhachandra) im rech-
ten Winkel aufeinanderliegen, so heißt diese Mudra Rad oder Chakra.
Bedeutung
Das Rad, die Scheibe, Symbol für Vishnu.

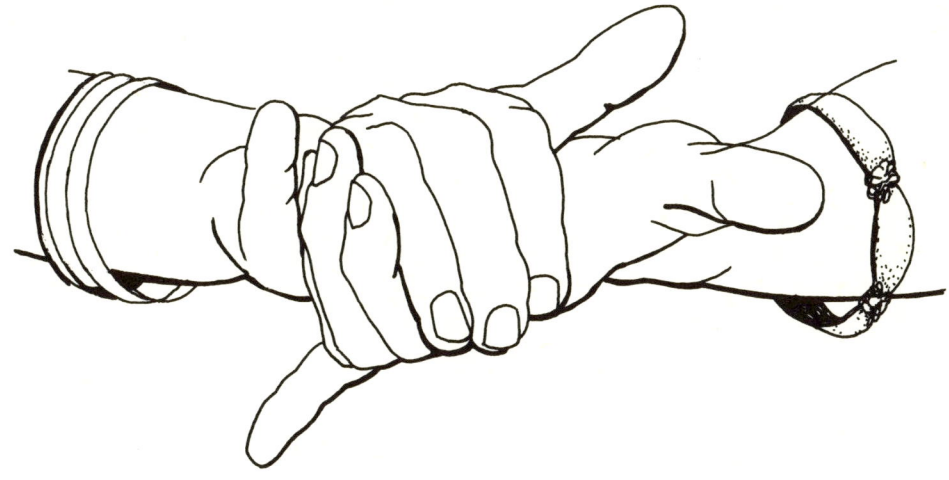

38. Samputa

Die Schatulle

Definition
Wenn die Finger der Chakra-Mudra (Rad) nach innen gekrümmt sind und
die kleinen Finger gestreckt sind, so symbolisiert diese Geste die Schatulle
oder Samputa.
Bedeutung
Eine Schatulle, etwas verheimlichen oder verstecken, eine runde Dose, Wür-
fel spielen.

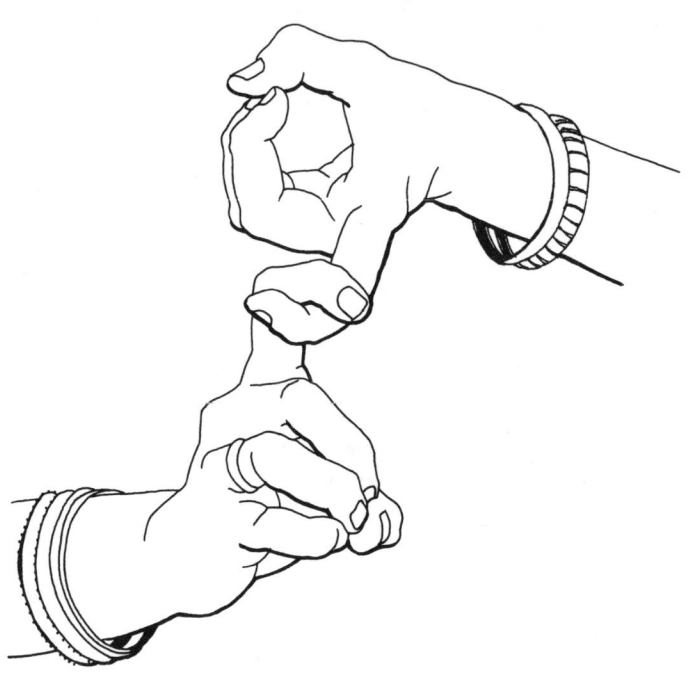

39. Pasha

Die Schlinge

Definition
Wenn die Zeigefinger der Suchi-Geste (Nadel) sich umfassen und einen Kno-
ten bilden, so heißt diese Mudra Schlinge oder Pasha.
Bedeutung
Schlinge, Bindung, Band, Kette, Fesseln, Meinungsverschiedenheiten.

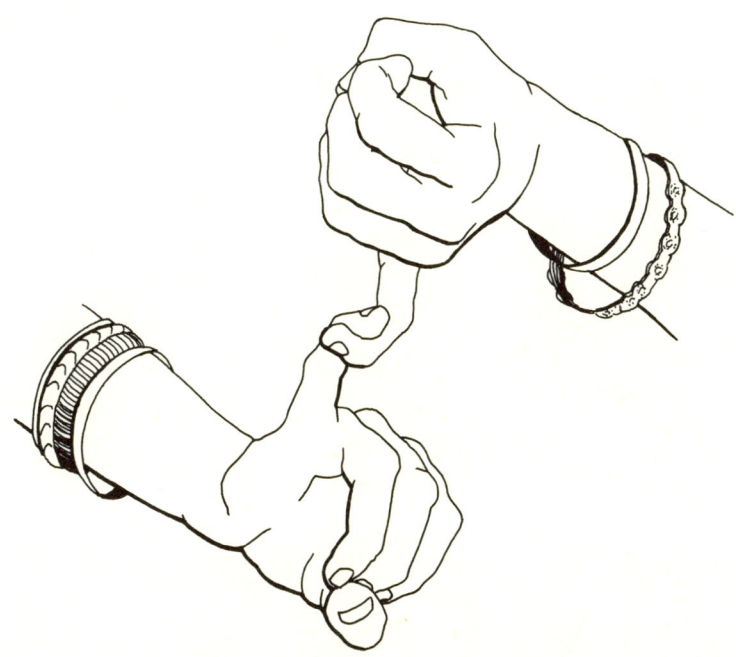

40. Kilaka

Band der Freundschaft

Definition
Wenn die kleinen Finger sich umfassen und die restlichen Finger beider
Hände gekrümmt sind, so wird diese Mudra »Band der Freundschaft« oder
Kilaka genannt.
Bedeutung
Zuneigung, liebende Fürsorge, scherzhafte Unterhaltung.

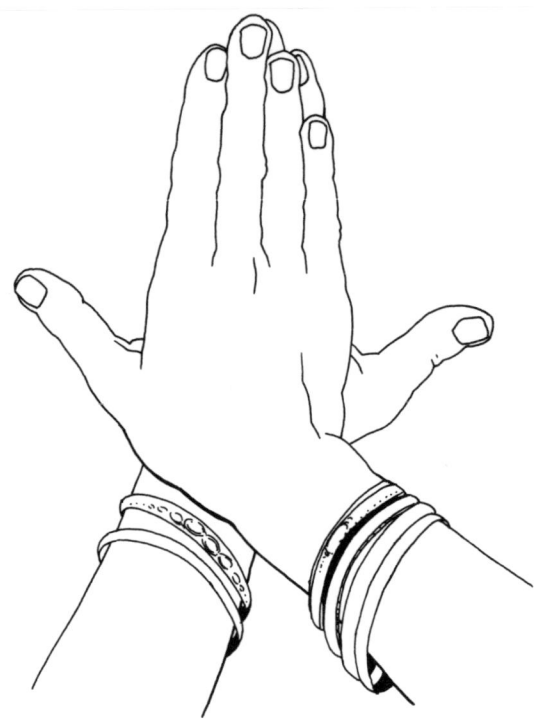

41. Matsya

Der Fisch

Definition
Wenn die eine Handfläche auf dem Handrücken der anderen Hand liegt und
die zwei Daumen nach außen gestreckt sind, so heißt diese Mudra Fisch oder
Matsya.
Bedeutung
Fisch, Symbol für die erste Inkarnation Vishnus.

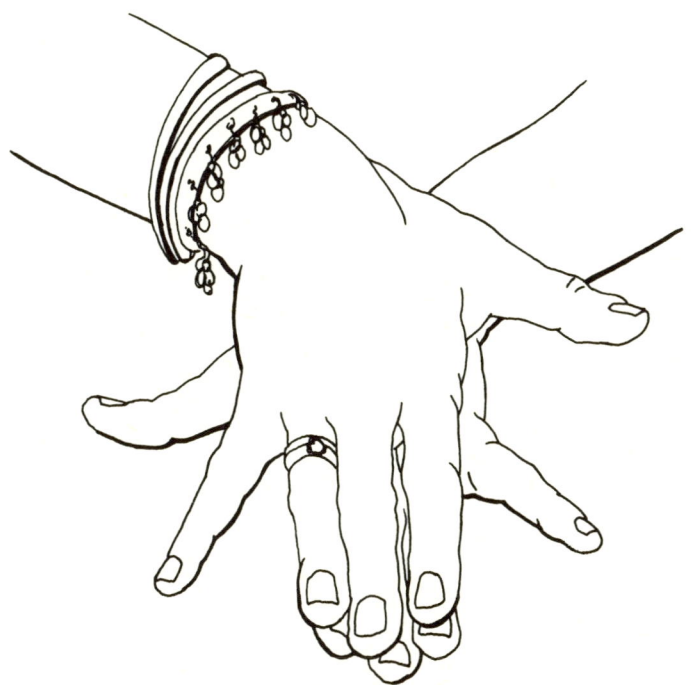

42. Kurma

Die Schildkröte

Definition
Aus der Fisch-Geste (Matsya) wird Kurma-Mudra, die Schildkröten-Geste,
indem die beiden kleinen Finger nach oben gestreckt werden.
Bedeutung
Die Schildkröte, Symbol für die zweite Inkarnation Vishnus.

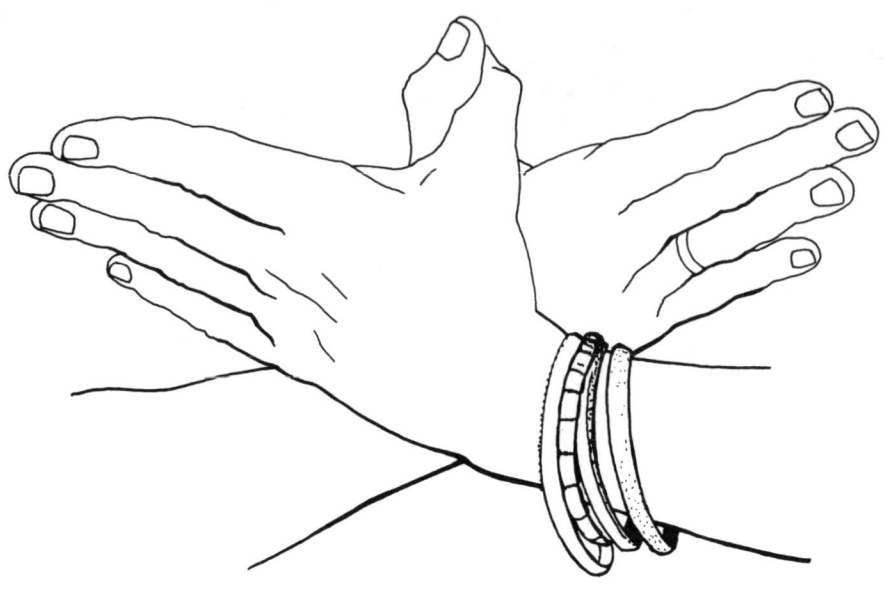

43. Garuda

Der mystische Vogel

Definition
Wenn die Handinnenflächen der Halbmond (Ardhachandra)-Geste nach in-
nen zeigen und die Daumen sich berühren, wird diese Mudra »der mystische
Vogel Garuda« genannt.
Bedeutung
Garuda, der König der Vögel, Feind der Schlangen, Reittier Vishnus.

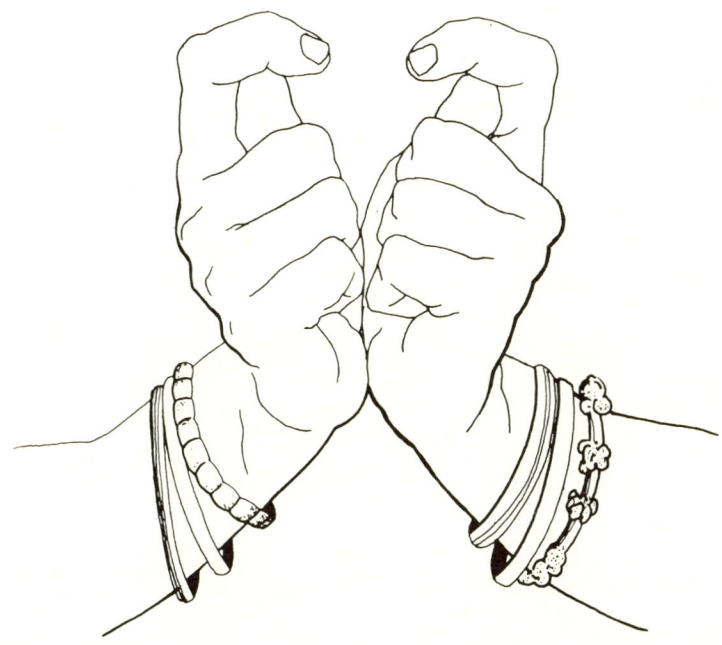

44. Bherunda

Bherunda, der mythologische Vogel mit zwei Köpfen

Definition
Wenn die Hände in der Affenbaum(Kapittha)-Geste sich am Handgelenk be-
rühren, symbolisiert diese Mudra Bherunda, den mythologischen Vogel mit
zwei Köpfen.
Bedeutung
Der Vogel Bherunda, entweder der König der Eulen oder eine mystische
Kreatur der bengalischen Folklore, ein Vogelpaar.

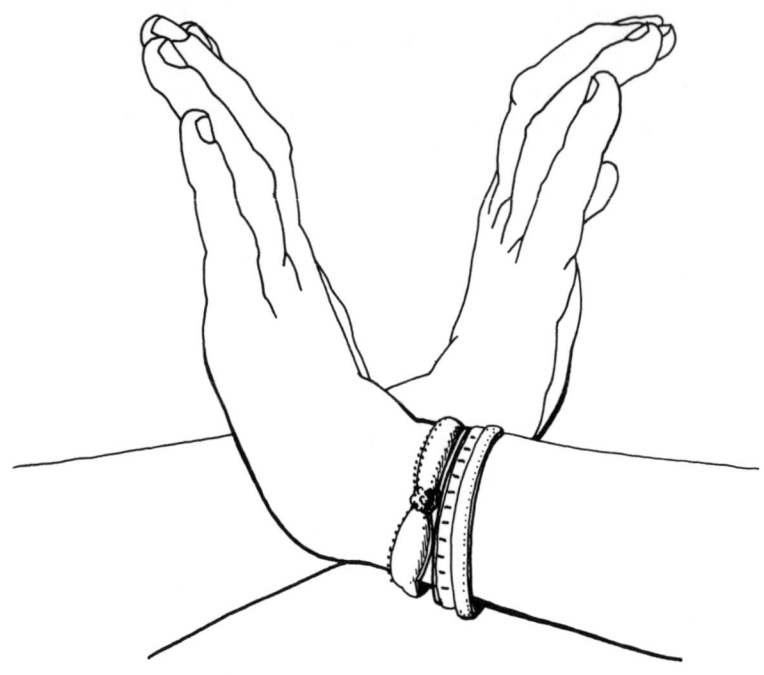

45. Nagabandha

Die Schlangenschlinge

Definition
Wenn die Hände der Schlangenkopf(Sarpashirsha)-Geste sich am Handge-
lenk kreuzen, heißt diese Mudra Schlangenschlinge oder Nagabandha.
Bedeutung
Ein Paar ineinanderverschlungener Schlangen, Symbol der Fruchtbarkeit.

Die rechte Hand der Tänzerin zeigt eine
abgewandelte Form der Kapittha-Mudra.

Bei dieser Tanzhaltung ist die rechte Hand
in Katakamukha-Mudra, die linke in Alapadma-Mudra.

Beide Hände sind in Pataka-Mudra.

Tänzerin aus einem indischen Puppenspiel
(Geschichte des Amar Singh Rathore, Rajasthan)

Mudras, die die verschiedenen Kasten symbolisieren

Brahmanen
Beide Hände in Shikhara-Mudra (10) symbolisieren die heilige Schnur der
Zweimalgeborenen.

Kshatriyas
Die linke Hand in Shikhara-Mudra (10) horizontal, die rechte Hand in Pataka-Mudra (1).

Vaishya
Die linke Hand in Hamsasya-Mudra (23), die rechte Hand in Katakamukha-
Mudra (12).

Shudras
Die linke Hand in Shikhara-Mudra (10), die rechte Hand in Mrigashirsha-
Mudra (17).

84

Bereits im Rigveda (1500–1000 vor Christus) werden die verschiedenen Kasten in dem berühmten Purusha-Lied erwähnt. Es heißt dort, daß die Priester (Brahmanen) aus dem Mund, die Krieger (Kshatriyas) aus den Armen, die Ackerbauern (Vaisyas) aus den Schenkeln, die Shudras (Ureinwohner) aus den Füßen des Urmenschen entstanden sind.

Zur Zeit des Yajurveda (1000–750 v. Chr.) tritt das Kastensystem jedoch erst richtig in Erscheinung und gewinnt in der Folgezeit mehr und mehr an Einfluß. Die Indogermanen, die ihr Herrschaftsgebiet immer weiter nach Osten bis zum Ganges-Delta ausdehnten, führten die Einteilung in die verschiedenen Kasten oder Varnas (Varna = Farbe) ein. Um sich reinzuerhalten, sonderte sich die zahlenmäßig unterlegene hellhäutige arische Herren- und Erobererschicht von den dunkelhäutigen Sudras ab.

Auf die gesellschaftliche Gruppe der Brahmanen folgten in der Hierarchie die Kasten der Krieger und weltlichen Fürsten, dann die der Viehzüchter und Bauern und schließlich die der Shudras, die den anderen dienen mußten. Nur die Angehörigen der Oberkaste waren berechtigt, den Ehrentitel Arya (Reine) zu führen.

Die gottähnliche Position, welche die Brahmanen einnahmen, fand ihre Berechtigung darin, daß nur sie, im Besitz des heiligen Wissens, in der Lage waren, die komplizierten Opferhandlungen auszuführen, von denen das Wohl der Gesellschaft abhing. Die Mitglieder der Brahmanenkaste sollen vier Ashramas (Lebensstadien) durchlaufen. Die erste Stufe ist die des Schülers (Brahmacharya), der von einem Guru im heiligen Wissen unterrichtet wird. Der Schüler unterwirft sich bedingungslos seinem Meister und legt das Gelübde der Keuschheit ab. Symbolisch ist er durch die heilige Schnur des Zweimalgeborenen, die ihm feierlich verliehen wird, mit seinem Guru verbunden. Ist die Stufe der Schülerschaft beendet, so tritt er in das Lebensstadium des Hausvaters (Grihastha) ein. Er gründet eine Familie und geht einem Beruf nach, vernachlässigt dabei nicht das weitere Studium der Veden. Der junge Hausvater genießt die Freuden und Leiden des Ehelebens (Kama) und kümmert sich um materiellen Besitz (Artha), damit er seine Familie entsprechend seiner sozialen Zugehörigkeit (Jati) unterhalten kann.

Ist der Hausvater alt geworden, wendet er sich vom Besitz (Artha), vom Eheleben (Kama) und von den gesellschaftlichen Pflichten (Dharma) ab und zieht allein oder mit seiner Frau als Einsiedler in den Wald (Vanaprastha). Er gibt alle vergänglichen Rollen auf und begibt sich auf den Weg nach innen.

Im vierten und letzten Ashrama, dem des wandernden heiligen Bettlers (Sannyasa), zieht der heimatlose Pilger fortan mit kahlgeschorenem Haupt, nur mit einem Lendenschurz angetan, Büßerstab und Almosenschale in der Hand, umher. Losgelöst von den irdischen Rollen lebt er mit dem ewigen Selbst.

Die Teilung der Kasten behielt ihre Gültigkeit als Rahmen für die traditionelle Hindugesellschaft bis in unsere Zeit. Im Laufe der Zeit fand eine immer weitergehende Unterteilung in zahlreiche Unterkasten statt, deren Angehörige jeweils streng voneinander abgeschlossen leben.

Die Mudras der drei Hauptgötter und ihrer Frauen

Brahma
Die linke Hand in Chatura (21), die rechte Hand in Hamsasya (23).

Vishnu
Beide Hände in Tripataka (2).

Shiva
Die linke Hand in Mrigashirsha (17), die rechte Hand in Tripataka (2).

Sarasvati
Die linke Hand in Suchi (13), die rechte Hand in Kapittha (11).

Lakshmi
Beide Hände in Kapittha (11) in der Höhe der Schultern.

Parvati
Eine Hand in Pataka (1), die andere Hand hängt an der Körperseite herunter.

Mudras, die die Planeten beschreiben

Sonne
Linke Hand in Alapadma (20), rechte Hand in Kapittha (11), beide Hände sind in der Höhe des Halses.

Mond
Linke Hand in Alapadma (20), rechte Hand in Pataka (1).

Mars
Beide Hände in Mushti (9).

Merkur
Linke Hand in Mushti (9), horizontal, rechte Hand in Pataka (1).

Jupiter
Beide Hände in Shikhara (10), die rechte Hand ist horizontal.

Venus
Beide Hände in Mushti (9), die rechte Hand ist erhoben, die linke gesenkt.

Saturn
Die linke Hand in Shikhara (10), die rechte Hand in Suchi (13).

Mudras, die die Mitglieder der Familie symbolisieren

Paar
Dieselbe Mudra wie die der Shudra-Kaste.

Mutter
Linke Hand in Ardhachandra (6) liegt auf dem Bauch, rechte Hand in Sandamsha (25).

Vater
Linke Hand in Ardhachandra (6), rechte Hand in Shikara (6).

Schwiegermutter
Rechte Hand liegt auf dem Hals in Hamsasya (23), die linke Hand in Sandamsha (25) reibt sich den Bauch.

Der Bruder des Mannes
Linke Hand in Shikhara (10), rechte Hand in Kartarimukha (4).

Der älteste Bruder
Beide Hände in Mayura (5).

Sohn
Die linke Hand in Shikhara (10), die rechte in Sandamsha (25), die zuerst auf dem Bauch liegt und dann schnell weggezogen wird.

Schwiegertochter
Zuerst werden die Mudras, die den Sohn kennzeichnen, ausgeführt, dann nimmt die rechte Hand Mrigashirsha (17) ein.

Eine Legende aus Shivas Familienleben

Die folgenden Bilder zeigen, wie der indische Tänzer allein durch seine Handstellungen und die Bewegungen seiner Augen eine Legende zum Ausdruck zu bringen vermag. Die Legende erzählt von Shiva, der seine schöne Frau Parvati zum Bad an den Fluß schickt, um seine Geliebte, die Flußgöttin Ganga, die sich in seinen Haaren versteckt hält, ungestört umarmen zu können. Kaum ist Parvati außer Sicht, schickt er auch seinen Sohn Ganesha zum Spielen fort. Parvati, die ihrem Mann jedoch mißtraut, kehrt überraschend früh von ihrem Bad zurück, und Shiva hat gerade noch genug Zeit, Ganga in seinen Locken zu verstecken und sich in den Meditationssitz zu begeben. Mit großer Diplomatie gelingt es ihm, die wütende und eifersüchtige Parvati zu beruhigen und seinen Sohn Ganesha wieder für sich zu gewinnen.

1. Shiva: »Mißtrauische Frau!« (Parvati geht zum Bad an den Fluß und läßt Ganesha, ihren Sohn, bei dem Vater zurück.)

2. Shiva: »Du kannst spielen gehen, Ganesha, Vater ist beschäftigt.«

3. Shiva: »Oh, Ganga, komm aus meinen Locken hervor!« (Ganga, die Flußgöttin, hat sich in seinen Haaren versteckt.)

88

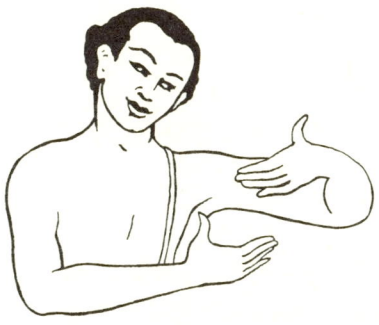

4. Shiva: »Oh, du Schönheit, welche Ekstase, dich in der Abwesenheit der ermüdenden Parvati in den Armen zu halten.«

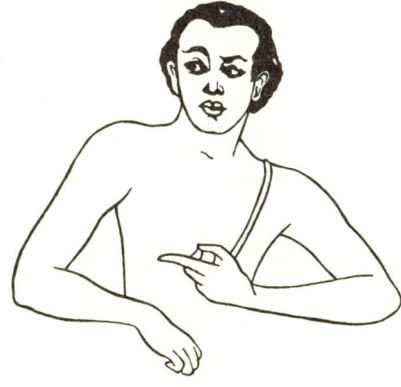

5. Shiva: »Oh, mein Gott, Parvati kommt überraschend früh von ihrem Bad zurück.«

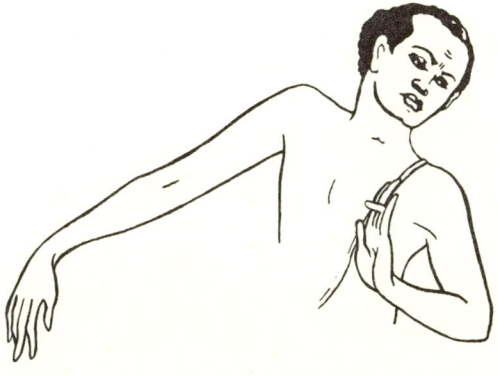

6. Parvati: »Ich fühlte, daß er mich betrügen wollte. Wie kalt war das Wasser doch.«

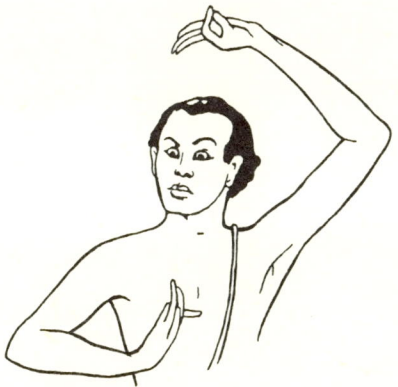

7. Shiva: »Unsinn. Ich war gerade in tiefe Meditation versunken. Mißtrauische Frau!«

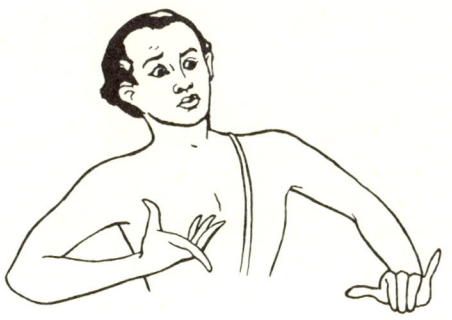

8. Parvati: »So meditierst du also, und wo ist unser Sohn Ganesha?«

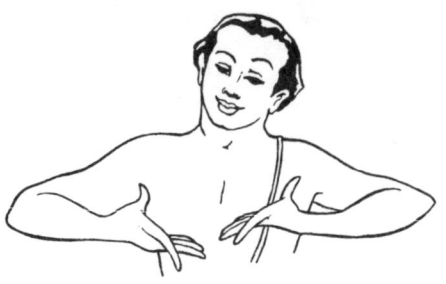

9. Shiva: »Komm her, mein süßer Ganesha!«

10. Ganesha: »Vater schickte mich fort, als du ein Bad nahmst. Ich will nicht mehr bei ihm bleiben.«

11. Glückliches Ende: Shiva als treuer Ehemann und Vater umarmt seine Frau und bietet Ganesha eine Süßspeise an.

Kapitel 2

Mudras in der hinduistischen Ikonographie

Die verschiedenen Mudras und Hastas (Armposen) in der Ikonographie, die direkt auf die klassische indische Tanzkunst zurückgeführt werden können, gehören neben den Körperhaltungen (Asanas) und den Attributen zu den Unterscheidungsmerkmalen der zahlreichen Gottheiten. Die Götterskulpturen, die nach festgeschriebenen Normen geschaffen wurden, fügen sich mit den verschiedenen Attributen, Gesten, Haartrachten, der Kleidung und dem Schmuck zu einem harmonischen Gesamtbild zusammen, das den Gläubigen ansprechen und ihm das Göttliche offenbaren soll. In den mystischen Handposen liest der Gläubige nicht nur die Macht und Fähigkeit einer verehrten Gottheit, sondern auch einen bestimmten Gefühlsausdruck.

Handstellungen, mit deren Hilfe die Götter ein Attribut halten, sind von den eigentlichen Mudras zu trennen. Die zahlreichen symbolischen Attribute, die den Gottheiten beigegeben sind, geben über die Machtbereiche und Eigenschaften der Götter klare Auskunft. In einigen Fällen jedoch, wo auf die Darstellung eines Attributs verzichtet wird, verschmilzt die Bedeutung von Mudra und Attribut. Durch eine bestimmte Hand- oder Armhaltung wird das Attribut selbst versinnbildlicht.

Während sich die Mudras, die von einer Hand (der linken oder der rechten) oder von beiden Händen ausgeführt werden, vor allem auf die Stellung der Finger beziehen, bezeichnen die Hastas komplexe Arm- und Handhaltungen. Wenn die Handhaltungen in der Ikonographie auch in vieler Hinsicht denen der tänzerischen Gestensprache ähnlich sind, so bilden sie letzten Endes zwei verschiedene Weisen des religiösen Aussagens. Während eine Mudra in der Sprache des Tanzes ein Symbol in Bewegung ist, das man nur durch den vorausgegangenen Bewegungsablauf und Sinnzusammenhang verstehen kann, ist das, was durch eine ikonographische Mudra ausgedrückt wird, bereits in der Pose enthalten.

Die Geste der Lehrverkündung (Chin-Mudra)

Diese Geste, bei der Daumen und Zeigefinger sich berühren, während die anderen Finger ausgestreckt sind, symbolisiert die Urteils- und Beweiskraft der Gottheit. Richtet die Gottheit die Hand dem Betrachter entgegen, so will sie ihn belehren beziehungsweise unterrichten. Bei den buddhistischen Skulpturen wird diese Mudra als »Geste der Lehrdarlegung oder der Diskussion« bezeichnet. Daumen und Zeigefinger formen das Rad der Lehre.

Die Abbildung auf Seite 93 zeigt Shiva als Verkünder und Herrn des Wissens (Jnana-Dakshina-Murti), dessen rechte vordere Hand die Geste der Lehrverkündung ausführt. Die Attribute des Lehrverkünders sind die Gebetskette (in der rechten oberen Hand), die den ewigen Zyklus der Zeit versinnbildlicht, und das Feuer (in der linken oberen Hand), das die Vernichtung der Welt symbolisiert. Shiva befindet sich im Virasana (Heldensitz), bei dem das rechte Bein zur Erde gestreckt und das linke Bein darüber gelegt ist.

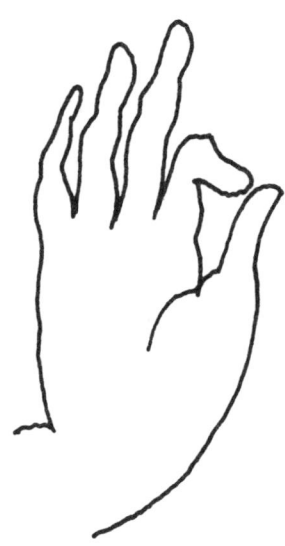

Shiva als Verkünder des Wissens (Südindien, 14. Jahrhundert)

Die Geste der Weisheit
(Jnana-Mudra)

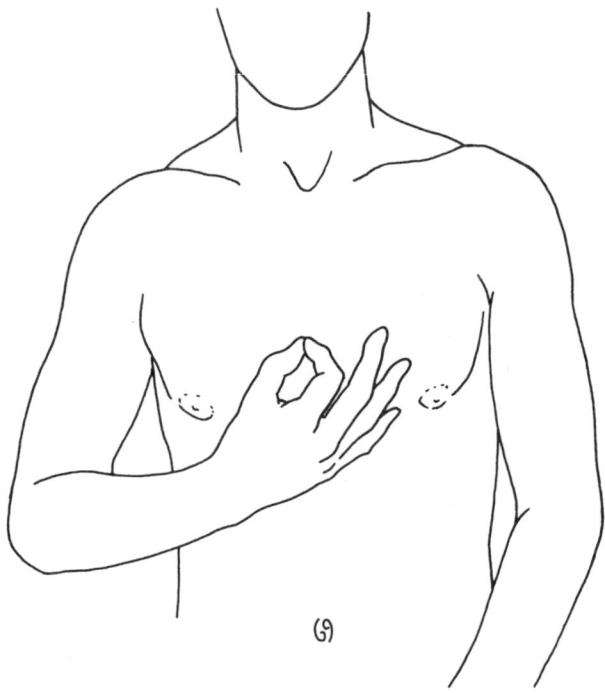

Im Gegensatz zur Geste der Lehrverkündung richtet sich diese Geste nicht an den Gläubigen, sondern symbolisiert lediglich die Weisheit des Gottes. Die Hand wird auch nicht dem Betrachter entgegengehalten, sondern liegt vor der Brust in Höhe des Herzens.

Die Geste der Meditation
(Dhyani-Mudra)

Die Handhaltung, bei der die rechte Hand in der Innenfläche der linken Hand liegt, symbolisiert die tiefe Meditation und wird nur in Verbindung mit dem Meditationssitz (Padmasana), bei dem die beiden Beine so gekreuzt sind, daß die Zehenspitzen die Innenseiten der Oberschenkel berühren und die Fußsohlen nach oben weisen, ausgeführt.

Die folgenden drei Abbildungen zeigen Brahma, Vishnu und Shiva in tiefer Meditation, mit den zwei unteren Händen die Geste der Versenkung ausführend.

Brahma   Vishnu   Shiva

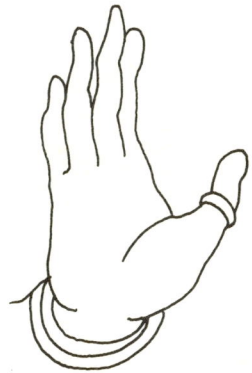

Die Geste der Schutzverheißung
(Abhaya-Mudra)

Die Geste, bei der die rechte Hand mit der Innenfläche nach vorne erhoben ist, wird als die Geste der Schutzverheißung oder der Abwesenheit von Furcht bezeichnet. Sie verheißt dem Gläubigen Schutz, befreit von Furcht und wehrt das Böse ab. Diese Handpose, die zu einer der beliebtesten Gesten der Gottheiten gehört, findet man in vielen Darstellungen von Gottheiten.

Die Abbildung auf Seite 96 zeigt Vishnu, der mit seiner rechten unteren Hand diese Geste ausführt. In seiner rechten oberen Hand hält er das Rad, in seiner linken oberen die Muschel, und die linke untere Hand ruht auf der Keule.

In der Abbildung auf Seite 97 erscheint Shiva in androgyner Form als Ardhanarisvara, eine Darstellung, in der er und seine Gemahlin Parvati in einer Gestalt vereint sind. In dieser Gestalt symbolisiert er die innige Verknüpfung der Dualität der Geschlechter als Grundprinzip des Seins. Shiva hält in seiner linken oberen Hand einen Spiegel, der sowohl die Weisheit als auch die Eitelkeit symbolisiert. Die rechte untere Hand führt die Schutzverheißungsgeste aus. In seiner rechten oberen Hand hält er als Zeichen seiner göttlichen

Macht und Stärke eine Axt, mit deren Hilfe er jegliche Unwissenheit vernichtet und alle Fesseln, die den Menschen an das Dasein binden, durchtrennt. Die Abbildung auf Seite 97 zeigt Sarasavati, die Göttin der Poesie, die ursprünglich gemeinsam mit der Flußgöttin Ganga als Gemahlin Vishnus galt. Da es zwischen den beiden jedoch oft zu Eifersüchteleien kam, gab Vishnu Ganga an Shiva und Sarasavati an Brahma weiter. Sarasavati hat ihre rechte Hand zur Schutzverheißungsgeste erhoben, in der linken hält sie ein Buch, das Symbol der Weisheit.

Vishnu (Südindien, 18. Jahrhundert)

Sarasvati

Shiva

Die Geste der Wunschgewährung
(Varada-Mudra)

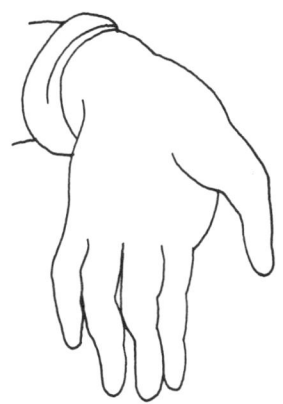

Die Mudra, bei der die linke Hand mit der Innenfläche nach unten weist, wird als die »Geste
der Wunschgewährung« oder als »Barmherzigkeitsgeste« bezeichnet. Die Gottheit führt sie oft
parallel zu der Geste der Schutzverheißung aus.
Diese Handpose, die anzeigt, daß die Gottheit
bereit ist, dem Gläubigen einen Wunsch zu gewähren, bildet eine bevorzugte Geste in der Ikonographie.

Die Abbildung auf Seite 98 zeigt den elefan-
tenköpfigen Ganesha, eine der populärsten in-
dischen Gottheiten, mit dieser Geste. Der dickbäuchige, untersetzte Gott mit
den kurzen Beinen, der als Sinnbild des Glücks und der Weisheit gilt, wird im
allgemeinen als Sohn Shivas und Parvatis angesehen. Bilder von Ganesha,
der auch als »Herr über alle Hindernisse« bezeichnet wird, gibt es erst seit
dem 5. Jahrhundert nach Christus. In der Ikonographie zeigt er sich vier- oder
sechsarmig. Seine charakteristischen Mudras sind die Gesten der Schutzverheißung und der Wunschgewährung. Der heitere und gemütvolle Ganesha
wird stets mit einem dicken Bauch dargestellt, der Wohlergehen und Reichtum anzeigt. Sein Rüssel liegt meist zur linken Seite und greift in eine Schale
mit Süßigkeiten, die er in seiner linken unteren Hand hält. Als Attribute trägt
er Früchte, eine Schale mit Süßigkeiten, Gebetskette, Schlinge, Axt und
Keule.

Die Abbildung unten zeigt Shiva zusammen mit seiner Gemahlin Parvati, die mit der linken Hand die Geste der Wunschgewährung ausführt und in ihrer rechten Hand eine Blume hält. Shiva führt mit seiner rechten unteren Hand die Geste der Schutzverheißung und mit der linken unteren die Kapittha-Mudra aus. (Dies ist eine Abwandlung der auf Seite 45 abgebildeten Geste.) Seine oberen Hände tragen die Antilope, die die Natur verkörpert, und die Axt als Zeichen seiner großen göttlichen Macht und Stärke. Die Darstellung Shivas mit seiner Shakti Parvati wird als zweifältige Personalisierung des Absoluten angesehen.

Ganesha

Shiva und Parvati (Südindien, 15. Jahrhundert)

98

Die Geste der Anbetung und des Grußes (Anjali-Mudra)

Diese Geste, bei der die Fingerspitzen sich berühren und die Handflächen einen kleinen Hohlraum bilden, drückt tiefste Verehrung aus. In der Ikonographie werden meist untergeordnete Gottheiten, Heilige und Gottesanbeter mit dieser Geste gezeigt. Im täglichen Leben der Hindus wird diese Mudra auch als allgemeine Begrüßungsgeste benutzt. Eine Variation der Anjali-Mudra bildet Ardhanjali-Mudra, bei der lediglich eine Hand vor die Brust gehalten wird.

Die Abbildung unten zeigt eine Gottesvereh-rerin, die Abbildung auf Seite 100 einen Yogi mit der Anbetungsgeste.

Anbeterin eines Gottes (Südindien, 16. Jahrhundert)

Yogi mit Anbetungsgeste (Südindien)

Die Flügelgeste
(Arala-Mudra oder Pataka-Hasta)

Diese Pose, bei der der Arm waagerecht von der Schulter ausgestreckt wird, drückt ebenso wie die Elefantengeste Stärke und Kraft aus. Die Abbildung auf Seite 101 zeigt den tanzenden Krishna mit der Flügelgeste.

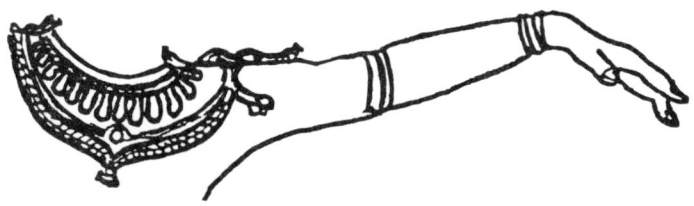

Krishna (Südindien, ca. 10. Jahrhundert)

Die Elefantengeste
(Gaja-Hasta)

Die Pose, bei der der Arm quer vor der Brust ausgestreckt und die abgewinkelte Hand nach unten zeigt, ist vor allem für die Darstellung des tanzenden Shiva charakteristisch. Diese Armhaltung, die Stärke und Macht zum Ausdruck bringt, soll an den Rüssel des Elefanten erinnern.

Die folgende Abbildung zeigt Vishnu mit dieser Geste.

Vishnu (Südindien)

Die Geste der Drohung
(Tarjani-Mudra)

Diese Geste, bei der der ausgestreckte Zeigefinger nach oben weist, drückt Warnung oder Belehrung aus. Die Abbildungen auf den Seiten 101 und 102 zeigen Krishna und Vishnu mit dieser Geste.

Die Geste der Weisung
(Suchi-Mudra)

Die Geste, bei der der Zeigefinger nach unten weist, symbolisiert das Losgelöstsein von Gegenständlichkeit. Die mit dieser Mudra dargestellte Gottheit weist auf einen imaginären Gegenstand, den sich der Gläubige selbst vorzustellen hat.

Die Geste der verschränkten Arme
(Hastavastika)

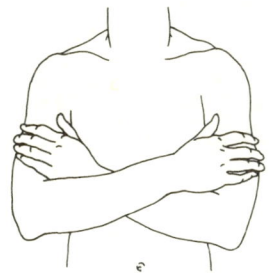

Wird eine Gottheit mit vor der Brust verschränkten Armen dargestellt, so drückt sie tiefste religiöse Hingabe aus und ist anderen Gottheiten untergeordnet.

Die Geste der Verwunderung (Vismaya-Mudra)

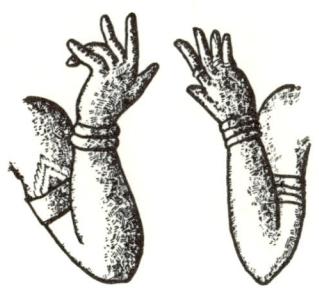

Die Mudra, bei der der Unterarm und die Hände seitlich von der Brust erhoben und die Finger leicht gekrümmt sind, drückt Erstaunen oder Verwunderung aus.

Die Halbmondgeste mit dem Feuer
(Ardachandra-Mudra)

Diese Geste, die entweder mit oder ohne das Feuer von einer Gottheit ausgeführt wird, ist eine charakteristische Pose für Skulpturen, die von Anhängern der shivaitischen Sekte verehrt werden. Das Feuer symbolisiert die Vernichtung der Welt, die durch die Flammen am Ende eines jeden Zeitalters zerstört wird.

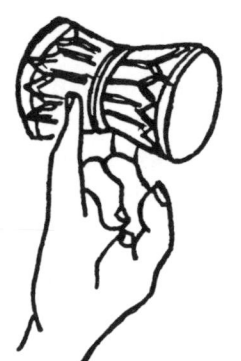

Die Geste, mit der die Trommel gehalten wird
(Damaru-Mudra)

Die Trommel, ein Attribut Shivas, wird zwischen dem ausgestreckten Zeigefinger und dem kleinen Finger getragen. Sie symbolisiert den Urlaut, der alles Entstehen und Vergehen in Bewegung setzt. Auch diese Mudra kann mit oder ohne Attribut ausgeführt werden.

Die Geste, mit der man eine Blüte hält
(Kataka-Hasta)

Diese Mudra, die entweder mit oder ohne Attribut ausgeführt wird, ist typisch für das Halten von Blumen, die als ein beliebtes Opfer für die Götter gelten. Blüten, vor allem der Lotos und die Lilie, werden vor die Skulptur der Gottheit gelegt, Skulpturen umgehängt oder in die Hand gegeben.

Die in der Ikonographie am häufigsten dargestellte Blüte ist der Indische Lotos, dessen rote oder weiße Blüten von langen Stielen getragen werden. Der Lotos, der nicht nur ein Attribut vieler Götter und insbesondere von Göttinnen ist, sondern auch als Thron der Gottheit dient, versinnbildlicht Reinheit, Schönheit und Frische in der sich ewig erneuernden Schöpfung.

Die folgenden zwei Abbildungen zeigen Devi und Parvati in anmutiger
Pose mit der Kataka-Hasta. Devi (große Göttin) hält außerdem noch in ihrer
zu dieser Geste geformten linken Hand eine Blume. Der Name Devi bezieht
sich seit der epischen Dichtung auf alle großen Göttinnen, die die männlichen
Gottheiten begleiten. Devi, die große Mutter, gilt als Symbol der schöpferi-
schen und kosmischen Energie, ohne die die männliche kontemplative sich
nicht entfalten kann.

Devi (Südindien, 15. Jahrhundert)   Parvati (Südindien, 10. Jahrhundert)

Die Armhaltung der Zwanglosigkeit
(Katyvalambita-Hasta)

Diese Armpose, bei der die linke Hand an der Hüfte oder am Oberschenkel einer stehenden Gottheit ruht, findet man oft, wenn sie ohne Attribute dargestellt wird. In den folgenden Abbildungen unten werden Durga und Hari-Hara mit der Armhaltung der Zwanglosigkeit dargestellt.

Durga, die schwer Zugängliche, gilt als eine der mächtigsten Göttinnen, die zerstörerische und lebenspendende Kräfte in sich vereinigt. In mildtätiger Form gleicht sie in vieler Hinsicht Parvati, der Gemahlin Shivas. In den shivaitischen Kulten wird sie als Shakti von Shiva, in den vishnuitischen als Schwester Krishnas gesehen. Zu ihren Attributen gehören die Muschel, das Rad und viele Waffen, die ihr von verschiedenen Göttern verliehen wurden. Hari-Hara zeigt die Vereinigung von Shiva und Vishnu, wobei die rechte Hälfte Shiva und die linke Vishnu darstellt. Hari-Hara symbolisiert nicht nur die Vereinigung von Zeit und Raum, sondern drückt den Versuch aus, die beiden Glaubensrichtungen der Shivaiten und Vishnuiten miteinander zu verbinden.

Hari-Hara

Durga

Der schlafende Arm
(Nidrata-Hasta)

Die Armhaltung, bei der die Hand flach auf dem Boden liegt und der Arm durchgedrückt ist, wird als »schlafender Arm« bezeichnet. Diese zwanglose Pose drückt die entspannte Haltung der Gottheit aus.

Die folgende Abbildung zeigt Parvati mit der Armhaltung des schlafenden Armes.

Parvati (Südindien, 10. Jahrhundert)

Dola-Hasta

Diese anmutige Armhaltung, bei der ein Arm locker mit leicht abgewinkelter Hand herabhängt, ist eine typische Haltung für Göttinnen.

Die Abbildung unten zeigt Lakshmi, die Göttin der Schönheit, des Überflusses und des Glücks in dieser Stellung. Lakshmi, die ursprünglich eine Erdgöttin war, gilt seit der epischen Dichtung als Gemahlin von Vishnu. Sie soll vollerblüht als eine der »vierzehn Kostbarkeiten« aus dem Milchmeer hervorgekommen sein. Die freundliche, lebenspendende Urmutter erscheint wie ihr Gemahl in verschiedenen Inkarnationen auf Erden. Als Sita, der standhaften und treu ergebenen Ehefrau Ramas, wurde sie zum indischen Inbegriff einer idealen Frauengestalt.

Lakshmi (Südindien, 17. Jahrhundert)

Kapitel 3
Die Handsymbole Buddhas

Die spirituelle Bedeutung der Hände fand ihren vollkommenen Ausdruck in
der buddhistischen Kunst, die vom 2. bis zum 4. Jahrhundert eine Phase ausgesprochenen Formenreichtums erlebte. Um bestimmte Episoden aus dem
Leben Buddhas und seine Lehre darzustellen, verwendeten die Künstler
sechs Handgesten, die zu ikonographischen Symbolen wurden. Im Laufe der
Jahrhunderte förderten die ikonographisch dargestellten Buddhas und Bodhisattvas mit ihren symbolischen Gesten und Attributen die meditative Stim-
mung und schufen eine tiefe Atmosphäre des Glaubens.

In der frühen buddhistischen Kunst hatte es keine bildlichen Darstellungen
des Buddha gegeben. Die Ikonographie der Frühepoche stellte Ereignisse aus
dem Leben des Buddhas vor der Erleuchtung oder Episoden aus den legendären früheren Existenzen des Vollendeten dar. Die frühen Buddhisten
scheuten sich, Gautama Buddha, der das Verlöschen alles Formhaften gepredigt hatte, durch die Kunst eine zweite Gestalt, eine den Körper überdauernde
Form zu geben.

Die bildlichen Darstellungen des Gautama Buddha gehen auf die Hellenen
zurück, denen es unmöglich war, einen Gott zu verehren, von dem sie sich
kein Bild machen konnten. Die Eroberungen Alexanders des Großen, der 325
nach Christus bis nach Indien vordrang, eröffneten der griechischen Kultur
den Weg nach Asien. Obwohl Alexanders Feldzug nach Indien ohne direkte
Folgen blieb und sein Name schnell in Vergessenheit geriet, hat er hellenisti-
sches Gedankengut in diesen Teil der Welt gebracht und damit eine Saat aus-
gestreut, die Jahrhunderte später vor allem in der Kunst reiche Frucht tragen
sollte.

In der Gandhara-Kunst (im Norden Pakistans) wird die Abhängigkeit vom
hellenistischen Formempfinden deutlich sichtbar. In den Gandhara-Buddhas vereint sich wie durch einen Zauber die Mystik der buddhistischen
Lehre mit der apollinischen Klarheit der Hellenen.

Die nichtindischen Merkmale der Gandhara-Buddhas sind ihre etwas ge-
drungenen Gestalten, ihre klassisch-mediterranen Profile, ihr welliges, zu einem Knoten gebundenes Haar (dieser Haarknoten ist ein mißverstandenes
Ushnisha, die Erhöhung in Buddhas Kopf, die Weisheit symbolisiert) und der
um die Schultern hängende Mantel, der einer Toga ähnelt. Die weichen Kon-

turen der Gesichter, die schweren Augenlider, die langen Ohrläppchen und der leuchtende Punkt zwischen den Augenbrauen (Urna) sind indische Charakteristika und entsprechen den Beschreibungen der Schriften.

Die Kunst von Mathura (südlich von Dehli) stellte Buddha als einen Nachfahren der urwüchsigen traditionellen Yakshas (Naturgeister) vor. Sein Gesicht ist puppenhaft glatt und lächelnd, die Augen treten hervor und sind weit geöffnet. Sein glattrasiertes Haupt ist von einer turbanförmigen gerollten Haarlocke gekrönt, die man jedoch bald zu einer Ausbuchtung (Ushmisha) stilisierte.

Im 1. Jahrhundert nach Christus entwickelte sich im Nordosten des Dekkhan, in Andra, der bezaubernde Amaravati-Stil. Die Künstler von Amaravati zeigen eine Vorliebe für kreisförmige, außerordentlich dichte Kompositionen, deren zahlreiche Buddhafiguren erstaunlich dynamisch wirken. Die Stile von Gandhara, Mathura und Amaravati bereiteten die Blüte der klassischen indischen Kunst vor.

Das Leben Buddhas zwischen Wirklichkeit und Legende

Über den historischen Buddha wissen wir nur wenig. Er soll zwischen 560 und 600 vor Christus gelebt haben. An Beschreibungen über das Leben des Gautama Buddha mangelt es nicht, aber alle diese Biographien haben einen stark legendenhaften Charakter, so daß es schwer fällt, Wahrheit und Mythos zu unterscheiden.

Für den Buddhisten, der an die Wiedergeburt glaubt, ist es selbstverständlich, daß Gautama oder Shakyamuni (das heißt der Weise aus dem Stamme der Shakyas) nicht zum ersten Mal in der Welt erschienen ist. Wie jeder andere hatte er bereits viele Geburten durchgemacht und die Welt als Tier, Mensch und als Gott erlebt. Schon als Häschen soll Buddha eine moralisch gute Tat vollbracht haben. Er selbst berichtet von seinem Leben als Häschen in einem Bergwald: »Ich aß Gras und Kraut, Blätter und Früchte und tat keinem Wesen etwas zuleide. Ein Affe, ein Schakal, ein junger Fischotter und ich, wir wohnten beieinander… Ich aber unterwies jene in den Pflichten und lehrte sie, was gut und was böse ist: Vom Bösen haltet euch fern, neiget euch zum Guten« – Aber damit nicht genug. Das fromme Häschen achtete auch streng auf die Feiertage: »Am Feiertage, wenn ich den Mond voll sah, sprach ich zu jenen: ›Heute ist Feiertag. Haltet Gaben bereit, daß ihr sie Würdigen gebet… und begeht den Feiertag mit Fasten!‹ Dann sprachen sie: ›So sei es‹, und nach Kraft und Vermögen bereiteten sie Gaben…

Eines Tages nun kam ein hungriger Brahmane in den Wald, und da es ihm nicht erlaubt war, ein Tier zu töten, beschloß das Häschen, sich selbst zu opfern... Meinen ganzen Leib mit allen Gliedern habe ich dem Brahmanen gegeben.«[7]

Buddha hat während all seiner Wiedergeburten an dem Schicksal teilgehabt, das allen Lebendigen gemeinsam ist. Seine Reise muß sehr lang gewesen sein, da eine geistige Vollendung wie die eines Buddha unmöglich das Resultat eines einzigen Lebens sein kann.

Buddhas Geburt, Kindheit und Jugend

Die Figur Gautama Buddhas ist nach und nach mit einer solchen Fülle von Legenden umwoben worden, daß seine tatsächliche Erscheinung weitgehend entstellt und ins Symbolhafte verkehrt wurde. So machte die Legende mehrere Jahrhunderte nach dem Tode Buddhas auch aus seiner natürlichen Geburt ein Wunder. Es wird berichtet, daß Maya, die Gattin des Königs Shuddodana aus dem adligen Geschlecht der Shakyas, im Traum einen weißen Elefanten sah, der in ihre Seite eindrang. Nach zehnmonatiger Schwangerschaft gebar sie im Park Lumbini, dem Sommersitz des Fürstenhauses, den künftigen Buddha. »Tretend aus ihrer rechten Seite, macht der Mitleidvolle der Mutter weder Angst noch Schmerzen... langsam dem Mutterleib entsteigend, ließ er in jede Richtung seinen Ruhm ausstrahlen... ruhig aufgerichtet, und nicht kopfüber fallend, glorreich scheinend, herrlich geschmückt, lichtstrahlend – so verließ er den Mutterleib, wie wenn die Sonne aufgeht.«[8]

Bei seiner Geburt erfüllte ein wunderbarer Glanz den gesamten Weltraum, die Götter jubelten und priesen das Kind. Der Weise Asita prophezeite ihm, er werde ein großer Kaiser oder ziehe sich von der Welt zurück und werde ein Buddha. Die Geburt Buddhas brachte dem ganzen Land Reichtum: Elefanten, Pferde, Wagen, kostbare Gefäße und vieles mehr. Der junge Prinz erhielt den Vornamen Siddhartha, der, welcher sein Ziel erreicht hat. Vielfach wird er auch Gautama nach dem Namen eines Sehers oder Shakyamuni, der Einsiedler aus dem Stamm der Shakyas, genannt.

Da seine Mutter sieben Tage nach der Geburt starb, wurde das Kind von ihrer Schwester erzogen. Fern von den Leiden und dem Elend der Welt wuchs es im Wohlstand auf.

Sein Vater hielt alles von ihm fern, was ihn an das Leid des Daseins erinnern könnte, hoffte er doch, sein Sohn werde ein großer Weltherrscher wer-

---

7 Zitiert bei Lehmann, Johannes, *Buddha – Leben, Lehre, Wirkung*, Seite 114, 115
8 Zitiert bei Lehmann, Seite 13

den und nicht ein weltabgewandter Asket, wie es Asita geweissagt hatte. Siddhartha heiratete eine junge Adelige, mit der er bis zu seinem 29. Lebensjahr ein glückliches Leben im Palast seines Vaters führte.

Die Legende von den vier Ausfahrten

Diese Legende erzählt, daß Siddhartha eines Tages den Wunsch äußerte, eine Ausfahrt in die königlichen Gärten zu unternehmen und seinem treuen Wagenlenker Chandaka befahl, den Wagen anzuspannen und in die Stadt zu fahren. Auf dem Weg begegnete ihm ein hinfälliger Greis, der unter der Last seines Gebrechens kaum noch aufrecht zu gehen vermochte. Der Prinz, der eine derartige Person noch nie gesehen hatte, fragte seinen Wagenlenker nach der Bedeutung dieser Erscheinung und erhielt die folgende Antwort: »Veränderung des Aussehens, Verfall der Lebenskraft, des Kummers Wachstum, der Lust Entschwinden, Abstumpfung des Geistes, Kraftlosigkeit der Glieder sind Zeichen von dem, was Alter heißt. Ein Säugling war einst der Mann, an seiner Mutter Brust genährt, dann, voll von Lebensdurst, ein schöner Jüngling… doch mit den Jahren trat ein Verfall des Leibes ein, und jetzt hat Alter ihn verwüstet.«[9]

Als Siddhartha ein zweites Mal ausfuhr, gewahrte er einen Kranken, der vor Schmerzen laut schrie. Wieder fragte er den Wagenlenker, wer das sei, und erfuhr: »Hin durch die ganze Welt trifft die Menschen eben dieses Geschick, erdulden muß Krankheit eines jeden Leib, des Reichen und Großen wie des Armen und Beschränkten.«[10]

Auf einer dritten Ausfahrt begegnete er einem Trauerzug und vernahm voller Mitleid das Klagen und Weinen der Angehörigen, die den Toten begleiteten. Auf die Frage, ob dieser allein gestorben sei oder ob es noch andere in der Welt gebe, denen das gleiche widerfahren sei, erhielt er zur Antwort: »An allen Orten findet man seinesgleichen, wer ins Leben eintritt, verläßt es ebenso. In mittleren Jahren zwar stark und munter, geht er unvermeidlich dem Tode entgegen, weil er einen Leib hat.«[11]

Bei einer vierten Ausfahrt schließlich traf er auf einen Bettelmönch, dessen Antlitz jedoch heiter und hellglänzend wie der Vollmond war. Da erkannte Siddhartha seine Bestimmung und entschloß sich, den Weg in die Heimatlosigkeit anzutreten. Selbst die Nachricht, daß ihm ein Sohn geboren worden sei, vermochte ihn nicht von seinem Vorhaben abzubringen. Nachdem er von

9 Zitiert bei Lehmann, Seite 40
10 Zitiert bei Lehmann, Seite 41
11 Zitiert bei Lehmann, Seite 41

Die Geburt Buddhas (Nepal, 19. Jahrhundert)

seiner schlafenden Gattin und dem neugeborenen Sohn in der Nacht stillen Abschied genommen hatte, bestieg er sein Pferd und wandte sich in Begleitung seines Dieners dem Walde zu. Er schnitt sich das lange Haar ab, vertauschte seine fürstlichen Kleider mit einem Bettlergewand und schickte seinen Diener ins Schloß zurück, um seiner untröstlichen Gattin von seinem Schritt Kenntnis zu geben.

Die vier Begegnungen brachten eine entscheidende Wende in das Leben Buddhas und beendeten seine »bürgerliche Biographie«. »Jung an Jahren habe ich einstmals, in blühender Jugendkraft als Jüngling mit schwarzem Haar, im ersten Mannesalter, mir Haupthaare und Bart scheren lassen, habe die Mönchsgewänder angelegt und bin aus dem Haus in die Hauslosigkeit gezogen, obgleich meine Eltern dies nicht wünschten, obgleich sie Tränen vergossen und weinten.«[12]

Auf der Suche nach Erkenntnis

Gautama war 29 Jahre alt, als er sich entschloß, in die Hauslosigkeit zu ziehen. Sechs Jahre lang irrte er im Walde auf der Suche nach Wahrheit umher. Zunächst ging er zu dem brahmanischen Asketen Arada Kalama und wurde sein Schüler. Da ihn dessen Lehre nicht befriedigte, verließ er seinen Meister und schloß sich einem anderen, dem Asketen Udraka, an. Doch auch bei diesem fand er nicht, was er suchte. Die Lehre der brahmanischen Asketen erschien ihm wie eine Folge leerer ritueller Formeln, die seinen Erkenntnisdurst nicht befriedigen konnte. Er verließ deshalb auch Udraka und zog zusammen mit fünf Asketen, die sein Streben nach Vollendung bewunderten und sich ihm angeschlossen hatten, nach Uruvela im Staate Bihar, in der Nähe des heutigen Gaya.

Es war eine Zeit strenger Askese und mystischer Versenkung. Siddhartha versuchte durch schmerzvolle Kasteiung, durch Fasten und Kontemplationsübungen die Erleuchtung zu erzwingen. An manchen Tagen aß er nur ein Reiskorn und blieb oft wochenlang ohne Schlaf. Wieder war Siddhartha enttäuscht und erkannte, daß die Askese ihn der Wahrheit nicht näherbrachte. »Gestählt zwar war meine Willenskraft, unbeugsam, gegenwärtig die Einsicht, unverrückbar; aber regsam war mein Körper, nicht ruhig geworden durch die schmerzliche Askese, die mich antrieb.«[13]

Er entschloß sich für den Weg der »rechten Mitte« und betrachtete von nun an jede Übertreibung als verwerflich. »Zwei Enden gibt es, ihr Mönche. Wel-

12 Zitiert bei Lehmann, Seite 26
13 Zitiert bei Lehmann, Seite 50

che Enden sind das? Das eine ist das Leben in Lüsten... Das andere ist ein Leben in Selbstpeinigung: Das ist leidensreich, unwürdig, nichtig.«[14]

Als seine fünf Schüler sahen, daß Gautama den wahren Pfad der Asketen verlassen hatte, wandten sie sich enttäuscht von ihm ab und gingen nach Benares.

Die Erleuchtung

Es war, so erzählt die Legende, eine Vollmondnacht im Frühling, als Siddhartha mit 36 Jahren die Erleuchtung fand. Während er in Meditationshaltung unter einem Feigenbaum saß, wurde ihm endlich die Erleuchtung zuteil, um die er sieben Jahre lang gerungen hatte. Siddhartha erkannte, daß Leiden nicht durch freiwillig auferlegtes Leiden zu überwinden ist. Nicht durch krampfhafte Willensanspannung, sondern nur im gelösten Zustand, in der Entspannung, können seelische Entwicklungen herbeigeführt werden. Buddhas Erleuchtung ist das Endprodukt eines unbewußten Klärungsvorganges, das erst dann ins Bewußtsein aufsteigen kann, wenn dieses nicht mehr durch bewußte Willensakte blockiert ist. Im Zustand reiner Meditation, in dem jede Gedankenbewegung aufhört und jedes Gefühl verschwunden ist, kam dem Buddha plötzlich die Erleuchtung.

Was ihm passierte, war vermutlich eine blitzartige Erkenntnis, die ihn unerwartet überfiel. Die gesamte Lehre des Buddha geht auf diese nächtliche Erleuchtung im Wald zurück. Spätere Berichte haben dieses Ereignis aus pädagogischen Gründen in einzelne Phasen der Erkenntnis aufgeteilt.

Die Geschichte wurde gleichzeitig noch durch den Kampf mit Mara, dem Gott des sinnlichen Begehrens, dem Bösen, legendär ausgeschmückt. Es wird berichtet, daß Mara vom Himmel herabkam, um Buddha zu bewegen, sofort ins Nirvana einzugehen und damit der Welt die erlösende Lehre vorzuenthalten. Er schleuderte Blitze, Regengüsse und wilde Stürme gegen ihn; nichts konnte jedoch den Asketen in seiner Kontemplation beeinträchtigen. Die Mächte des Bösen konnten ihn nicht bezwingen, er riß den Schleier der Unwissenheit auseinander und erblickte die große Wahrheit. So wurde er der Buddha, der Erleuchtete.

14 Zitiert bei Lehmann, Seite 58

Die Lehrzeit

Buddhas Erleuchtung unter dem Bodhi-Baum (Baum der Erleuchtung) war der Beginn eines langen Weges, auf dem er der Menschheit eine neue Welt der Wahrheit und des beispielhaften Lebens eröffnete. Predigend wanderte er durch das Land, um den Menschen den Frieden zu bringen, dessen sie so sehr bedurften. Die Wärme seines Mitgefühls strahlt und strömt aus allen überlieferten Beschreibungen der Ereignisse seines tatenreichen Lebens. Stets wiederholte er, daß er weder ein Gott noch ein göttliches Wesen sei, sondern ein Mensch wie alle anderen. Er lehrte sie, daß auch sie sich so entfalten könnten, da allen Menschen das Wesen eines Buddha innewohne. Ausdrücklich verlangte er von seinen Anhängern, seine Lehre der »Vier Wahrheiten« nicht als gottgegeben hinzunehmen, sondern sie stets im Alltag zu überprüfen:

> »Glaubt nicht irgendwelche Überlieferungen, nur weil sie für lange Zeit in vielen Ländern Gültigkeit besessen haben. Glaubt nicht an etwas, nur weil es viele dauernd wiederholen. Akzeptiert nichts, nur weil es ein anderer gesagt hat, weil es auf der Autorität eines Weisen beruht oder weil es in einer heiligen Schrift geschrieben steht. Glaubt nichts, nur weil es wahrscheinlich ist. Glaubt nicht an Einbildungen oder Visionen, die ihr für gottgegeben haltet. Glaubt nichts, nur weil die Autorität eines Lehrers oder Priesters dahintersteht. Glaubt an das, was ihr durch lange Prüfung für richtig erkannt habt, was sich mit eurem Wohlergehen und dem der anderen vereinbaren läßt.«[15]

Der Tod des Gautama Buddha

Achtig Jahre war Buddha alt, als er sein Ende kommen fühlte. Mehr als vierzig Jahre lang waren seine Tage im Gleichmaß von Lehren, Meditieren und Schweigen, Wandern, Betteln und Ruhen vergangen. Jeder Tag war mit dem anderen austauschbar. Nichts ereignete sich, was ein Biograph hätte notieren können. Was aus jenen Jahren blieb, waren Reden und Diskussionen, die seine Schüler sammelten und weitergaben. Erst die letzten Monate seines Lebens sind dann wieder in einer zusammenhängenden Schilderung dargestellt worden. Es ist der Bericht seiner letzten Wanderung von Rajagaha nach Kusinara und die Schilderung seines endgültigen Eingangs ins Nirvana.

Kusinara, das heutige Kasia, etwa fünfzig Kilometer östlich von Gorakhpur,

15 Zitiert bei Anderson, Walt: *Das offene Geheimnis*, Seite 41

115

war die letzte Station, die der Erleuchtete erreichte. An Geist und Körper noch frisch und rüstig, schien ihm das Alter nichts anhaben zu können. Doch war die Zeit seines Erdendaseins abgelaufen. Als die Zeit gekommen war, kündigte Buddha den Jüngern seinen bevorstehenden Tod an und zog dann langsam weiter nach Norden, seiner Heimat am Fuße des Himalaya entgegen, die er jedoch nicht mehr erreichen sollte. Als er unterwegs in der Ortschaft Pava Halt machte, kehrte er bei dem Schmied Chunda ein und aß ein Gericht mit Eberfleisch, nach dessen Genuß er sich wahrscheinlich eine Fleischvergiftung zugezogen hatte. Trotz seiner Erkrankung wollte Buddha nicht in Pava bleiben, sondern zog nach Kusinara weiter. Lange sprach er dort zu seinen Getreuen, erläuterte ihnen die Lehre, ermahnte sie zum unablässigen Suchen nach der Wahrheit. Von seinem Lieblingsmönch Ananda ließ er sich im »Garten der Heimkehr« das letzte Lager errichten und legte sich, wie ein Löwe sich hinlegt, auf die rechte Seite, den einen Fuß über den anderen, in klarer Besinnung, und versank in tiefe Meditation. Niemand der Anwesenden bemerkte den Augenblick, in dem Buddha aus der Versenkung in das ewige Schweigen des Nirvana hinüberging.

> »Ohn' alle Regung ging er ein zur Ruhe,
> der Herr des Schweigens, da er von uns schied.
> Mit einem Geist, der frei vom Ird'schen war,
> ertrug gefaßt er allen Todesschmerz,
> wie das Verlöschen eines Lampenlichtes,
> war seines Geistes Lösung anzuschauen.«[16]

Sieben Tage nach Buddhas Tod brachten die Fürsten von Kusinara seinem Leichnam ihre Huldigung dar, indem sie ihn vor den Toren der Stadt mit den gleichen Ehren, wie sie einem großen Herrscher zuteil werden, verbrannten. Die Legende berichtet, daß der Scheiterhaufen, auf dem der Leichnam Buddhas verbrannt werden sollte, von selbst zu brennen begonnen habe und daß bei der Verbrennung ein herrlicher Jasminduft die Luft durchströmte.

Die Wirkung der Lehre Buddhas

Manches an der Lehre des Erhabenen zeigt für die damalige Zeit erstaunliche Aufgeschlossenheit. So predigte Buddha in der Volkssprache Pali und nicht im schwer verständlichen Sanskrit, in dem die Lehren der Upanischaden bewahrt wurden. So konnte er einer weit größeren Zahl von Menschen

16 Zitiert bei Lehmann, Seite 211

Szenen aus dem Leben des Buddha (Gandhara-Stil, 2. Jahrhundert)

religiöse Gedanken zugänglich machen, als es zuvor der Fall war. Die Grundgedanken seiner Lehre gewannen ihre Kraft der Mitteilung durch die Aufnahme einer Fülle bildhafter Überlieferung. Er öffnete einen zur Erlösung führenden Weg, der keine komplizierten Riten vorschrieb und dem jeder, vorausgesetzt er bemühte sich darum, folgen konnte. Damit wurde zum ersten Mal in der Geschichte der Gedanke einer Weltreligion wirklich. Vergleicht man die Lehre Buddhas mit den späteren Religionen des Christentums oder des Islams, so ist das Kennzeichnende an seiner Lehre, daß sie nicht nur alle Menschen, sondern alles Lebendige überhaupt im Auge hatte.

Was in Indien bisher sorgsam gehütete Wahrheit für Eingeweihte war, sollte nun öffentlich allen mitgeteilt werden. Da sich die Verkündigung grundsätzlich an alle wandte, hatte Buddha von Anfang an die Mönchsgemeinde gegründet, die die Lehre im Wandern durch die Welt verbreiten sollte. Wenn der Buddhismus auch als Religion ohne Gott und ohne Gottesdienst einzigartig war, so blieb er es dennoch nicht lange. Bereits während der Lebenszeit Buddhas versuchten manche seiner Anhänger, ihn zu vergöttlichen. Fast unerschöpflich sind die Namen, die dem Buddha bereits in den alten Texten gegeben werden: der Vollendete, der Erwachte, der Allseher, der Überwinder, der Lehrer der Götter und Menschen, der Beste der Menschen, ein Unvergleichlicher und so weiter.

Nach der Lehre des Buddha bringen weder Gebet noch Opfer oder Kultakte die Erlösung, sondern einzig und allein die Erkenntnis und der Glaube an die eigene Kraft. Nach dem Tod Buddhas wurde der Glaube an die Erlösung aus eigenen Kräften mehr und mehr erschüttert. Die Gläubigen riefen nach dem helfenden Gott. Sie nahmen ihre Zuflucht zu Buddha, den sie selbst zur göttlichen Gestalt über alle Götter erhoben. Der Glaube an Buddhas Einsicht war nun nicht mehr philosophischer Glaube, sondern Glaube an Buddha selbst.

Die letzten überlieferten Worte Buddhas vor seinem Tode bezeugen, daß er seine Erkenntnis nicht an seine Person binden wollte:

»Erhofft euch keine Hilfe von den Göttern, sie sind wie ihr dem Gesetz des Karman unterworfen, werden geboren, altern und müssen sterben, um wiedergeboren zu werden. Sie können ihr eigenes Schicksal nicht wandeln. Erwartet alles nur von euch selbst. Vergeßt nicht: ... jeder kann jene höhere Macht erlangen...«[17]

Die Hauptströmungen des Buddhismus

Die Geschichte des Buddhismus

Schon bald nach seiner Erleuchtung im Jahre 528 vor Christus gelang es Gautama Buddha, die mächtigsten Herrscher Nordindiens als Anhänger seiner Lehre zu gewinnen. Die buddhistische Religion wurde damit staatlich gebilligt und breitete sich im Gebiet des heutigen Nepal aus. Rund drei Jahrhunderte später begann unter Kaiser Ashoka (269–232 vor Christus) der Aufstieg des Buddhismus zu einer Weltreligion. Ashoka, einer der größten Herrscher der indischen Geschichte, schuf das erste indische Großreich, das den gesamten Subkontinent mit Ausnahme der Südspitze unter seiner Herrschaft vereinigte. Er erhob den Buddhismus in seinem Herrschaftsbereich zur vorrangigen Religion und förderte seine segensreichen humanen Ideale. Von den Gebieten, in die Ashoka Missionare aussandte, war besonders die Insel Ceylon, das heutige Sri Lanka, eine wertvolle Erwerbung für die Zukunft des Buddhismus. Es ist ceylonesischen Mönchen zu verdanken, daß sie die bis dahin mündlich überlieferten Lehrreden des Buddha auf Palmblättern niederschrieben.

In den folgenden Jahrhunderten machte die Ausbreitung des Buddhismus weitere Fortschritte. In Nordwestindien schlossen sich sogar griechische Fürsten, wie Memandros (Milinda), diesem Glauben an. Ein großer Gönner war der Indoskythe Kanishka (78–120), der Herrscher eines Staatsgebietes, zu dem das heutige Afghanistan, Kaschmir und Nordwestindien gehörten.

17 Zitiert bei Percheron, Maurice: *Buddha*, Seite 30

372 nach Christus fand der Buddhismus von China aus Eingang nach Korea, und 552 von Korea nach Japan. Im 7. Jahrhundert hatte er sich in allen Teilen Ostasiens etabliert. Im 5. Jahrhundert kam die buddhistische Lehre nach Java und Burma, von wo sie sich zwischen dem 9. und 11. Jahrhundert im übrigen Südostasien weiter ausbreitete. Tibet empfing die buddhistische Lehre im 7. Jahrhundert durch den Mönch Padmasambhava. Obwohl er sich nur 18 Monate in Tibet aufgehalten haben soll, gelang es ihm, große Teile der Bevölkerung für die Lehre zu gewinnen.

In Vorderindien wurde in der zweiten Hälfte des 1. Jahrtausends der Buddhaglaube von der Gegenreform des orthodoxen Brahmanismus und von den mit religiöser Inbrunst erfüllten vishnuitischen und shivaitischen Sekten mehr und mehr zurückgedrängt. Dies wird verständlich, wenn man sich klar macht, daß der Buddhismus nie die ausschließliche Glaubensform des indischen Reiches gewesen ist. Obwohl der Buddhismus über den gesamten Subkontinent verbreitet war, hatte er in vielen Landesteilen keine bedeutende Anhängerschaft. Um den Wünschen der Massen entgegenzukommen, zeigte die spätere Geschichte des Buddhismus eine zunehmende Annäherung an hinduistische Gedanken und Gebräuche. Diese Anpassung führte jedoch schließlich zu einer Zersetzung und zu einem Aufgehen des Buddhismus im Hinduismus.

Im 8. und 9. Jahrhundert war der Buddhismus lediglich auf seine Heimatprovinz Bihar und auf Bengalen beschränkt. Von hier aus wurden im 10. und im 11. Jahrhundert Missionare nach Tibet geschickt, die den buddhistischen Glauben beleben sollten.

Die mohammedanische Invasion in Bihar im Jahre 1193 versetzte dem Buddhismus den Todesstoß. Seit jener Zeit hat der Buddhismus in Vorderindien nur noch vereinzelte Anhänger. Heute ist er noch in Orissa und in einigen Himalayastaaten, besonders in Nepal, wo er mehrere Sekten hervorgebracht hat, verbreitet.

Obwohl der Buddhismus in Vorderindien, in seinem Ursprungsland, fast völlig erloschen ist, hat er in Sri Lanka, dem Land mit der längsten buddhistischen Tradition, in Hinterindien, Mittel- und Ostasien eine so große Anhängerschaft, daß ihm unter den Weltreligionen ein hervorragender Platz eingeräumt werden muß.

Das Hinayana und das Mahayana

Bereits hundert Jahre nach dem Tode Buddhas konnten sich die Mönche auf einem Konzil nicht mehr über einige Änderungen der Lehre einigen. Eine konservative Minderheit hielt an der »Lehre der Alten« fest, während die

Mehrheit die Änderung annahm. Dreihundert Jahre später entwickelten sich aus diesen beiden Richtungen zwei getrennte Heilswege, das Hinayana (Kleines Fahrzeug) und das Mahayana (Großes Fahrzeug).

Die sogenannte »Alte Schule der Weisheit«, das Hinayana, entspricht nach Alter und Tradition am ehesten der tatsächlichen Lehre des Gautama Buddha. Die Schriften dieser Schule sind im sogenannten Palikanon, der im 1. Jahrhundert vor Christus auf königlichen Befehl in Ceylon, dem heutigen Sri Lanka, niedergeschrieben wurde, überliefert. Die Schriften wurden mit einem scharfen Stichel auf Palmblätter eingeritzt und dann mit Ruß aus verbranntem Reis oder Zucker sichtbar gemacht. Diese Palmblätter wurden gebündelt, so daß ein streifenartiges Buch entstand, welches in Körben aufbewahrt wurde. Die buddhistischen Mönche Ceylons ordneten die riesige Anzahl von Palmblättern und verteilten sie entsprechend ihrem Inhalt in verschiedene Körbe (Tipitaka). Im ersten Korb befanden sich die Ordensregeln, im zweiten Schriften über Buddhas Leben und im dritten Korb die höhere Lehre mit philosophischen und scholastischen Fragen.

Um den Geist der »Alten Weisheitsschule« zu verstehen, ist es wichtig, sich klarzumachen, welches Vollkommenheitsideal sie ihren Schülern zur Nacheiferung vor Augen stellte. Der ideale Mensch war der Arhat, ein »Vernichter der Feinde«, ein Heiliger, der sich von allen Leidenschaften befreit hatte. Zur Zeit der Entstehung des Buddhismus wurde die Bezeichnung Arhat auf alle Asketen angewendet, selbst Buddha wird als ein solcher bezeichnet. In den Schriften wird der Arhat als ein Mensch beschrieben, »der die Last abgeworfen hat; der sein Ziel erreicht hat und nicht mehr dem Werden unterworfen ist.«[18]

Als höchstes Ziel des »Kleinen Fahrzeugs« galt es, das Leiden durch den von Buddha aufgezeigten mühevollen Pfad zu überwinden und ein Arhat zu werden. Das Hinayana, eine Religion der Affektlosigkeit, in der das Gefühl nicht zu stark zum Ausdruck kommen darf, legt wenig Wert auf die Gebärden. Das lebhafte Gestikulieren wird verworfen. Das ernste abgeklärte Antlitz des Buddha mit einem nach innen gerichteten Blick und die bewegungslose Haltung des Buddha, gänzlich in sich versunken, um Ursache und Wirkung wissend, gilt dem Gläubigen der »Alten Weisheitsschule« als Vorbild.

Das Mahayana, dessen Texte alle in reinem Sanskrit abgefaßt sind, wurde das »Große Fahrzeug« genannt, da es größer war als das Fahrzeug der ursprünglicheren reineren Lehre und mehr Menschen Platz bot für die Fahrt über das Meer des Leidens ins Nirvana. Ziel des Mahayana war nicht, ein Erleuchteter zu werden, sondern ein Bodhisattva (Erleuchtungswesen), der bis an die Schwelle des Nirvana gelangt ist und umkehrt, um diejenigen zu retten,

18 Conze, Edward: *Der Buddhismus*, Seite 88

die noch im Blendwerk des Irdischen gefangen sind. Es wäre jedoch ein Irrtum, anzunehmen, der Begriff Bodhisattva sei vom Mahayana geschaffen worden. Alle Buddhisten sind der Ansicht, daß jeder Buddha lange vor seiner Erleuchtung ein Bodhisattva war, der nur darum nicht ins Nirvana eingeht, weil er noch einmal als Buddha wiedergeboren werden will, um den anderen das Heil zu bringen.

Im Laufe der Entwicklung des Mahayana wurde mehr und mehr Wert auf die Verehrung (Bhakti) der Buddhas und Bodhisattvas gelegt, die in großer Zahl und zu allen Zeiten auf der Erde erscheinen. Handlungen, wie das Preisen der Tugenden Buddhas, die Anbetung seiner Schönheit, das Entzücken bei dem Gedanken an ihn und die Darbietung von Geschenken galten als wichtige Mittel zur Erwerbung von Verdiensten. Für die Mahayanisten, die das Heil von der Gnade höherer Wesen erwarten, bedeutet die Gebärde sehr viel. Sie ist nicht nur Ausdruck, sondern auch Heilmittel.

»Diejenigen, welche bei einem Stupa die Verehrung mit erhobenen Händen in vollständiger Weise vollzogen haben, oder auch nur durch Vorstrecken einer Handfläche, ebenso diejenigen, welche ein einziges Mal das Haupt geneigt oder einen Augenblick den Körper niedergebeugt haben, und diejenigen, die bei diesen Reliquienbehältern auch nur ein einziges Mal ›Verehrung sei dem Buddha‹ gesagt haben, sei es selbst mit unaufmerksamen Geist, sie alle haben eine vorzügliche Erleuchtung erlangt.«[19]

Keine Tat ist dem Mahayanisten ohne Wirkung, nicht einmal eine flüchtige Geste:

»Die Geste der Adoration einer demütigen Frau, die dem Mitleidenden einige Blumen opfert, ist für sie eine Pforte des Lichtes in die Zukunft.«[20]

Hinayana und Mahayana fuhren jahrhundertelang friedlich nebeneinander her. Obwohl die Anhänger des Mahayana die »Alte Weisheitsschule« geringschätzig als das »Kleine Fahrzeug« bezeichneten, sahen sie keinen Grund darin, es zu bekämpfen.

Das Hinayana breitete sich vor allem in Ceylon, Burma, Siam, Laos und Vietnam aus. Die Zahl seiner Anhänger wird zweieinhalbtausend Jahre nach dem Tod Buddhas noch auf 40 Millionen geschätzt. Das Mahayana, das etwa zweihundert Millionen Anhänger besitzen soll, ist heute in verschiedenen Ausprägungen in den Himalayastaaten, in Korea, China und Japan lebendig.

19 Ohm, D. Thomas: *Die Gebetsgebärden der Völker und das Christentum*, Seite 67
20 Ohm, Seite 53

Die sechs Gesten Buddhas

Buddha in der Ikonographie

In dem Maße, in dem der Buddhismus zu einer Religion immer weiterer Volkskreise wurde, stieg das Bedürfnis nach äußeren Formen. In der Ikonographie der Frühepoche tauchen nur Ereignisse aus dem Leben des Buddha vor seiner Erleuchtung oder Episoden aus seinen legendären früheren Existenzen auf. Man hatte sich gescheut, Buddha bildlich darzustellen. Seine Gestalt wurde durch Fußabdrücke, durch den heiligen Feigenbaum, das Rad des Gesetzes, einen Thron, Stupas (Reliquiendenkmäler) und dergleichen dargestellt.

Im ersten nachchristlichen Jahrhundert wich man von der Regel, den Vollendeten nicht darzustellen, ab. Es ist anzunehmen, daß die figürliche Darstellung des Buddha nicht nur Ausdruck buddhistischen Glaubenseifers war, sondern vor allem parthischen, iranischen und hellenistischen Einflüssen zu verdanken ist.

Sowohl im Hinayana als auch im Mahayana wird die Darstellung des Buddha als ein Mittel angesehen, das die Verinnerlichung fördert und eine tiefe Atmosphäre des Glaubens schafft.

Nach einer Legende soll das erste Buddhabild seine Entstehung folgender Geschichte verdanken. Nachdem der König Rudrayana von Roruka dem König Bimbisara vom Königreich Magadha einen sehr wertvollen Harnisch geschenkt hatte, wußte dieser nicht, wie er diese Freundlichkeit erwidern könne und fragte den Buddha um Rat. Buddha riet ihm, sein Bild auf ein Stück Stoff malen zu lassen und es dem König Rudrayana zu verehren. Sofort ließ der König Bimbisara Maler kommen und befahl ihnen, den Vollendeten zu porträtieren. Die Maler waren so gefesselt von der göttlichen Erhabenheit des Buddha, daß sie nicht müde wurden, ihn anzusehen und nicht dazu kamen, auch nur einen Strich auf die Leinwand zu setzen. Da erbarmte sich Gautama ihrer, warf seinen Schatten auf das Tuch und ließ die Umrisse mit Farbe ausfüllen. Nach dieser Legende ist das erste Buddha-Bild noch zu Lebzeiten des Buddha entstanden.

Alle Buddhastatuen stimmen, so verschieden sie auch im einzelnen (Körperstellung, Haltung der Hände und so weiter) sind, in vielen Dingen überein. Sie haben alle die Urna, einen leuchtenden Punkt zwischen den Augenbrauen, überlange Ohrläppchen und einen eigenartigen Schädelwuchs (Ushnisha). Die Urna, die entweder durch einen einfachen Fleck oder einen Edelstein dargestellt ist, symbolisiert das Auge der Weisheit. Nach Ansicht der Yogis liegen in der Nähe dieser Stelle bedeutsame psychische und spirituelle

Kräfte. Die fast bis zu den Schultern herabgezogenen Ohrläppchen deuten auf das Tragen der schweren Ohrgehänge hin, die Buddha ablegte, als er dem Leben im Wohlstand den Rücken kehrte. In der buddhistischen Kunst wurden die langen Ohrläppchen aus diesem Grund zum Symbol der Entsagung. Die hellenistischen Bildhauer gaben dem Buddha den bei den Griechen üblichen Haarknoten, der später von den indischen Künstlern richtiger als Schädelwulst (Ushnisha) aufgefaßt wurde.

Ferner hat der Buddha Arme, die so lang sind, daß beim Aufstehen die Hände bis zu den Knien reichen. Die langen Arme sind nach den indischen Shastras (Lehrbüchern) Körpermerkmale von Weltenherrschern (Chakravartins). Chakravartin wurde später auch eine Bezeichnung für den Buddha, dessen Lehre universell ist und den ganzen Kosmos enthält.

Die magische Kraft Buddhas wird durch einen um den Kopf liegenden Heiligenschein dargestellt, der im 4. Jahrhundert auch von der christlichen Kunst als Symbol übernommen wurde.

Der Lotos oder das Lebensrad zieren in stilisierter Form die Fußsohlen und Handinnenflächen des Buddha. Oft dient die Lotosblüte dem Buddha als Sitz. Dem Lotos kommt in der buddhistischen Tradition als Symbol der Reinheit und Erleuchtung eine besondere Bedeutung zu. Die Buddhas oder Bodhisattvas, die auf den Lotosblüten sitzen, symbolisieren den reinen erleuchteten Seinszustand. Genauso wie die Lotosblüten unbefleckt und trocken bleiben, obwohl sie ihre Nahrung aus dem Schlamm des Teiches beziehen, bleibt der Erleuchtete von den Täuschungen der Welt unberührt.

Die drei Hauptsymbole des Buddhismus, die Erleuchtung, die Neugeburt und das Nirvana werden durch die drei Grundstellungen, Sitzen, Stehen und Liegen versinnbildlicht.

Als Buddha seine höchste Erleuchtung zuteil wurde, befand er sich in sitzender Haltung. Er war weder von der Erde gelöst noch an sie gefesselt. Er war eins mit ihr und war ihr dennoch nicht untertan.

»Eine sitzende Figur vermittelt uns die Vorstellung von Zuverlässigkeit, fester Überzeugung und Unerschütterlichkeit. Der Körper sitzt mit den Hüften und gekreuzten Beinen sicher auf dem Boden. Der Schwerpunkt liegt in den Lenden. Das ist die sicherste Stellung, die ein zweifüßiges Wesen im Leben einnehmen kann. Sie ist zugleich ein Sinnbild von Frieden, Ruhe und Selbstvertrauen.«[21]

Die stehende Haltung symbolisiert den Buddha als Neugeborenen.

21 Suzuki, D. T.: *Der westliche und der östliche Weg*, Seite 125

»Als Neugeborener, frei von allen Sankharas, erklärte er, aufrecht stehend, die eine Hand zum Himmel empor-, die andere zur Erde hinabweisend: »Über mir Himmel, unter mir Himmel, ich allein bin der Gepriesene.«[22]

Das Eingehen ins Nirvana wird durch die liegende Stellung symbolisiert. Die waagerechte Haltung versinnbildlicht Ruhe, Frieden, Duldsamkeit, Weichherzigkeit und Ewigkeit.

»Die horizontale Lage des Nirvana-Buddha mag manchmal den Eindruck von Indolenz, Indifferenz und Tatenlosigkeit erwecken, obwohl der Buddhismus in Wirklichkeit die Religion der Tapferkeit und einer unendlichen Geduld ist – eine Religion des Friedens, der Heiterkeit, des Gleichmuts und des Gleichgewichts.«[23]

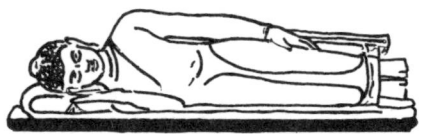

22 Suzuki, Seite 126, 127
23 Suzuki, Seite 128

Die sechs Mudras

Sechs Gesten der Hände sind uns aus der Ikonographie des Gautama Buddha
bekannt: die Geste der Meditation (Dhyani-Mudra), die Erleuchtungsgeste
(Bhumisparsha-Mudra), die Predigergeste (Dharmachakra-Mudra), die Geste der Diskussion (Vitarka-Mudra), die Geste der Barmherzigkeit (Varada-
Mudra) und die Geste der Furchtabwendung (Abhaya-Mudra).

Während der Buddha diese Mudras ausführt, sitzt er gewöhnlich im sogenannten Lotossitz (Padmasana) mit gekreuzten Beinen, wobei die Füße jeweils auf den Oberschenkeln des anderen Beines ruhen. Eine andere bekannte Stellung ist der Heldensitz (Virasana), bei dem der linke Fuß auf dem
rechten Oberschenkel liegt.

Buddha (Gandhara, 2. Jahrhundert)

Die Geste der Meditation (Dhyani Mudra)

»Im Zustand der Ruhe steht der Meditierende der Welt in vollkommenster Gleichgültigkeit gegenüber, jeglichen Widerschein der materiellen Welt aus seinem Bewußtsein entlassend, ganz in die Wahrnehmung des unbegrenzten Raumes versenkt.«[24]

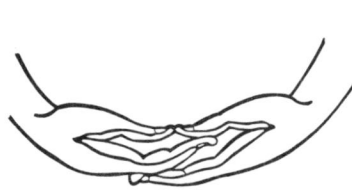

Die Geste der Meditation, in der die Hände entspannt ineinander ruhen, symbolisiert den Zustand tiefster Meditation (Samadhi), in welchem das gegenständliche Bewußtsein aufgehoben ist. Die Inder nehmen an, daß die ungegenständliche Form des Bewußtseins (Prana-Pförtchen) im Nacken zwischen den Schultern liegt. Es ist die Stätte des Bewußtseins, in der der Mensch eine Verbindung mit den kosmischen Kräften zu spüren vermag. Nur im Freiwerden von der Vorherrschaft des gegenständlichen Bewußtseins, welches in der Stirn zu lokalisieren ist, kann sich die bewußte Annäherung an die gesuchte Tiefe vollziehen.

Diese Geste nahm Buddha ein, als er sich unter einen Feigenbaum setzte und in tiefe Meditation versank. In dieser Haltung erreichte er den Zustand tiefer Versenkung, dessen erste Stufe sich durch ein Gefühl des Wohlbehagens charakterisieren läßt. Die zweite Stufe bestand darin, daß die Geistestätigkeit aufhörte und bei einem inneren Stillwerden die Konzentration nur noch auf einen Gegenstand fixiert wurde. »Nach Vollendung des Sinnens und Nachdenkens erwirkte ich die innere Meeresstille, die Einheit des Gemüts, die von Sinnen, vom Denken frei, in der Einigung geborene selige Heiterkeit.«[25]

Die dritte Stufe führte zu Gleichmut, Andacht und Wissensklarheit: »In heiterer Ruhe weilte ich gleichmütig, einsichtig, klar, bewußt; ein Glück empfand ich im Körper, von dem die Heiligen sagen ›der gleichmütig Einsichtige lebt beglückt‹.«[26]

Die vierte Stufe, von den Buddhisten auch Nirvana genannt, beschreibt der Buddha als einen Zustand, in dem alles Sehnen und Wünschen, alles zielgerichtete Handeln erloschen ist. Das Nirvana ist das Aufhören allen irdischen Bewußtseins, allen Denkens, Fühlens und Wollens; es ist völlig verschieden von allen Erscheinungen der Welt. Das Nirvana wird oft mit dem Verlöschen

24 Tieck-Bücher, *Gleich der Lotusblüte ist das Leben*, Seite 51
25 Zitiert bei Lehmann, Seite 59
26 Zitiert bei Lehmann, Seite 59

einer Flamme verglichen. Es ist jener Zustand, in dem sämtliche Begierden, Wünsche und Handlungen erloschen sind, so wie eine Kerze erlischt, wenn das Wachs geschmolzen ist. Es ist ein Seinszustand, den man paradoxerweise gerade dann erreicht, wenn man sich nicht bemüht.

Die Wahrheit enthüllte sich dem Buddha in mehreren aufeinanderfolgenden Erleuchtungen immer klarer. Im ersten Teil der Nacht hatte er die Vision alles dessen, was er in seinen früheren Existenzen erlebt hatte. All seine früheren Geburten tauchten in seinem Geiste auf, und er erkannte, daß alle Lebewesen dem Gesetz der ständigen Wiedergeburt unterworfen sind: »Ihm öffnet sich um Mitternacht der reinen Gottheit Auge. Er sah vor sich die Lebewesen alle, wie man ein Bild im Spiegel sieht, geboren und wiederum geboren, um zu sterben ohne Ausnahme, hoch und niedrig, reich und dürftig – die Frucht der bösen und guten Taten als Elend oder Glück einerntend.«[27] Buddha erkannte, daß das Leben ein Lohn oder eine Strafe für das vorige Leben ist, denn was man auch tut oder nicht tut, man sammelt gute oder böse Taten, die dann im nächsten Leben belohnt oder bestraft werden.

Im dritten Teil der Nacht erhielt er in tiefster Einsicht Antwort auf die Frage, warum gute oder böse Taten überhaupt entstehen, die immer wieder neue Existenzen hervorrufen.

»Wie ist diese Welt doch leidvoll! Sie altert und stirbt, um wiedergeboren zu werden, um von neuem zu altern und zu sterben, ohne Ende. Aber ist die Ursache für dieses Altern, für dieses Sterben nicht die Geburt und der Durst nach Wiedergeburt?«[28]

Es war ihm offensichtlich der Urgrund allen Übels, das »Anhaften«, das durch die Begierde hervorgerufen wird, bewußt geworden. Sinneslust, Daseinslust, die Liebe und der Haß, jedes Gefühl, das sich auf ein Lebewesen oder einen Gegenstand bezieht, hält den Menschen am Leben fest. Nicht mehr teilnehmen, sich lösen von allem, das löscht den Durst nach Sein und Werden aus. Wie ein weißer Lotos vom Wasser nicht befleckt wird, so soll der Wissende von der Welt nicht befleckt werden. Nicht durch logische Gedankengänge und Sinnesanschauung gewann Buddha die Erleuchtung, sondern durch die in der Meditation gewonnenen Erkenntnisse wußte er sich mit Wesen und Welten transzendenter Herkunft in Verbindung und sah die Welt mit einem hellsichtigen, übersinnlichen Auge. In dieser Nacht befreite er sich von der Gegenwart des gegenständlichen Bewußtseins und konnte so die Annäherung an die gesuchte Tiefe vollziehen. Die Meditation, die Buddha die Er-

27 Zitiert bei Lehmann, Seite 60, 61
28 Zitiert bei Percheron, Seite 23

leuchtung brachte, ist an eine sittliche Lebensweise gebunden. Nur eine geläuterte Seele ist fähig zu einer Bewußtseinswandlung.

»Die Meditation ist keine Technik, die als solche gelingt. Es ist gefährlich, über einen Bewußtseinsvorgang methodisch zu verfügen, den einen hervorzurufen, den anderen zum Vergehen zu bringen. Das ruiniert den Menschen, der es ohne die rechte Voraussetzung versucht. Diese Voraussetzung ist die gesamte Lebensführung, ihre Reinheit. In dieser Lebensführung ist ein Hauptmoment die wachsame Besonnenheit. Sie setzt sich in der Meditation fort und gewinnt durch sie den weitesten Umfang. Die Bewußtheit durchdringt die Körperlichkeit, hellt das Unbewußte bis in die letzten Schlupfwinkel auf. Es ist in jedem Fall das Prinzip sowohl des Ethos wie der Meditation, wie der Spekulation: die Helligkeit bis in den Grund zu treiben. Die Meditationsstufen sollen nicht Rausch, Ekstase, Genuß, sonderbare Zustände sein, wie durch Haschisch und Opium hervorgerufen, sondern hellste, alles normale Bewußtsein an Helligkeit übertreffende Erkenntnis durch Gegenwärtigkeit, nicht durch bloßes Meinen von etwas. Die allumgreifende Forderung ist: nichts im Unbewußten schlummern und sein verhängnisvolles Spiel treiben zu lassen; alles, was wir tun und erfahren, mit dem wachsten Bewußtsein zu begleiten.«[29] Die Erlösung im Buddhismus geschieht auf dem Wege einer praktischen Therapie, die durch gesteigerte Konzentration und Versenkung zu einer schonungslosen Selbstanalyse führt.

Vier weitere Wochen verharrte der Buddha in völliger Unbeweglichkeit des Körpers, die Hände stets in Dhyana-Mudra ineinanderruhend, ohne sich aus der Meditationshaltung zu erheben.

Die Erleuchtungsgeste oder die Geste der Zeugenanrufung (Bhumisparsha-Mudra)

 Die Mudra, bei der die rechte Hand mit den Fingerspitzen den Boden berührt und die linke Hand mit dem Handrücken auf den übereinandergeschlagenen Füßen ruht, wird als Geste der Erleuchtung bezeichnet, die Buddha nach vierwöchiger Meditation unter dem Bodhi-Baum (Baum der Erleuchtung) gewann.

»Diese Erfahrung kann nicht als bloßes Gefühl bezeichnet und abgetan werden. Darin erschöpft sich der ganze Inhalt der Erleuchtung nicht… Das Gefühl der Erleuchtung hat etwas durchaus Fundamentales und gibt ei-

29 Jaspers, Karl: *Die maßgebenden Menschen*, Seite 112, 113

Buddha mit Meditationsgeste (8. Jahrhundert)

nem die Empfindung absoluter Gewißheit und Endgültigkeit, was den her-kömmlichen Arten des Fühlens allgemein fehlt. Gelegentlich mag ein Ge-fühl die Empfindung von Verzücktheit und Zuversicht geben, doch wird das nach einer Weile vorübergehen und keine bleibende Wirkung in dem hinterlassen, der die Erfahrung gemacht hat. Das Gefühl der Erleuchtung dagegen durchdringt die ganze Persönlichkeit, beeinflußt ihr Verhalten ge-genüber dem Leben und der Welt nicht nur moralisch und geistig – son-dern führt zur metaphysischen Durchleuchtung des Daseins als Ganzem. Die Erfahrung Buddhas war nicht einfach eine Angelegenheit des Gefühls, die sich am Rande seines Bewußtseins abspielte, sondern etwas, das in der verborgensten Tiefe eines menschlichen Wesens erwacht.«[30]

Das Erfahren der Erleuchtung ist die Manifestation einer höheren Macht, ei-ner höheren Einsicht, die ein Mensch nur dann haben kann, wenn er alle Illu-sionen und Fiktionen abgelegt hat und die Wirklichkeit so sieht, wie sie ist. Diese Erfahrung, die von der absoluten Gegenwart ausgeht, wird als »reine Erfahrung« bezeichnet, in dem jedes Ding dem Bewußtsein so erscheint, wie es ist.

> »Die Erleuchtungserfahrung ist daher jene Erfahrung, die wir haben, wenn wir den höchsten Gipfel erklommen haben, von dem sich das ganze Feld der Wirklichkeit überblicken läßt.«[31]

Der erleuchtete Mensch erwirbt wieder die Einfachheit und Spontaneität des Kindes und erlebt die Wirklichkeit unmittelbar und unverzerrt. Er hat jene Harmonie erreicht, die ein Mensch nur dann empfinden kann, wenn er seine Isolation und das Stadium der Entfremdung von sich selbst und von der Welt durchlaufen hat und ganz geboren wurde.

> »Es ist das wahre Erwachen, das an der Wurzel sowohl des schöpferischen intellektuellen Denkens als auch des intuitiven, unmittelbaren Erfassens liegt.«[32]

Die Mudra der Erleuchtung hat ihren Ursprung in der folgenden Legende:
Während Buddha vier Wochen lang unter dem Bodhi-Baum in der Medita-tionshaltung saß und in Gedanken den Kosmos durchwanderte, versuchte Mara, der Gott des Bösen, ihn in seiner Versenkung zu stören, indem er ihm

---

30 Suzuki, Seite 68, 69
31 Suzuki, Seite 70
32 Fromm, Erich, und Suzuki, D. T.: *Zen-Buddhismus und Psychoanalyse*, Seite 165

seine schönen Töchter schickte, die ihn ablenken sollten. Ein einziger Blick aus den Augen des Erleuchteten ließ ihre Schönheit jedoch welken. In den Augen des Vollendeten verkörperten sie lediglich den schönen, aber leeren Schein. Darauf lockte Mara den Buddha mit dem Angebot, die Weltherrschaft zu übernehmen. Als auch dies nichts nützte, forderte er ihn auf, sein Leben zu beenden und auch mit seinem Körper in jenen Zustand einzugehen, den sein Geist bereits erreicht hatte: das Nirvana. Mara versuchte ihm zu suggerieren, wie schwer es sei, seine Erkenntnisse einer von Unwissenheit, Argwohn und Haß verblendeten Menschheit zu übermitteln. Tatsächlich begannen Zweifel das Herz des Buddha zu bedrängen. Er selbst war sich im klaren darüber, daß seine Lehre nur Menschen von hohem geistigen Rang verstehen könnten: »Tief ist die Lehre, schwer zu schauen, fein, nur dem Weisen erlernbar.«[33] Er überlegte, ob er die in der Meditation gewonnene Einsicht weitergeben sollte, da er Zweifel hatte, ob es ihm gelingen könne, das Unaussprechliche in Worte zu fassen. Aber dann widerstand er doch der Versuchung Maras, und Erbarmen ergriff ihn mit allem Lebendigen. Er entschloß sich endgültig, ein Buddha für alle zu werden und dafür zu wirken, daß auch andere Menschen die Befreiung fänden.

Mara, der Gott der sinnlichen Begierden, der Herr dieser Welt, versuchte noch einmal, Buddha davon zu überzeugen, daß er als Vertreter all dessen, was jenseits dieser Welt liegt und der Erde unwiderruflich feindselig ist, nicht einmal ein Anrecht auf den Boden habe, auf dem er sich in der Meditationshaltung niedergelassen hatte.

Buddha bestand jedoch darauf, daß er sich durch zahlreiche gute Taten in früheren Leben ein Anrecht auf dieses Fleckchen Erde erworben habe. In diesem Moment rief er die Erde als Zeugin an, indem er mit der rechten Hand den Boden berührte (Bhumisparsha-Mudra). Die Gottheit der Erde stieg aus dem Abgrund auf, um seine Behauptung zu bestätigen und zu bezeugen, daß er alle Pflichten eines Bodhisattva erfüllt und ein Recht habe, auf dieser Erde zu bleiben, um seine Lehre zu verkündigen.

»Entschlossen denn, Nirvana zu verkünden, wie durch das Dunkel strahlend bricht die Sonne, macht er sich auf den Weg zur Stadt Benares… mit Augen, sanft wie die des Rinderfürsten, gleichmäßig auftretend wie ein Löwe; weil zu bekehren er die Welt gedachte, begab er sich nach der berühmten Stadt, Schritt vor Schritt vorrückend, wie der König der Tiere, wachsam durch den Hain der Weisheit.«[34]

33 Zitiert bei Jaspers, Seite 110
34 Zitiert bei Lehmann, Seite 64, 65

So entschloß sich Buddha, jemanden zu suchen, dem er zuerst seine Heilsbotschaft verkünden könnte. Er entsann sich der fünf Asketen, die mit ihm im Wald von Uruvela die Askese praktiziert hatten und irre geworden waren, als er die Selbstpeinigung aufgegeben hatte. Sie, so meinte er, würden ihn verstehen. Dank seiner übersinnlichen Kräfte wußte er, daß sie sich in Benares aufhielten, und er machte sich auf den Weg dorthin.

Buddha mit Erleuchtungsgeste (10. bis 11. Jahrhundert)

Die Predigergeste oder die Geste der Drehung des Rades (Dharmachakra-Mudra)

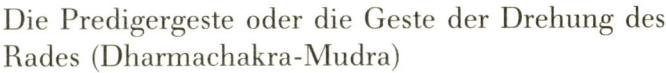

Bei dieser Mudra sind beide Hände vor der Brust erhoben, die rechte etwas höher als die linke. Es scheint, als ob sie das Rad der Lehre drehten, denn die eine Hand zeigt mit der Handfläche zum Körper, die andere vom Körper weg. Daumen und Zeigefinger beider Hände berühren sich, so daß sie einen Kreis bilden. Der linke Mittelfinger berührt die Stelle, an der Daumen und Zeigefinger der rechten Hand zum Kreis geschlossen sind. Diese Mudra symbolisiert den Augenblick, in dem Buddha im Gazellenhain von Benares das Rad der Lehre zu seiner ersten Drehung in Bewegung setzte. Das Rad selbst, das noch heute in der indischen Nationalflagge zu sehen ist, symbolisiert die Lehre des Vollendeten.

»Seines Rades Speichen sind die Vorschriften rechten Handelns, ihrer Länge Gleichmaß entspricht dem Gleichmut der Betrachtung, des Rades Schiene ist die feste Weisheit, Nachdenken und Bescheidenheit als Lager der Achse dienen, rechte Überlegenheit als Nabe.«[35]

In der berühmten Rede von Benares verkündete Buddha im Gazellenhain, einem Ort der Ruhe, seinen fünf Schülern seine Lehre, die nicht nur ein Erkenntnissystem, sondern einen Heilspfad darstellt. Durch diesen Pfad, auf dem logische Gedankengänge ihren Platz haben, kommt der Gläubige jedoch nicht primär durch logische Operationen zum Ziel, sondern vielmehr durch die in Meditationen gewonnenen Bewußtseinsverwandlungen.

Die folgende Rede der »Vier Heiligen Wahrheiten«, die Buddha nach seiner Erleuchtung in Benares hielt, formuliert das Wesentliche der besonderen Lehre des Buddhismus.

»Dies, ihr Mönche, ist die heilige Wahrheit vom Leiden: Geburt ist Leiden, Alter ist Leiden, Krankheit ist Leiden, Tod ist Leiden, mit Unliebem vereint sein ist Leiden, von Liebem getrennt sein ist Leiden, nicht erlangen, was man begehrt, ist Leiden, kurz, die fünferlei Objekte des Ergreifens (gemeint sind: Körperlichkeit, Empfindungen, Vorstellungen, Gestaltungen und Erkennen) sind Leiden. Dies, ihr Mönche, ist die heilige Wahrheit von der Entstehung des Leidens: Es ist der Durst, der von Wiedergeburt zu

35 Zitiert bei Lehmann, Seite 71, 72

Wiedergeburt führt, samt Freude und Begier, der hier und dort seine Freude findet: der Lüstedurst, der Werdedurst, der Vergänglichkeitsdurst. Dies, ihr Mönche, ist die heilige Wahrheit von der Aufhebung des Leidens: Die Aufhebung dieses Durstes durch gänzliche Vernichtung des Begehrens, ihn fahren lassen, sich seiner entäußern, sich von ihm lösen, ihm keine Stätte gewähren.

Dies, ihr Mönche, ist die heilige Wahrheit von dem Wege zur Aufhebung des Leidens: Es ist dieser heilige, achtteilige Pfad, der da heißt: Rechter Glaube, rechtes Entschließen, rechtes Wort, rechte Tat, rechtes Leben, rechtes Streben, rechtes Gedenken, rechtes Sichversenken.

Dies ist die heilige Wahrheit vom Leiden: Also, ihr Mönche, ging mir über diese Begriffe, von denen zuvor niemand vernommen hatte, das Auge auf, ging mir die Erkenntnis, die Kunde, das Wissen, der Blick auf.«[36]

Die ganze Lehre des Buddha gründet auf dem Satz von der Leidhaftigkeit des menschlichen Daseins. Alles Dasein ist für Buddha leidvoll, weil es vergänglich ist. Die irdischen Freuden sind so unbeständig wie die Wasserblasen, die schnell zerrinnen. Alles auf dieser Welt ist unbeständig, ewig wechselnd, völlig unzuverlässig, so sehr wir auch versuchen mögen, es festzuhalten. Die Welt ist Maya, Schein und Trug, und wir können sie nicht erfassen, da es keinen Fixpunkt gibt, nichts was dauert, kein Absolutes, nichts Ewiges. Alles fließt und vergeht, nichts bleibt, was es war. Die ganze Welt ist für den Buddha ein ständig fließender Strom von subtilen Molekülen, die im Buddhismus als Dharmas bezeichnet werden. Sie entstehen und vergehen in jedem Augenblick und haben keine Dauer. Selbst eine Seele gibt es für den Buddha nicht. Er vertritt die Lehre des Nicht-Selbst (Anatman). Was uns als eine Seele erscheint, ist in Wahrheit nur ein unaufhörliches Werden, eine Kette von Momentexistenzen. »Es wäre besser, ihr Schüler, ihr würdet den Körper, wenn überhaupt, für das Ich halten als etwas Geistiges. Denn der Körper hat wenigstens für eine kurze Zeitspanne Bestand. Aber alles Geistige entsteht und vergeht in einem Augenblick... Wie ein Affe sich im Walde von Baum zu Baum schwingt, einen Ast ergreift und wieder losläßt, um einen neuen zu packen, so entsteht und vergeht das Geistige und das Denken.«[37]

Hatte der erste Satz festgestellt, daß alles Leben Leiden ist, weil der Mensch an den vergänglichen Dingen haftet, so wird im zweiten Satz erklärt, aus welchen Gründen er am irdischen Leben hängt. Es ist die dreifache Gier, die den Menschen daran hindert, sich von der vergänglichen Welt zu lösen. Die vollkommene Aufhebung des Durstes, wie sie im dritten Satz beschrieben

36 Zitiert bei Lehmann, Seite 70, 71
37 Zitiert bei Percheron, Seite 48

wird, führt dann schließlich zum Nirvana, einem Zustand, der definiert wird als etwas, was völlig außerhalb der Sinneswelt der Illusion und Unwissenheit liegt.

Wie man diesen Durst überwinden kann, wird im vierten Satz mit einem Verhaltenskatalog erklärt, in dem der gesamte Heilsweg beschrieben ist. Dieser achtteilige Pfad kann in drei Bereiche eingeteilt werden. Die ersten beiden Glieder werden der Weisheit (Prajna) zugeordnet, die Glieder drei bis fünf dem Begriff der Zucht (Sila) und die drei letzten Glieder der Meditation (Samadhi).

Die Welt mag zwar ein Tal der Tränen sein, aber durch Erkenntnis oder höchste Weisheit (Prajna) vermag der Glaubende die Illusion zerstören, das für beständig zu halten, was in Wirklichkeit nur von kurzer Dauer ist.

Mit dieser Predigt hatte Buddha das Rad der Lehre in Bewegung gesetzt. Am Ende seiner Rede zeichnete er auf den Boden das Rad des Lebens mit den drei Ursachen des Leidens, den sechs Speichen der Seelenwanderung und den zwölf Zapfen der menschlichen Existenz.

Das Lebensrad

Das Lebensrad ist ein in einem Bild zusammengefaßtes System der buddhistischen Psychologie, das die sechs Existenzformen symbolisiert, in die man im endlosen Kreis der Reinkarnationen hineingeboren werden kann. Die sechs Bereiche sind eine Art Drehbuch des Lebens.

Im Bereich der Götter, der sich ganz oben befindet, leben all jene, denen im Leben einfach alles zufällt. Auch wenn sich diese Wesen, Suras oder Devas genannt, eines glücklichen Schicksals erfreuen, so sind sie trotzdem unerleuchtet. Ihr Stolz und ihre Selbstgefälligkeit hindern sie daran, einzusehen, daß ihr Glück nur ein vorübergehendes ist und daß es wie alles im menschlichen Leben der Veränderung unterworfen ist. Buddha erscheint in diesem Bereich mit einer Laute, um die Devas darauf aufmerksam zu machen, daß ihr Glück vergehen wird, wie der Ton einer Laute verklingt.

An diesen himmlischen Bereich schließt sich die Welt der Gegengötter, der Asuras an, deren Hauptcharakterzug der Neid ist. Ihre Welt gehört zu den reichsten, aber das Wissen, daß die Götter über ihnen schweben und sie selbst nicht zu denen da oben gehören, läßt den Asuras keine Ruhe. Die Darstellung des Lebensrades zeigt die Asuras meist, wie sie die Früchte des wunscherfüllenden Baumes, die in der Baumkrone im Götterbereich hängen, gewaltsam an sich reißen wollen. In diesem Bereich erscheint Buddha mit einem Schwert, dem Symbol der Weisheit, um die Asuras zu ermahnen, nach innerem Frieden und Weisheit zu streben, anstatt nach Macht und Geld.

Buddha mit Predigergeste (Bodhgaya, 9. Jahrhundert)

Die Menschenwelt, die sich ebenfalls an den himmlischen Bereich an-schließt, ist der letzte der drei höheren Bereiche. Hier leben die Menschen, die aufgrund der Fülle von Möglichkeiten, die ihnen das Leben bietet, ziellos von einer Aktivität zur nächsten irren, da es ihnen an einer zentralen Zielset-zung, die ihrem Leben einen Sinn geben könnte, fehlt. Buddha erscheint in diesem Bereich mit einer Almosenschale und einem Wanderstock, um die Menschen auf die Notwendigkeit hinzuweisen, sich von ihrem weltlichen Da-sein abzuwenden und sich auf einen geistigen Weg zu begeben.

Der vierte Bereich ist die Heimat der Tiere. Hier leben jene, die passiv und mechanisch durchs Leben trotten und lediglich ihren Trieben und Instinkten folgen. Sie wissen nichts von der Freiheit des Menschseins, dem Glück der Götter oder dem Ehrgeiz der Asuras. Ihr Leben wird durch Lethargie und mangelndes Bewußtsein charakterisiert. Hier erscheint Buddha mit einem Buch in der Hand, um sie auf die befreiende Macht des klaren Denkens hin-zuweisen. Der Bereich der Hungergeister oder Pretas liegt unter dem der Ge-gengötter. Ihr Aussehen ist ein ausdrucksvolles Abbild der buddhistischen Auffassung von Gier. Sie haben riesige Bäuche, aber winzige Hälse, die sie daran hindern, das herunterzuschlucken, was sie sich einverleiben möchten. Buddha erscheint in diesem Bereich mit einem Gefäß voll Amrita, dem Ge-tränk der Götter, um den unglücklichen Pretas sein Mitgefühl anzubieten. Amrita ist ein Symbol der Großzügigkeit Buddhas, der durch seine Güte den unglücklichen Pretas helfen will, sich über ihre selbstsüchtige Habgier zu er-heben.

Der niederste Bereich wird von den Höllenwesen bewohnt, deren charakte-ristische Eigenschaft der Haß ist. Aber selbst für diese ist Erleuchtung mög-lich. Buddha erscheint in diesem Bereich mit einer reinigenden Flamme in der Hand, einem Symbol für die Läuterung. Die Flamme symbolisiert auch die esoterische Auffassung, daß negative Emotionen in positive Kräfte umge-wandelt werden können.

Das Lebensrad ist eine Art Leitfaden durch die Vielfalt von Erfahrungen, die ein Mensch im Laufe seiner verschiedenen Existenzformen machen kann. Es bringt die Erkenntnis, daß jede Lebenssituation die Möglichkeit der Erlösung in sich trägt. Buddha ging von der Erkenntnis aus, daß sich der Mensch durch eine Ansammlung von guten Taten selbst erlösen kann. Ohne fremde Hilfe vermag jeder, der die Kraft und den Willen aufbringt, Gutes zu tun, sein Leben in einer anderen Existenz fortzusetzen und immer höher auf-zusteigen. Ob der Mensch Gutes tut oder nicht, ist seine Sache, und keine überirdische Macht kann ihn dafür bestrafen oder belohnen – lediglich sein nächstes Dasein wird mehr oder weniger unerfreulich ausfallen. Obwohl der Buddhismus das Dasein permanenter Individuen leugnet, lehrt er doch eine Vergeltung der Taten und eine Wiedergeburt: Der Kreislauf der Wiedergeburten kann einzig und allein dann aufgehoben werden, wenn es dem Gläubigen aufgrund seines Wissens gelungen ist, jeden Durst nach den Dingen und jedes Haften an ihnen aufzugeben. Ein Mensch, der einmal das Nirvana erreicht hat, wird diesen Zustand nie mehr verlassen, da er so beglückend ist.

Das Nirvana ist »der Bereich, wo weder Erde noch Wasser, nicht Feuer noch Luft ist; nicht der Bereich der Unendlichkeit des Raums, nicht der Bereich der Unendlichkeit des Bewußtseins, nicht der Bereich der Nichtsheit noch der Bereich der Nichtwahrnehmung oder Wahrnehmung. Nicht diese Welt noch eine jenseitige Welt, nicht beide: Sonne noch Mond. Dies, ihr Mönche, nenne ich Kommen und Gehen, nicht Zustand noch Verfall oder Entstehung; ohne Grundlage, Fortentwicklung und Beendigung ist es: Eben dies ist das Ende des Leidens.«[38]

38 Zitiert bei Lehmann, Seite 122, 123

Das Lebensrad (Tibet, 19. Jahrhundert)

Die Diskussionsgeste (Vitarka-Mudra)

Die Diskussionsgeste, bei der die Handfläche nach vorn erhoben ist und der Daumen den Zeigefinger berührt, ist eine Geste, durch die Buddha als Lehrender charakterisiert wird und die er in seinen Lehrreden und Diskussionen zur Unterstreichung seiner Worte benutzte. Im Christentum steht diese Mudra mit dem Wort in Zusammenhang. Christus wird auf alten byzantinischen Ikonen mit dieser Geste dargestellt (siehe Farbtafeln nach Seite 272).

Als Buddha sich entschieden hatte, den Weg der helfenden Verkündigung zu gehen, erkannte er die Bedeutung der Sprache, mit deren Hilfe er auszudrücken versuchte, was ihm unter dem Feigenbaum als unaussprechliche Lehre zuteil geworden war. Obwohl er sich im klaren darüber war, daß der letzte Rest einer im Grunde nicht mitteilbaren Intuition in Worten und Begriffen nicht darzustellen war, versuchte er, seine Lehre der Welt mitzuteilen. Er legte in seinen Reden die Ursachen, Wirkungen und das Wesen der menschlichen Existenz dar, wobei er alles mit einer Logik vortrug, die jeden Widerspruch entkräftete und gleichzeitig zu den verschiedensten Auslegungen anregte. Vom Aufbau des Weltalls und dem menschlichen Organismus als parallele Manifestationen wollte er nichts wissen, weil sie nicht zur Erleuchtung beitrügen. Die metaphysischen Fragen hielt Buddha für verderblich, weil sie nicht zweckdienlich für den Weg zum Nirvana sind.

»Es ist, wie wenn ein Mann von einem Pfeil getroffen wäre, einem vergifteten, und seine Freunde einen Arzt riefen. Wenn jener nun sagte: ›Ich werde mir den Pfeil solange nicht herausziehen lassen, als ich den Mann nicht kenne, der mich geschossen hat, als ich den Bogen nicht kenne, mit dem ich geschossen bin‹, ehe der Mann das in Erfahrung gebracht hätte, würde er sterben. So steht es auch mit dem, der spräche: ›So lange will ich nicht als des Erhabenen Jünger den Wandel der Heiligkeit führen, als der Erhabene mir nicht erklären wird ‚Die Welt ist ewig…‘‹ Ehe der Vollendete darüber eine Erklärung gegeben hätte, würde der Mensch sterben. Mag die Ansicht bestehen ›Die Welt ist ewig‹ oder mag die Ansicht bestehen ›Die Welt ist nicht ewig‹: In jedem Fall gibt es Geburt, gibt es Alter, gibt es Tod, gibt es Leid und Klagen, Schmerz, Kümmernis und Verzweiflung, deren Überwindung schon auf dieser Erde ich verkünde. Darum, was von mir nicht erklärt ist, das laßt unerklärt bleiben.«[39]

39 Zitiert bei Jaspers, Seite 120

Der Buddhismus, der seiner Herkunft und Zielsetzung nach eine Heilslehre ist und sich durch eine auf das Praktische gerichtete Haltung auszeichnet, vermeidet jede Spekulation über Fragen, die nicht direkt mit der Heilslehre zusammenhängen. In einem Land, wo Diskussionen und metaphysische Demonstrationen seit Jahrhunderten die eigentlichen Vergnügungen der gebildeten Klasse waren, wo selbst das einfache Volk sein Ideal im weisen Mann, im Philosophen sah, wo ein Wettstreit im Redestadion vor einem gelehrten Publikum zu den höchsten Genüssen gehörte, ist es Gautama Buddha gelungen, eine wachsende Zahl von Jüngern aus allen Ständen und Berufen für seinen pragmatischen Heilsweg zu begeistern. Er sprach sowohl zu Einzelpersonen als auch in größeren Kreisen. Seine Lehrreden und Gespräche bereiteten die Einsicht vor, die jeder durch eigene Anstrengung zu gewinnen hatte. Wie die Macht seines Wortes dies erleichterte, wie es den Menschen ganz plötzlich wie Schuppen von den Augen fiel, wird oft in den Texten beschrieben:

»Es ist wunderbar, es ist erstaunlich, wie wenn man etwas Niedergebeugtes aufrichtet (etwas Verborgenes zurechtbiegt) oder Verborgenes enthüllt (Zugedecktes aufdeckt) oder einem Verirrten den Weg weist oder im Finstern ein Licht anzündet, also hat der Heilige in mannigfacher Weise die Lehre verkündet.«[40]

Obwohl die Tiefe und Verschlungenheit seiner Lehre nur schwer mitteilbar war, versuchte Gautama Buddha, seine Sätze klar und in rationaler Gedankenfolge zu formulieren, damit sie für das normale Bewußtsein verständlich waren. Die Denkweise Buddhas zeichnete sich durch eine große Bildhaftigkeit aus. Eine der wichtigsten Metaphern, die Gautama benutzte, um seine Lehre zu vermitteln, ist das Bild der Fähre. Die Lehre des Buddhismus selbst wird als Fähre (Yana) oder Fahrzeug bezeichnet. Um die Kraft dieses Sinnbildes zu verstehen, muß man sich klarmachen, welch ungemein wichtige Rolle das Fährboot im Alltagsleben der Inder spielt. In einem von vielen Flüssen durchströmten Kontinent, wo es praktisch keine Brücken gibt, ist die Fähre ein unentbehrliches Verkehrsmittel, um ans Ziel zu kommen. Im gleichen Sinn benutzte Buddha das Bild der Fähre, das über den reißenden Fluß zum fernen Ufer der Befreiung (Moksha) führt. Durch den Erleuchtungsgeist (Bodhi) wird der einzelne vom Ufer der geistigen Unwissenheit (Avidya), des Begehrens (Kama) und des Todes (Mara) zur jenseitigen Küste transzenter Weisheit (Vidya) geführt.

Die Lehrreden, die nicht darauf angelegt sind, zu überzeugen, sondern zu informieren, sind im Grunde philosophische Traktate, die durch zahlreiche

---

40 Zitiert bei Jaspers, Seite 124

Gleichnisse und Bilder an Lebendigkeit gewinnen. Nicht nur durch seine gewaltige Löwenstimme und die Intensität, mit der er seine Lehre vortrug, soll Buddha gewirkt haben, sondern durch seine gesamte Erscheinung, die anziehend gewirkt haben muß.

Die Geste der Barmherzigkeit (Varada-Mudra)

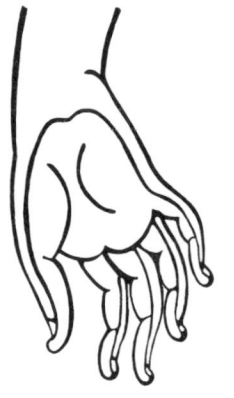

»Ein Weiser denkt an sein Heil, an das der anderen, an das beidseitige und an das der ganzen Welt.«[41]

Varada-Mudra, die Geste, bei der die Handfläche nach vorn zeigt und die Hand nach unten weist, symbolisiert das Gelübde Buddhas, allen menschlichen Wesen den Weg zur Erlösung zu weisen. Diese Geste der offenen Hand ist das Symbol für das »Geschenk der Wahrheit«, das Buddha der ganzen Welt anbot. Auch wenn er sich von allen gefühlsmäßigen Bindungen an die Welt gelöst hatte, blieb er ihr doch verbunden, um auch andere Menschen aus dem Strom des Leidens zu retten. Nachdem er sich selbst von allen ich-zentrierten Bewußtseinszuständen, die durch Eigenschaften wie »Begierde«, »Anhaften« oder »Leidenschaften« charakterisiert werden, befreit hatte, wollte er den verborgenen Samen der Erleuchtung in anderen zur Reifung bringen.

Im späteren Mahayana-Buddhismus (Großes Fahrzeug) lebte sich die Mitleidsidee des historischen Buddha voll aus.

Der Bodhisattva des Mahayana-Buddhismus brauchte nur eine große Tugend zu üben, in der dann alle Buddha-Tugenden vereint waren: das große Mitleid. Damit war die Selbstverwirklichung durch den heiligen »achtteiligen Pfad« auf eine einzige Verhaltensweise zusammengeschrumpft. Der Bodhisattva, ein zukünftiger Buddha, möchte durch den Akt größter Selbstverwirklichung dem Unglück in der Welt ein Ende bereiten. Sein Mitleid und seine Barmherzigkeit sind so groß, daß er sogar stellvertretend für andere Leid auf sich nehmen kann, um ihnen die Erlösung zu erleichtern.

»Ich nehme die Last des Leidens auf mich«, gelobte der Bodhisattva, »ich bin entschlossen, ich ertrage es... Und warum? Unbedingt muß ich allen Wesen die (Leidens-) Last abnehmen, die Veranlassung (zu diesem Entschluß) ist nicht, daß ich Lust hätte. (Vielmehr) habe ich das Flehen aller Wesen um Rettung (gehört). Alle Wesen muß ich zur Erlösung führen, die

41 Tieck-Bücher, Seite 29

Buddha mit Barmherzigkeits- und Furchtabwendungsgeste
(Tibet, 18. Jahrhundert)

ganze Welt muß ich retten… Ich bin entschlossen, in jedem einzelnen Elendszustand ungezählte Jahrmillionen von Weltzeitaltern zu verweilen… Es ist ja fürwahr besser, daß ich allein mit Leiden beschwert bin, als daß alle diese Wesen in Elendswelten gerieten.«[42]

Die Barmherzigkeit Gautama Buddhas hat mit dem grenzenlosen Mitleid eines Bodhisattvas nichts zu tun. Wenn er nach seiner Erleuchtung nicht sofort ins endgültige Nirvana einging, so geschah dies einzig und allein mit der Begründung, anderen wenigstens den gleichen Weg zur Erlösung zu zeigen. Den Weg muß jeder allerdings allein gehen. Buddhas Mitleid bestand darin, zu wissen, daß alles Leben Leiden ist. Dieses Leiden kann jedoch nicht von mitleidigen Bodhisattvas abgenommen, sondern einzig und allein aus eigener Kraft abgeworfen werden. Was er der Menschheit schenkte, war »die Wahrheit der Lehre.«

»Beglückt ist, wer sich in dieser und in jener Welt an die Lehre Buddhas hält.«[43]

Die Geste der Furchtabwendung oder der Abwesenheit von Furcht (Abhaya-Mudra)

Diese Mudra, bei der die Hand mit erhobenen Fingern und nach vorn gewandter Handfläche ausgestreckt wird, hat ihren Ursprung in der Legende vom Verrat des Devadatta, eines Neffen Buddhas. Dieser Devadatta war einer seiner Anhänger. Er hatte lange Jahre bescheiden und still in der Ordensgemeinschaft abgeklärter Heiliger zusammen mit Buddha gelebt. Der Erfolg des Erhabenen aber erfüllte ihn mit eifersüchtigem Haß. Aus einem Anhänger war er zu einem Judas geworden, der aus niedrigen Motiven nach dem Leben Buddhas trachtete.

Er machte deshalb dem alternden Buddha den Vorschlag, sich zur Ruhe zu setzen und ihm die Leitung des Ordens zu überlassen. Da Buddha dies ablehnte, beschloß Devadatta, ihn mit Gewalt zu beseitigen. Er verbündete sich mit Ajatasattu, dem machtgierigen Sohn des Königs Bimbisara, dessen königliche Unterstützung für die Ausbreitung der buddhistischen Lehre von größ-

42 Zitiert bei Lehmann, Seite 233
43 Tieck-Bücher, Seite 91

144

ter Bedeutung war. König Bimbisara wird als derjenige geschildert, der mit dem brahmanischen Opferkult nichts mehr anfangen konnte. Jahrhundertelang hatten einzig die Brahmanen das Mittel in der Hand, die Götter gnädig zu stimmen: das Opfer. Ohne ihre Opferhandlungen am Morgen, so glaubte man, könne die Sonne nicht aufgehen. Der Glaube an die Macht des Ritus war im indischen Volk so groß, daß es sich zunächst nur wenig für die Lehre des Buddhismus, bei der die Befreiung allein vom Tun eines einzelnen und nicht von der Mitwirkung vermittelnder Priester abhängig ist, erwärmen konnte. Buddha selbst soll später resigniert gesagt haben: »Die Masse ist ohne Einsicht, sie bleibt dem Aberglauben verschworen und richtet sich nach dem, was irgendein dunkles Gefühl ihr eingibt.«[44]

Ajatasattu steckte seinen für die Lehre Buddhas entflammten Vater ins Gefängnis und ließ ihn verhungern. Nachdem nun der mächtige Gönner Buddhas beseitigt war, wurden Mörder ausgesandt, um ihn umzubringen. In den alten Überlieferungen ist das ein Anlaß, eine Reihe schöner Wundergeschichten zu erzählen: So wurden die Mörder, sobald sie sich Buddha näherten, von einem hellen Licht geblendet und gingen dann bekehrt von dannen. Darauf gedachte Devadatta, Buddha durch eine stürzende Säule zu erschlagen, die jedoch in wunderbarer Weise schräg in der Luft stehen blieb. Schließlich trieb er einen wilden Elefanten in einer engen Gasse auf den Erhabenen zu. In diesem Augenblick erhob Buddha seine rechte Hand (Abhaya-Mudra) und richtete die Kraft seiner barmherzigen Liebe auf das Tier, so daß es ehrfürchtig auf die Knie sank und dann friedlich von dannen zog. Die Legende berichtet, daß der abtrünnige Devadatta in den Orden zurückkehrte und Buddha um Verzeihung bat.

Abhaya-Mudra symbolisiert nicht nur die Furchtlosigkeit Buddhas, sondern auch seine völlige Gewaltlosigkeit (Ahimsa). Er, der den Elefanten einzig und allein dank seiner spirituellen Kräfte überwand, wollte beweisen, daß die Kräfte der Gewaltlosigkeit unendlich subtiler und mächtiger sind als die Kraft sämtlicher Waffen.

Mit dieser Geste überreichte Buddha der Menschheit das Geschenk des Lebens ohne Furcht. Dieses Geschenk versinnbildlicht Buddhas Wohlwollen, die Menschen von den Schmerzen und Sorgen der Welt zu befreien.

Die Furchtlosigkeit, die Buddha kennzeichnete, wird im Buddhismus in vier Gruppen eingeteilt, die auf den vier Wahrheiten beruhen.

1. Die Furchtlosigkeit, die aus dem Allwissen entsteht. Durch die Einsicht in die Allgemeinheit des Leidens und durch die Kenntnis aller Seiten des Daseins gewinnt der Buddhist Allwissenheit. Die Lehre des Buddha ist

44 Percheron, Seite 38

eine praktische Heilmethode, die den Menschen von der Krankheit der Unwissenheit befreien möchte. Buddha ist in gewisser Weise ein Arzt, der die ganze Menschheit für krank hält, weil sie nicht einsieht, wie das Dasein wirklich ist. Die Allwissenheit besteht nicht darin, den menschlichen Kopf mit Wissen anzufüllen, sondern sich leer beziehungsweise offen zu machen. Was der Mensch dabei entdeckt, ist kein Abgrund, sondern Fülle. Ist der Mensch in der Lage, sich von allen Stützen zu befreien, sein Bewußtsein zu erweitern und zu erkennen, daß es in der Welt nichts Dauerhaftes gibt, dann tritt eine innere Verwandlung ein, die aller Furcht ein Ende macht und zur Erlösung von der Beschränktheit des Ichs führt, um so am Ganzen Anteil zu nehmen. Die Allwissenheit, ein entscheidendes Attribut Buddhas, besteht in erster Linie in der Kenntnis der Mittel und Wege, durch die man die Erlösung zu erlangen vermag.

2. Die Furchtlosigkeit, die aus der Zerstörung der Illusionen besteht.
Die Erlösung für den Buddhisten besteht darin, sich von allen Illusionen zu befreien und den erscheinungshaften Charakter zu durchschauen:
>»Die Welt ist Maya, Schein und Trug; wir können es nicht erfassen, denn alles ist vergänglich, ein pausenloses Flackerspiel von einzelnen Momenten, eine Aneinanderreihung von Augenblicken. Es gibt keinen Fixpunkt, nichts, was dauert, kein absolutes Sein, nichts Ewiges, kein ›Ding an sich‹ – alles fließt und vergeht, nichts bleibt, was es war.«[45]

3. Die Furchtlosigkeit, die aus der Erklärung der Hindernisse entsteht.
Hindernisse bedeuten für den Buddhisten, die Ursachen des Leidens nicht zu erkennen. Die Erkenntnis, daß das Leiden durch die Gier entsteht, führt zu einer klareren Einsicht des menschlichen Daseins und damit zur Furchtlosigkeit. Die Verbindung zwischen Leiden und Gier wird in einer Ergänzung zu den »Vier Heiligen Wahrheiten« auseinandergesetzt, die als die Kausalkette des Leidens bekannt ist. In dieser Kette werden die Bedingungen aufgezählt, die alles, was in dieser Welt vorgeht, umfassen:

1 »Aus dem Nichtwissen entstehen die gestaltenden Triebkräfte.
2 Aus den gestaltenden Triebkräften entsteht das Erkennen.
3 Aus dem Erkennen entsteht Name und Persönlichkeit.
4 Aus Name und Persönlichkeit entstehen die sechs Gebiete (Sinne).
5 Aus den sechs Gebieten entsteht die Berührung.
6 Aus der Berührung entsteht die Empfindung.
7 Aus der Empfindung entsteht Durst.

45 Lehmann, Seite 99

8 Aus dem Durst entsteht das Ergreifen (der Existenz).

9 Aus dem Ergreifen entsteht Werden.

10 Aus dem Werden entsteht Geburt.

11 Aus der Geburt entstehen Alter, Tod, Schmerz und Klagen, Leid, Kümmernis und Verzweiflung. Dieses ist die Entstehung des ganzen Leidens.«[46]

4. Die Furchtlosigkeit, die aus der Erklärung erwächst, daß das Leid beseitigt werden kann.

Durch die Überwindung der Gier, sei es nach Besitz, Lust oder Vergänglichkeit, könnte die Menschheit nach Ansicht des Buddhismus mühelos die Erlösung erreichen:

»Wen er besiegt, der Durst, der verächtliche, der an der Welt festhaltende, dessen Leid wächst wie Gras wächst. Wer ihn bezwingt, den Durst, den verächtlichen, dem schwer zu entrinnen ist in der Welt, von dem fällt das Leid ab wie der Wassertropfen von einer Lotosblume.«[47]

Wie man diesen Durst überwinden kann, wird im vierten Satz der »Heiligen Wahrheiten« mit Hilfe eines Verhaltenskatalogs erklärt. Der oft als »heilig« bezeichnete achtteilige Pfad, der in der vierten Wahrheit beschrieben wird, ist eine praktische Anleitung zur Furchtlosigkeit.

Buddha mit der Geste der Furchtabwendung
(Amaravati, 2.-3. Jahrhundert)

46 Zitiert bei Lehmann, Seite 104
47 Zitiert bei Lehmann, Seite 101

Die Mudras der Vorzeitbuddhas

Nach der buddhistischen Lehre ist Gautama Buddha, »der Erleuchtete«, bereits zu verschiedenen Zeiten in verschiedenen Persönlichkeiten auf die Welt gekommen. Obwohl der Buddhist eine Seelenwanderung leugnet, lehrt er dennoch eine Vergeltung der Taten und eine Wiedergeburt. Diesen Widerspruch lösen die Buddhisten, indem sie behaupten, daß sich der Komplex der Einheiten, aus dem ein Lebewesen zusammengesetzt ist, bei seinem Tode nicht auflöst. Durch das Karma (Taten) wird eine neue Vereinigung von Elementen, ein scheinbar neues Individuum hervorgebracht, das die Früchte der Taten seiner Vorgänger in sich trägt. So hatte auch Gautama Buddha, wie viele andere Wesen, bereits in verschiedenen Zeitaltern gelebt und die Welt als Tier, als Mensch und als Erleuchteter erlebt. Betrachten die Buddhisten den Buddha als einen aus der endlosen Reihe unzähliger Buddhas, die bereits auf der Welt erschienen sind, um die buddhistische Lehre zu verkünden, so bezeichnen sie ihn als Tathagata, den so Gekommenen oder den so Gegangenen.

Die Lehre (Dharma) ist in diesem Fall nicht die Aussage eines Individuums, sondern stammt aus dem geistigen Prinzip, aus der Buddha-Natur.

Buddha selbst soll sechs seiner Vorgänger namentlich genannt haben, die als menschliche Buddhas (Manusibuddha) bezeichnet werden, da sie wie er in menschlicher Gestalt auf der Erde lebten. Diese Buddhas, die alle unter verschiedenen Baumarten ihre Erleuchtung erlangten, unterscheiden sich lediglich durch ihre spezifischen Mudras.

Der Vorzeitbuddha Vipashyin, der »Klarseher«, der seine Erleuchtung unter dem Patali-Baum erlangte, führt mit seinen beiden Händen die Erleuchtungsgeste (Blumisparsha-Mudra) aus.

Shikin, dessen Erleuchtung unter einem Weißen Lotos stattgefunden haben soll, führt mit der rechten Hand die Diskussionsgeste (Vitarka-Mudra) aus. Die linke Hand, bei der sich Daumen und Mittelfinger berühren, liegt in seinem Schoß.

148

Vishvabhu, der »Allgenießer«, hatte sein Erleuchtungserlebnis unter einem Sala-Baum. Er wird mit der Prediger-geste (Dharmachakra-Mudra) darge-stellt.

Krakucchanda, der unter einem Sirisa-Baum zur Buddhaschaft gelangte, führt mit der rechten Hand die Barmherzig-keitsgeste (Varada-Mudra) aus und hält mit der linken einen Zipfel seines Ge-wandes.

Kanakamuni, der »Gold-Weise«, wurde unter einem Udumbara-Baum zu einem Erleuchteten. Er wird mit der rechten Hand in der Diskussionsgeste (Vitarka-Mudra) und mit der linken in der Muße-geste (Avakasha-Mudra) abgebildet. Bei der Mußegeste hält der Buddha die In-nenfläche der linken Hand, die auf dem Schoß ruht, nach oben.

Kashyapa, der bei Benares im Gazellen-hain geboren sein soll, wo später der hi-storische Buddha seine erste Lehrrede hielt, erlangte die Erleuchtung unter ei-nem Banyan-Baum. Seine charakteri-stische Mudra ist die Verzichtsgeste (Shramana-Mudra). Diese Geste, bei der die Hand vom Körper nach unten weggestreckt ist, deutet auf das Fallen-lassen der weltlichen Genüsse hin.

Kapitel 4

Mudras und Rituale im Tantrismus

Die Mudra ist aufs engste mit dem Ritual im Tantrismus verbunden, dessen wichtigste Hilfsmittel für das Fortschreiten auf dem spirituellen Weg Mantra-rezitationen, die yogischen Techniken der Visualisation und die Anwendung der symbolischen Handgesten sind.

In jedem tantrischen Ritual wird durch die Dreiheit von Körper (Mudra), Rede (Mantra) und Geist (Visualisation) das Bild des Gottes oder der Göttin herbeigerufen, um mit ihm oder ihr zur Einheit zu gelangen und selbst zur Gottheit zu werden.

Die Mudras, die die physische Komponente darstellen, sind Ausdruck für Handlungen höherer Wesen, Sinnbilder sakraler Gefäße, Mittel zur Reinigung von Opfergaben, zur Vertreibung böser Geister und zur Verwandlung in bestimmte Gottheiten.

Der Tantriker zielt auf die Vereinigung des männlichen Prinzips mit dem weiblichen. Die daraus entstehende Einheit führt zum Erlebnis der großen Glückseligkeit, das jenseits der Dualität liegt.

Sowohl der Hinduismus als auch der Buddhismus erlebte eine tantrische Bewegung, die im 8. Jahrhundert zu einem gesamtindischen Phänomen geworden war. Obwohl der Tantrismus viele Bereiche des indischen Lebens, vor allem die Kunst, stark beeinflußt hat, konnte er nur in Form von mehr oder minder geheimen Kulten am Rande der indischen Gesellschaft überleben. Er konnte kein unbefangenes Verhältnis zur herrschenden religiösen Orthodoxie bekommen, da er sich stets über die orthodoxe Tradition mokiert und die konventionelle Moral abgelehnt hatte.

Shivaismus und Shaktismus

Die ersten literarischen Fundamente des hinduistischen Tantrismus befinden sich in den Shiva-Tantras (7. bis 9. Jahrhundert), in denen an erster Stelle immer das Streben nach der Einheitsschau des göttlichen Paares Shiva und Shakti zu finden ist. Shivaismus und Shaktismus sind aufs engste miteinander verknüpft. Shiva ist Symbol für den Geist (Purusha), Shakti die Kraft der Natur (Prakriti), die Kraft der Schöpfung. Der Shaktismus wird auch als linkshändiger Tantrismus bezeichnet, der den tatsächlichen Genuß von Fleisch und Wein sowie die sexuelle Vereinigung (Maithuna) einschließt. Im rechtshändigen Tantrismus, der auch der Kult mit den Ersatzmitteln genannt wird, wird der sexuelle Akt durch die Meditation über die Vereinigung der Kundalini-Shakti mit dem obersten Shiva im tausendblättrigen Lotos ersetzt. Die beherrschende Stellung des Shaktismus vor allem in Gebieten mit überwiegend nicht-arischer Bevölkerung deutet darauf hin, daß er in erster Linie ein nichtarischer Kult gewesen ist, der jedoch ohne Zweifel Beziehungen zu den arischen Religionen Indiens aufweist. Eine ganze Reihe von tantrischen Gebräuchen, wie die Verwendung berauschender Getränke, die Anerkennung der sakralen Bedeutung des Koitus, die Verwendung mystischer Silben und so weiter, spielten bereits im vedischen Kult eine große Rolle.

Die metaphysische Grundanschauung des Shaktismus ist monotheistisch. Das einzig wahrhaft Seiende ist das Brahman, der absolute Geist. In seinem statischen Aspekt ist das Brahman Shiva, der Unwandelbare, der von allen irdischen Veränderungen Unberührte. In seinem dynamischen Aspekt ist das Brahman Shakti, die Kraft der Natur, die ewig Wandelbare, die durch ihre Zaubermacht die Vielheit der Erscheinungen der Welt hervorbringt. Shiva und Shakti sind nur verschiedene Erscheinungsformen des Ewigen All-Einen. Wenn sie in den Tantras als zwei verschiedene Personen in Dialogen vorgeführt werden, so ist dies nur scheinbar ein Dialog, in Wahrheit handelt es sich um ein Selbstgespräch Gottes.

Eine shivaitische Gemeinde, die heute noch zahlreiche Anhänger besitzt, sind die sogenannten Lingayats, die so genannt werden, weil sie stets einen kleinen Lingam (Phallus), den sie als Sinnbild des Gottes Shiva betrachten, um den Hals tragen.

Diese Gemeinde soll von Basava, dem Minister eines kanaresischen Königs, im 12. Jahrhundert gegründet beziehungsweise erneuert worden sein. Basava stellte die Frauen den Männern gleich, erlaubte die Wiederverheiratung von Witwen und schaffte das Kastensystem ab, das jedoch später wieder aufgekommen ist. Der Ligayat glaubt einzig und allein an den Gott Shiva. Um zum höchsten Sein vorzudringen, wählt der Schüler den Weg der Liebe, die fromme Hingabe (Bhakti). Seine Liebe, die sich nicht um Ergebnisse, Zweckerfüllung und Dankbarkeit kümmert, ist eine Vorbereitung für das Streben nach höchster Erleuchtung. Indem er seine Aufmerksamkeit einzig und allein auf den Gott Shiva richtet und ihn zum Mittelpunkt seines Bewußtseins macht, wird er fähig, sich von seinem individuellen Ich abzuwenden und die kollektive Identität aller Wesen mit Gott zu erkennen. Alle Seelen werden als eine erlebt, alle vereinigen sich in dem Gott Shiva. Alle Geschöpfe, wo und wann sie immer leben, sind »seine« ewig wechselnden Verkörperungen.

»Möchte ich, wenn ich die Augen, mich in Gott versenkend, schließe
Und der Gottesliebe Wunder staunend in mir selbst genieße,
Möchte ich als Dank verehren selbst das Gras am Boden hier,
Es verehren mit dem lauten Rufe: »Heil dem Shiva mir,«
Ob du, Höchster, gleich verehrt wirst von den Frommen, die dir dienen,
Bist du dennoch, Herr der Götter, eines Wesens stets mit ihnen,
Und obwohl du von uns allen sichtbar wirst genommen wahr,
Offenbarst du als der Ewge Geist dich dennoch wunderbar.«[48]

Die geheime Gestensprache in tantrischen Ritualen

Die tantrischen Texte sind oft in einer undurchsichtigen, doppelsinnigen
Sprache abgefaßt. Einige indische Gelehrte vertreten die Ansicht, daß der
Zweck dieser Sprache (Sandhabhasa) darin besteht, daß sie nur für den Ein-
geweihten verständlich ist und den Nichteingeweihten davon abhält, mit
Praktiken in Berührung zu kommen, die unheilsam für ihn sein könnten.
Lama Govinda, einer der jünsten Autoren zu diesem Thema, meint:

> »...diese symbolische Sprache soll nicht nur das Heiligste vor der Verwelt-
> lichung durch intellektuelle Neugier, vor dem Mißbrauch durch yogische
> Methoden und durch psychische Kräfte Unwissender und Uneingeweihter
> schützen, sondern sie entstand hauptsächlich aufgrund der Tatsache, daß
> die Allgemeinsprache nicht die höchsten Erfahrungen der Seele auszu-
> drücken vermag.«[49]

Die meisten tantrischen Texte sind erotisch. Um diese Texte entziffern zu
können, muß man jedoch unterscheiden lernen, ob es sich um einen konkreten Akt oder um einen sexuellen Symbolismus handelt. In dem Universum
von Doppelsinnigkeiten ist es schwierig, zwischen dem Konkreten und dem
Symbolischen zu unterscheiden. Bewußtseinszustände werden durch einen
erotischen Terminus ausgedrückt, und der mythologische oder kosmologi-
sche Wortschatz ist mit hathayogischen, sexuellen Bedeutungen versehen. So
werden beispielsweise die Vulva als Lotos (Padma), der Phallus als Donnerkeil (Vajra), die Monatsblutung als Sonne (Surya) und der Koitus als Erleuchtungsgeist (Bodhichitta) bezeichnet.

Für die Bezeichnung der tantrisch-yogischen Erlebnisse werden häufig

---

48 Zitiert bei Glasenapp, Seite 318
49 Zitiert bei Bharati Agehananda: *Die Tantra Tradition*, Seite 139

Mantras (mystische Silben) verwendet. In der Gesamtheit der tantrischen Literatur stellt diejenige über das Mantra den größten Anteil dar. Bereits in den Veden ist von diesen Silben die Rede, mit deren Hilfe man übermenschliche Kräfte zu erlangen hoffte. Man nimmt an, daß die ursprüngliche Zahl der Mantras sieben Millionen betrug. In den buddhistischen Schriften des Mahayana findet man ebenfalls Mantras, die dafür sorgen sollen, Gefahren aller Art zu bannen, Krankheiten zu verhüten, eine glückliche Wiedergeburt zu sichern und so weiter. Obwohl Gautama Buddha selbst nicht an die Wirkung von Mantras glaubte und seine Schüler immer wieder vor ihrer Anwendung warnte, machte sich der Hang der Inder zu Ritualen, die mit mystischen Silben verbunden waren, nach seinem Tod wieder bemerkbar.

»Der Glaube an die Wirksamkeit der Atharva-vedischen Mantras, an die übermenschlichen Kräfte, welche die Mystiker erlangen ... konnte aus dem indischen Denken nicht völlig ausgerottet werden, obwohl Buddha große Mühe darauf verwandte. Die umfangreiche religiöse Literatur, die in der nach-vedischen Periode entstand, ist in solchem Maße in das indische Denken eingegangen, daß es beinahe unmöglich war, Religion vom rituellen Kult und mystischen Lauten (Mantra) zu trennen.«[50]

Das Mantra hat für den Tantrismus eine so zentrale Bedeutung, daß Tantriker auch oft als Mantriker bezeichnet werden. Mantras, so glaubt man, helfen nicht nur, unliebsame Kräfte jeder Art abzuwehren, erzürnte Götter wieder gnädig zu stimmen und sich religiöse Verdienste zu erwerben, sondern man ist auch überzeugt, mit Hilfe dieser Zauberformeln übernatürliche Kräfte zu erlangen.

Den Mantras kommt eine herausragende Bedeutung bei der Verwirklichung des tantrischen Ziels zu, die Identität des Adepten mit einer Göttin oder einem Gott herzustellen, und es hilft ihm, sich zu konzentrieren, um in den erwünschten seelischen Zustand zu gelangen.

Das Mantra ist eine Abfolge von Klangeinheiten mit charakteristischer Aussprache und Intonation, die der Adept meist von seinem Guru lernt. Jeder tantrische Text, sowohl im Hinduismus als auch im Buddhismus, wimmelt geradezu von Anweisungen über die korrekte Aussprache eines Mantras, das eine Kombination von Silben (Bijas) ist. Jede Gottheit hat ihr Bija, das beim Kult verwendet wird.

Die Tantriker nehmen an, daß einige Bijas besondere emotionale Zustände versinnbildlichen. So wird die Silbe *Klim* als das Bija des erotischen Begehrens angesehen, *Aim* ist das Bija des Staunens und *Sauh* das Bija der Erfül-

50 Zitiert bei Bharati, Seite 90

lung. Jeder seelische Zustand hat nach Ansicht der Tantriker ein ihm entsprechendes Klangmuster, und die Aktivierung dieses Klangmusters kann den betreffenden emotionalen Zustand hervorrufen. Die Wahrscheinlichkeit, daß ein Adept durch das Murmeln von Mantras in einen gewünschten Zustand gelangt, wird noch durch die Kontemplation über entsprechende visualisierte Bilder und die Verwendung entsprechender Gesten oder Haltungen (Mudras) erhöht.

Im tantrischen Ritual, das aus Mantras, Mudras und Visualisationen besteht, versucht der Adept, die tantrischen Gottheiten liebevoll zu umwerben. So wird beispielsweise ein Tantra-Schüler, der seinem Gott ein Gefäß mit Wasser anbietet, die Fischgebärde (Matsya-Mudra, siehe S. 76) ausführen.

> »Damit sollen Wunsch und Erwartung ausgedrückt werden, das Gefäß mit Wasser möge als ein Meer mit Fischen und allen sonstigen Wassertieren angesehen werden. Der Sadhaka spricht zur Gottheit, der seine Andacht gilt: ›Dies ist zwar nur eine kleine Darbietung von Wasser; wenn es aber meinem Wunsche, dich zu ehren, entsprechen soll, sieh es an, als böte ich Dir ein Meer dar.‹«[51]

Besondere Bedeutung wird dem *Nyasa* genannten Akt beigemessen. Dieser besteht darin, daß der Adept, wenn er ein Mantra spricht, mit der Fingerspitze der rechten Hand einen bestimmten Körperteil berührt. Dadurch soll das Eingehen der Gottheit, zu der das Mantra gehört, in den Körper des Verehrers gefördert beziehungsweise die Identität beider hergestellt werden:

> »Der Mensch sollte eine Gottheit (devatā) anbeten, indem er selbst zur Gottheit wird. Man sollte keine Gottheit anbeten, ohne selbst zur Gottheit zu werden.«[52]

In jedem tantrischen Ritual wird durch die verschiedenen Techniken des Yoga das Bild des Gottes oder der Göttin herbeigerufen, um mit ihm oder ihr zur Einheit zu gelangen.

---

51 Zitiert bei Zimmer, Heinrich: *Philosophie und Religion Indiens*, Seite 518
52 Zitiert bei Zimmer, Seite 520, 521

»Dem Schüler, der sich ihm mit gebotener Höflichkeit genähert hat, dessen Gemüt vollkommen ruhig geworden ist und der die Herrschaft über die Sinne gewonnen hat, dem soll der weise Lehrer redlich die Kenntnis des Brahman vermitteln, durch das einer den unvergänglichen Menschen (Purusha), den Wahrhaft-und-ewig-Seienden erkennt.«[53] (Mundaka Upanischade).

Die meisten tantrischen Techniken sind geheim und nur einigen Eingeweihten zugänglich. Das geheime Wissen wird vom Meister zum Schüler weitergegeben. Die geheimen Methoden der Erlösung und ihre richtige Anwendung kann man nicht aus Büchern lernen, sondern nur durch persönliche Verbindung mit einem geistigen Lehrer, einem Guru. Nur dieser, dem sich seine Schüler in blindem Gehorsam unterwerfen, kann ihnen die wahren Geheimnisse und Mysterien der Lehre verständlich machen. Um einen Guru versammeln sich die Eingeweihten, und alles, was außerhalb dieses kleinen Kreises gelehrt wird, ist weit von der Wahrheit entfernt. Ohne eingeweiht zu sein, kann der Schüler seine geistige Ausbildung nicht beginnen. Wie einen Schatz hütet der Meister sein Wissen und gibt es nur sparsam weiter an denjenigen, der ein »Gefäß« dafür zu werden verspricht.

Der erfahrene Guru, der Meister über Seele, Körper und Leidenschaften, wird von dem Schüler wegen seiner übernatürlichen Seelenkraft verehrt. Er wird oft verglichen mit einer Kerze, die die Seele des Schülers anzündet und ihn von dem Schleier der Unwissenheit befreit. Er ist es auch, der dem Schüler das Mantra ins Ohr flüstert.

Der spirituelle Meister ist ein Mensch, dessen Handeln und Denken nicht mehr von sozialen und moralischen Forderungen beherrscht ist. Sein Innenleben ist verborgen, und er bewegt sich außerhalb des Rahmens anerkannter Tugenden. Er ist universell und einzigartig. Er hat erkannt, daß die absolute Wirklichkeit jenseits von Gut und Böse, von Freude und Schmerz liegt und daß die Regeln der Gesellschaft nicht unbedingt die des Universums sind. Er hat den Schleier der Maya (Illusion) zerrissen und ist ganz eins geworden mit dem Göttlichen, dem Absoluten. Er weiß auch, daß es eigentlich keine Dualität zwischen Schüler und Lehrer gibt. Dem unerleuchteten Schüler zuliebe stellt er sich auf den Dualismus ein und steigt von seinem transzendentalen Seinszustand auf die Ebene der empirischen Realität herab. Er erkennt in jedem Hilfesuchenden eine Erscheinung des Göttlichen und ist glücklich dar-

---

53 Zitiert bei Zimmer, Heinrich: Seite 375

über, daß ihm die Ehre, jemandem zu helfen, zuteil wird. Er hilft seinem Schüler, sich aus den Verstrickungen seines Egos zu befreien und führt ihn zum geistigen Selbst, zu seiner göttlichen Natur.

Der tantrische Buddhismus

Zur gleichen Zeit, in der der hinduistische Tantrismus eine Hochblüte erlebte, zeigten sich auch ähnliche Tendenzen im Buddhismus. Für die tantrische Richtung des Buddhismus wurde der Begriff »esoterischer Buddhismus« geprägt, da alle mit den Tantras und ihrem Geheimwissen verbundenen Lehren in esoterische Sprache, Symbolik und Ikonographie gekleidet wurden.

Nachdem der Buddhismus in Indien besonders durch den Einfall des Islams weitgehend aufgelöst worden war, entwickelte er sich in Tibet zu einer neuen tantrischen Kultur, die teilweise auch die Einflüsse zentralasiatischer Glaubensformen integrierte. Durch die Vorliebe für die persönlichen Gottheiten, durch den Popanz des magischen Rituals und durch alle möglichen abergläubischen Vorstellungen wurde die verfeinerte abstrakte Metaphysik des Buddhismus allmählich zerstört. Erlösung ist im esoterischen Buddhismus nicht mehr Arbeit an sich selbst, sondern das Wissen um trickreiche Formeln und Handlungen. Bestimmte magische heilige Silben und Gesten wurden notwendig, um die eigene Psyche auf den Heilsweg einzustimmen, um zum Absoluten vorzudringen. Die Mudras sollten wie ein Zauberstab beliebige Wirkungen hervorrufen, und die Mönche, die solche Mudras beherrschten, wurden damit zu Wundertätern, die man um alles mögliche bitten konnte.

Es scheint zunächst unerklärlich, wie es möglich war, daß sich aus der einfachen Lehre Gautama Buddhas ein Geheimwissen entwickeln konnte, das in jedem Punkt dem von Gautama verkündeten Weg zuwiderläuft. Das scheinbare Rätsel erklärt sich, wenn man bedenkt, daß der Buddhismus Völker erreichte, denen ein anderes Denken und Fühlen als den Zeitgenossen Gautamas in Bihar eigen war.

> »Um den Vorstellungen und Gefühlen dessen, was man Volksseele nennt, Genüge zu tun, mußten mannigfaltige Zeremonien und Riten, die einen ausgesprochenen volkstümlichen Charakter haben, eingegliedert und Mantras in die Religion Buddhas eingeführt werden…
> Was bedeutet schon eine Religion für das gewöhnliche und gemeine Volk, wenn sie nicht aus einem Glauben an ein Pantheon von Göttern und Göttinnen besteht und aus der Ausführung von Riten und Zeremonien und ei-

nigen esoterischen Praktiken in Verbindung mit dem Murmeln mystischer Formeln usw., mit denen es bisher nur zu vertraut gewesen ist?[54]

Vieles, was am tantrischen Buddhismus einmal geheim war, ist es heute nicht mehr. Die Hüter des geheimen Wissens haben ihr Gut der Öffentlichkeit überantwortet, da sie ihre Überlieferungen nicht völlig verlorengehen lassen wollten. Mandalas und Kultbilder, die man früher in den Klöstern vor der Allgemeinheit verbarg, werden heute als Poster oder Kalenderblätter gekauft. Jahrhundertelang hielt Tibet seine Grenzen verschlossen, um schädliche Einflüsse durch die Fremden zu vermeiden. Bis 1979 war es nur einigen westlichen Reisenden gelungen, die Hauptstadt des abgekapselten Reiches zu besuchen. Im Herbst 1985 öffneten sich die Grenzen für den Reiseverkehr und eine Welle von Touristen zog durch das Land. Die Aura des Geheimnisvollen, die einst dieses Land umgab, droht im Motorenlärm der Touristenbusse und Düsenjets unterzugehen. Trotzdem bleibt das esoterische Wissen letztlich geheim, da es sich für jemanden, der noch nicht reif dafür ist, als wirkungslos erweist. In gewisser Weise verbirgt sich das Geheimnis selbst.

Der Überlieferung nach wurde der Buddhismus in Tibet von König Srontsan-gam-po im 7. Jahrhundert nach Christus eingeführt. In der Folgezeit breitete sich die Buddhalehre weiter aus. Mit der Ankunft des Acharya Padmasambhava, des »Lotosgeborenen«, im Jahre 747 begann die Ausbreitung der Lehre jenseits des Himalaya. Als Acharyas bezeichnet man die gelehrten indischen Mönche, die als Weiterentwickler des Buddhadharma gelten. Über keinen dieser Lehrer gibt es mehr Legenden als über Padmasambhava, der alle Formen des Buddhismus studiert haben soll. Um das Jahr 786 folgte Padmasambhava einer Einladung des tibetischen Königs Trhisong Detsen, um die Dämonen der Bön-Religion zu bekämpfen. Mit der Waffe seines Herzens, dem Donnerkeil (Vajra) und seinen magischen Fähigkeiten (Siddhis) zwang er die bösen Mächte zur Unterwerfung unter das buddhistische Gesetz.

Die Lehre Padmasambhavas ist im wesentlichen ein Zweig des linkshändigen Tantrismus. Eine wichtige Rolle spielen die Anbetung von Schutzgottheiten und der Kult der schreckenerregenden Gottheiten, die als die Zerstörer der Habgier, des Hasses und der Täuschung angesehen werden.

Besonders interessant ist die von Padmasambhava überlieferte Lehre vom Bardo Thödol (bekannt als das tibetanische Totenbuch). Bardo (wörtlich Lücke) bezeichnet den Schwebezustand des Menschen zwischen Tod und Wiedergeburt. Das Jenseits, von dem im Bardo die Rede ist, ist keineswegs nur ein Jenseits des Todes, sondern eine Umkehr der Gesinnung, eine Befreiung aus dem Zustand der Finsternis und des Unbewußten in einen Zustand

---

54 Zitiert bei Bharati, Seite 91

der Erleuchtung. Padmasambhava vergrub die Texte des Bardo Thödol an abgelegenen Stellen in Zentraltibet, wo sie später von einem seiner Hauptschüler wiedergefunden wurden.

Obwohl Padmasambhava die buddhistische Lehre in Tibet etablierte, gab es gegen ihn und seine esoterischen Praktiken auch manche Opposition. Vor allem bei einem Teil des Adels rief sowohl die Zahl seiner Frauen als auch sein Anspruch, ein zweiter Gautama Buddha zu sein, großen Ärger hervor.

Der tibetische Buddhismus wird im allgemeinen als Lamaismus bezeichnet. Das Wort Lama, das eigentlich ein Ehrentitel für Mönche höheren Ranges ist, wird heute auf jeden ordinierten Mönch angewendet. Nach der lamaistischen Lehre gelten einige hochgestellte Priester als Fleischwerdung von Göttern und Heiligen. Diese »lebenden Buddhas« werden bei den Gottesdiensten in derselben Weise wie Götterbilder angebetet. Die Zahl der kirchlichen Würdenträger, die als Wiedergeburten höherer Wesen gelten, ist sehr groß, und es läßt sich ein ganzes hierarchisches System aufbauen, an dessen Spitze der Dalai-Lama steht.

Als 1950 chinesische Truppen die Grenzen Tibets überschritten, um das göttliche Land von seinen »falschen Göttern« zu befreien, töteten sie Hunderttausende von Menschen und zerstörten unschätzbare Kulturwerte. Die von dem tibetischen Volk verehrten heiligen Männer wurden ermordet oder zur Zwangsarbeit abgeführt. Hunderttausend Tibeter flohen zusammen mit dem zuletzt regierenden Dalai-Lama ins Exil. Ein eiserner Vorhang umschloß das Land, und es begann eine lange dunkle Zeit für Tibet. Doch fast dreißig Jahre Unterdrückung jeglicher tibetischer Kultur und Umerziehungsmaßnahmen haben nicht vermocht, die Religion und die Tradition im Reich des Dalai-Lama zu ersticken.

Seitdem aus Peking ein lauerer Wind weht, wird heute wieder mit dem Wiederaufbau einiger Köster begonnen. So wurde Tibets größtes Heiligtum, der Tempel Jokhang in der Hauptstadt Lhasa mit chinesischer Hilfe wieder restauriert.

Tausende von Tibetern, die von einer Welle religiöser Begeisterung erfaßt sind, drängen herbei, um vor dem Jokhang zu beten. Die Götter sind wieder in ihr Reich zurückgekehrt, und Buddha thront wieder auf seiner Lotosblüte.

Das Kalachakra

Das Kalachakra ist das vielschichtigste und umfangreichste Lehrsystem des tibetischen Buddhismus. Der Dalai-Lama betrachtet dieses System als eine der wirkungsvollsten und schnellsten Methoden, Erleuchtung zu erlangen.

Durch die Übungen des Kalachakra, das sich mit der Ewigkeit des flüchti-

Padmasambhava (Nepal)

gen Augenblicks befaßt, wird dem Yogi bewußt, daß Vergangenheit und Zukunft nur in seinem Geist existieren. Das Gestern lebt nur in der Erinnerung weiter, das Morgen ist eine Vorstellung und das Heute wird bald vergangen sein. Bei genauer Beobachtung löst sich die Zeit in Leerheit (Shunyata) auf, und der Yogi erkennt, daß jedes Ereignis nur von kurzer Dauer ist und sich dann zu einer Erinnerung verflüchtigt. Hört er auf, an der Vergangenheit festzuhalten oder nach der Zukunft zu greifen, so löst sich sein Zeitempfinden auf. Ohne Zukunftssorgen und Sehnsucht nach Vergangenheit wird er sich des gegenwärtigen Augenblicks vollkommen bewußt. Nun erlebt er jeden Augenblick als tiefe Zeitlosigkeit und sieht die verschiedenen Zeitpunkte als Punkte auf einem kreisenden Rad, die vergehen und doch immer im Blickfeld bleiben.

Das Kalachakra-Tantra ist wie die meisten anderen Schriften in einer Geheimsprache abgefaßt. Es wird aufgrund seiner komplizierten Rituale und seines vielschichtigen Symbolismus als die schwierigste aller tantrischen Lehren angesehen und wird wahrscheinlich die unzugänglichste bleiben.

Das Kalachakra ist in drei Teile, das »äußere«, das »innere« und das »andere« Rad der Zeit eingeteilt. Der erste Teil beschäftigt sich mit der Entstehung des Universums, der Astronomie und der Geographie. Im »inneren« und im »anderen« Kalachakra sind Gedanken und Übungen enthalten, die nur dem Eingeweihten enthüllt werden. Der »innere« Teil behandelt Methoden, mit denen Körper und Geist in der Meditation eingesetzt werden können. Das »andere« Kalachakra, das dem spirituellen Bereich gewidmet ist, beschreibt sowohl die Gottheiten als auch die Mandalas und ihre praktische Anwendung in der Meditation. Der Yogi wird mit den verschiedenartigsten Gottheiten vertraut gemacht und entwickelt ein intuitives Verständnis für ihren Symbolgehalt.

Das Vajrayana (Diamantfahrzeug)

Der tantrische Buddhismus wird in seiner letzten Entwicklungsstufe auch als das Diamantfahrzeug (Vajrayana) bezeichnet. Vajra ist eigentlich ein Donnerkeil, den der Gott Indra mit großem Erfolg als Waffe benutzte. In der späteren buddhistischen Philosophie dienen die Donnerkeile als Attribute bestimmter Bodhisattvas und anderer hoher Wesen. In der mystischen Philosophie ist der Vajra das, was so unzerstörbar wie ein Diamant, so unwiderstehlich und machtvoll wie ein Donnerkeil ist. Der Diamant ist die göttliche Urkraft, die allem zugrunde liegt und sich deshalb in jedem Lebewesen manifestiert. Das Symbol des Diamanten weist auf die Strahlkraft des Individuums hin. Die Doktrin des Vajrayana besagt, daß sich jeder durch eine Anzahl verschiedener Riten in seine wahre Diamanten-Natur zurückversetzen und einen diamantenen Körper erhalten kann.

Der Diamant, klar und unzerstörbar, farblos und doch alle Farben reflektierend, ist ein Symbol für die Leere (Shunyata). Shunyata gilt als einer der am schwersten zu verstehenden Begriffe des Buddhismus. Übersetzer haben versucht, es mit »Leerheit«, »Leere« oder als Erfahrung des »Nichts« zu übersetzen. Diese allesdurchdringende Leere gilt als ein Zustand der Befreiung, der ähnlich dem Nirvana durch keine Begriffe und Attribute mehr benannt werden kann.

Der Tantriker versteht unter Leere auch die Verwirklichung der Erkenntnis, daß die empirische Welt den Charakter einer augenblicklichen Erscheinung hat und irrtümlicherweise für beständig gehalten wird. Da nichts Beständiges in dieser Welt zu finden ist, muß diese Welt als leer erkannt werden.

»Shunyata... ist ganz deutlich kein Zustand von Trance oder Versunkenheit irgendeiner Art. Es ist ein Zustand ohne Furcht. Aufgrund dieser Furchtlosigkeit können wir es uns leisten, freigebig zu sein. Wir können es uns leisten, einen Raum zuzugestehen, der keinerlei Konflikte von diesem und jenem oder wie und warum enthält. An diesem Punkt existieren keinerlei Fragen. Innerhalb dieses Zustandes gibt es jedoch ein ungeheueres Gefühl von Freiheit. Es ist eine Erfahrung – so könnten wir es vielleicht ausdrükken –, über etwas hinausgegangen zu sein. Das heißt aber nicht, daß wir in der Art und Weise über etwas hinausgegangen sind, das »Hier« verlassen zu haben und deshalb über es hinaus zum »Dort« gekommen zu sein. Es ist vielmehr so, daß wir hier oder bereits dort sind.

Mit der Shunyata-Erfahrung entwickelt sich daher eine außerordentliche innere Überzeugung. Shunyata sorgt für die grundlegende Inspiration, sozusagen das Ideal eines bodhisattva-ähnlichen Verhaltens zu entwickeln.«[55]

Der Begriff Leere tritt meist in Zusammenhang mit dem Sanskritwort Karuna (Mitgefühl) auf. Mitgefühl und Leere führen vereint zu einem Zustand höchster Bewußtheit, einem Zustand, in dem es keine Vorstellung von festen und dauerhaften Objekten gibt.

55 Zitiert bei Anderson, Seite 142

Es ist typisch für den tantrischen Buddhismus, daß er einen philosophischen Begriff wie den der Leere mit einem konkreten Gefühl wie Mitleid in Verbindung bringt. Mitgefühl ist ein natürlicher Bestandteil einer erleuchteten Seinsweise, die latent in jedem Menschen verborgen ist. Wie ein Juwel, das irgendwo im Schlamm verlorengegangen ist, liegen Eigenschaften wie Freude, Glück und Mitgefühl im menschlichen Bewußtsein verborgen. Durch genaue Beobachtung der Abläufe im eigenen Bewußtsein vermag jeder den natürlichen Zustand der Erleuchtung wiederzufinden. Der Pfad der Erleuchtung besteht für den Tantriker nicht darin, etwas zu werden oder zu erlangen, was man nicht ist oder hat, sondern in der Erforschung und Entdeckung des eigenen Selbst.

Die Tibeter betrachten das Vajrayana als eine Abkürzung zur Erleuchtung. Sie beschreiben das Hinayana als einen Pfad, der zum Fuße des Berges führt, das Mahayana als einen langen Weg zum Berg, zu dessen Gipfel man erst nach vielen Leben gelangt. Wer sich entschließt, den Weg des Vajrayana zu beschreiten, muß all seine Schritte aufeinander abstimmen und einen Führer haben, der den Weg kennt. Er kann es sich nicht erlauben, einen Fehler zu machen, da er sonst sehr tief fallen könnte.

Die Tibeter setzen Hinayana, Mahayana, Vajrayana mit den verschiedenen Stufen auf dem Weg zur Erleuchtung gleich. Das Hinayana entspricht der ersten Stufe, da es sich mit der Läuterung des Geistes beschäftigt. Das Mahayana ist die zweite Stufe, die sich vornehmlich mit der Entwicklung von Mitgefühl und Weisheit beschäftigt, und bereitet den Übenden auf den Diamant-Weg, die letzte Stufe, vor. Während sich das Hinayana und das Mahayana um die langwierige Läuterung des Bewußtseins bemühen, konzentriert sich das Vajrayana auf die Läuterung der Energie, ein schneller, aber gefährlicher Weg zur Befreiung. Das Vajrayana und insbesondere das Kalachakra lehrt, daß ein subtiler Energiefluß durch unseren Körper fließt. Dieses Energiesystem ist ein Netz von Nerven und Kanälen, die strahlenförmig von fünf psychischen Zentren ausgehen. Ebenso wie im Kundalini-Yoga des Hinduismus sind diese Zentren entlang eines zentralen Kanals angeordnet, der vom unteren Ende der Wirbelsäule bis zur Schädelkrone verläuft. Dadurch, daß bestimmte Stauungen einen normalen Energiefluß nicht zulassen, entstehen die Täuschungen unseres Alltagsbewußtseins. Durch Mudras, Mantras und das Visualisieren der Gottheiten in diesen Zentren kann der Yogi die Stauungen auflösen. Er verlagert den Energiefluß dann in den zentralen Kanal, wo er geläutert wird und die tiefen Ebenen des Geistes aktiviert. Ist dies geschehen, erlebt der Yogi den Sahaja-Avastha oder den Zustand der Großen Glückseligkeit, der jenseits aller Dualität liegt.

Die Lehre der drei Geheimnisse

Im Mittelpunkt des tantrischen Buddhismus steht die Lehre der drei Geheimnisse (Guhya) von Denken, Reden und Leib. Für alle indischen Religionen haben die drei Formen menschlicher Betätigung (Gedanken, Worte und Werke) eine transzendentale Bedeutung. Sie produzieren das Karma, das sich in einer neuen Existenz auswirkt. Der tantrische Buddhismus verleiht den drei Aktionen noch einen anderen esoterischen Sinn. Für ihn haben gewisse Gedanken, Worte und Handlungen von sich aus eine mystische Bedeutung und gewähren dem, der sich ihrer bedient, unbegrenzte Möglichkeiten.

Jedes tantrische Ritual, in das man durch einen geistigen Lehrer, den Guru, eingeführt wird, schließt die drei Seiten unseres Daseins ein: Körper, Sprache und Geist. Der Körper handelt durch die Gesten (Mudras), die Sprache durch die heiligen Silben (Mantras) und der Geist durch die Visualisation.

Die Mudras, die die physische Komponente darstellen, sind nach Ansicht der Tantriker nicht nur Symbole, sondern stehen auch in direktem Zusammenhang mit einem bestimmten Bewußtseinszustand. Eine bestimmte Mudra ist ein Zeichen dafür, daß ein bestimmter Zustand vorhanden ist. Umgekehrt gilt auch, daß sich durch die Ausführung der Mudras ein gewünschter Bewußtseinszustand herbeiführen läßt.

Das Tantra kennt sehr viele Mudras mit verschiedenen Bedeutungen, denen verschiedene Mantras zugeordnet sind. Meistens werden bei den Vajrayana-Meditationen die Mudras im Atemrhythmus mit entsprechenden Mantras kombiniert. Es gibt beispielsweise eine Meditation mit den Silben OM AH HUM. Man sitzt im Lotossitz auf dem Boden, die Hände liegen mit den Handflächen nach oben auf den Knien. Während des Einatmens spricht man die Silbe OM und dreht gleichzeitig die Handflächen nach unten. Nach dem Einatmen hält man den Atem für einen Moment an (dieses Anhalten des Atems ist nach Ansicht der Tantriker eine gute Gelegenheit, Shunyata zu erleben), führt die Fingerspitzen zur Brustmitte und spricht dabei die Silbe AH. Während man ausatmet, intoniert man HUM und streckt die Arme und Hände so, als gäbe man etwas von sich. Dann legt man die nach oben geöffneten Handflächen wieder auf die Knie. Beim nächsten Atemzug dreht man die Hände wieder und wiederholt die Meditation.

Die tantrischen Buddhisten verfügen über zahllose Mantras und Mudras, durch deren Wiederholung der Atemfluß reguliert und der Geist beruhigt werden kann. Indem der Praktizierende dem Mantra-Gesang aufmerksam folgt, wird er von verwirrenden Gedanken abgelenkt und kann sich besser konzentrieren. Die Mantras sollen zur Klärung und Schärfung des Geistes beitragen. Mantras werden ferner als ein Werkzeug betrachtet, um die Energie im Körper zu beherrschen. Nach Auffassung der Tantriker reflektiert unser Atem einen Energiefluß, der untrennbar mit den tieferen Ebenen des Geistes verknüpft ist. Singt der Yogi das Mantra in der richtigen Weise, so vermag er seinen Atem und den damit verbundenen Energiefluß richtig zu kontrollieren. Der Klang des Mantras besitzt die Macht, in den tiefen Ebenen des Geistes mitzuschwingen und sie gewissermaßen zum Leben zu erwecken. Die Mantras müssen jedoch auf die richtige Art und Weise gesungen werden. Der Guru vermittelt dem Schüler, wie die Silben zu intonieren sind und welche Empfindungen sie erwecken sollen.

Der Mantrameditation, die von den dazugehörigen Mudras begleitet wird, kann durch entsprechende Visualisierung eine weitere Dimension gegeben werden. Die gesungene oder lautlose Intonation der Mantras wird von der Visualisierung bestimmter Symbole oder Gottheiten begleitet. Ehrfurchtgebietende Gottheiten oder Mandalas, die den Kosmos oder bestimmte geistige Zusammenhänge darstellen, dienen dem Tantriker als Visualisationsobjekte. Indem er sich mit ihnen identifiziert, beseitigt der Tantriker alle Täuschungen, die den Geist verdeckten, und verwandelt sie in Weisheiten.

Aus dem Zusammenspiel von Gesten, Klängen und Visualisationen ist im Vajrayana ein fließendes Kaleidoskop entstanden:

Tantrische Symbole durchdringen einander gegenseitig. Immer wieder treffen wir auf Symbole, die uns einen Hinweis auf die Bedeutung anderer Symbole geben, welche uns wieder auf weitere Symbole verweisen und damit die gegenseitige Durchdringung aller Aspekte des Universums versinnbildlichen. Tantrische Übungen ähneln in ihrer Wirkung dem Öffnen einer Kugel, in der wir eine weitere Kugel entdecken. Diese zweite Kugel läßt sich ebenfalls aufbrechen und enthält eine dritte und so weiter, bis wir zu etwas vordringen, das uns ein fester Kern zu sein scheint. Doch rühren wir daran, so bricht auch er auf und enthüllt... genau die Kugel, die anfangs alle anderen enthielt. Der gleiche Vorgang wiederholt sich immer wieder, bis schließlich die Erleuchtung aufdämmert. Man sieht, wie viele Bedeutungen eine Bedeutung haben kann und bekommt ein Gefühl für die Präsenz des Ganzen.«[56]

---

56 Zitiert bei Anderson, Seite 96

Tantrische Gottheiten und ihre Mudras

Wie das Mahayana (großes Fahrzeug) kennt das Vajrayana (Diamantfahrzeug) eine Anzahl von Buddhas und Bodhisattvas, die kraft ihrer Weisheit stets Mittel und Wege finden, den Menschen auf den Weg der Vollkommenheit zu führen. Die obersten Ränge im Pantheon nehmen die Buddhas und Bodhisattvas ein, deren Zahl so groß ist wie die der »Sandkörner der Ganga«. Während die Buddhas den Erlösungssuchenden lediglich den Weg zum Heil offenbaren, setzen sich die Bodhisattvas auch praktisch für die Leidensbefreiung anderer Wesen ein. Ein Bodhisattva ist nicht nur um seine eigene Buddhaschaft bemüht, sondern stellt die Erleuchtung der anderen Wesen über seine eigene. Der Weg eines Bodhisattvas wird in zehn Stufen gegliedert. Auf jeder Stufe erwirbt er eine neue Vollkommenheit, bis er mit dem Erreichen der siebten Stufe ein transzendenter Bodhisattva wird, der alle Leidenschaften abgelegt und jegliche Unwissenheit vernichtet hat.

Charakteristisch für das Vajrayana ist auch die Verehrung weiblicher Initiationsgottheiten, Dakinis genannt. Diese weiblichen Feengottheiten, die in der tibetanischen Kunst oft in ihrem schrecklichen Aspekt dargestellt werden, gelten als Übermittler der tantrischen Lehre. Die Yogis führen bei bestimmten Gelegenheiten Rituale aus, um diese Dakinis zu unterwerfen und sich die von ihnen verkörperten dunklen Kräfte nutzbar zu machen. Durch die Visualisation der Dakinis gewinnt der Yogi Kontrolle über seine Leidenschaften und kann diese dazu einsetzen, die lähmenden Kräfte des Zorns und der Eifersucht zu neutralisieren. Die Dakinis, die auch als verführerisch schöne Wesen dargestellt werden, werden ebenfalls in den tantrischen Meditationen benutzt, um den unwiderstehlichen Drang nach Erleuchtung zu entfachen.

Eine wichtige Rolle spielen im tantrischen Buddhismus die Sadhitas, Wesen, die kein objektives Dasein besitzen, sondern von einem Tantriker durch seine schöpferische Vorstellungskraft ins Leben gerufen werden. Sie sind Wunschgottheiten, die jeweils den Namen eines bestimmten Tantras, eines jener esoterischen Bücher, die vom 5. Jahrhundert an entstanden sind, tragen.

Der Tantriker glaubt, daß er sich durch die Visualisation dieser Götter das in dem Buch enthaltene Wissen zu eigen machen könne.

Die ikonographisch dargestellten Buddhas, Bodhisattvas, Dakinis und Sadhitas mit ihren verschiedenen Attributen und Mudras gelten dem Tantriker als Grundlage für die optische Vorstellung der Gottheit. Sie bilden eine Art von geistiger Stütze für die Visualisation der Gottheit, die nicht mehr nötig ist, wenn diese stattgefunden hat. Die Gesten der Gottheiten und die Attribute, die sie in ihren Händen halten, sind ein Hinweis auf die Stufen und Erfahrungen, die der Yogi auf seinem Weg zur Erleuchtung durchschreitet. Die ehrfurchtgebietende Erscheinung der Götter offenbart die befreiende Macht der Weisheit, die in den verblendeten Leidenschaften des Oberflächenbewußtseins verborgen liegt. Durch die Visualisation der Gottheiten vermag der Tantriker seine Täuschungen zu erschüttern und seine Leidenschaften in Weisheit zu verwandeln.

Gewöhnlich weist der Guru seinem Schüler eine besondere persönliche Schutzgottheit zu, die seine hauptsächlichen charakterlichen Mängel transformieren soll. Der Yogi, der in der Lage ist, eine psychische Verbindung zu seiner Schutzgottheit herzustellen, beschwört bei seinen täglichen Meditationen ihr Bild, das für ihn zu einer Quelle der Inspiration wird. Es erfordert große Anstrengung, bis er das Bild der Gottheit lebensvoll in sich wachzurufen vermag. Betrachtet er seine Schutzgottheit als seinen spirituellen Lehrer und gibt sich ihr völlig hin, so wird die Gottheit zum Sprachrohr seiner inneren Stimme und schließlich zur Verkörperung des innersten Geistes.

Dakini (Tibet, 18. Jahrhundert)

Die fünf Meditationsbuddhas

Den obersten Rang im buddhistischen Pantheon nehmen die Buddhas ein, von denen besonders fünf die Stellung machtvoller Gnadenspieler erreicht haben. Es sind die fünf Meditationsbuddhas, die als Jinas oder Tathagatas bezeichnet werden. Jina bedeutet Sieger oder Eroberer und ist ein alter Beiname des Buddha, der die Überwindung der Leidenschaften bezeichnet.

Diese fünf Jinas sind keine »menschlichen« Buddhas wie Gautama, sondern himmlische Wesen, die in überirdischen Welten thronen. Gelegentlich wird ihre kosmische Bedeutung dadurch unterstrichen, daß sie als Schirmherren bestimmter Himmelsrichtungen erscheinen. Sie symbolisieren die fünf Weisheiten des Buddha-Wesens, des völlig erwachten Bewußtseins. Jeder Jina steht jedoch nicht nur für eine Weisheit, sondern auch für ein verblendetes Gefühl, das in Weisheit umgewandelt werden muß. So repräsentiert Vairochana, der erste der fünf, das Grundgift der Verblendung, aber zur gleichen Zeit auch die reine absolute Weisheit. Akshobhyas Aggression und Haß wird in spiegelgleiche Weisheit, Ratnasambhavas Stolz in die ausgleichende Weisheit des Gleichmuts, Amitabhas Leidenschaft in unterscheidende Weisheit und Amoghasiddhis Ehrgeiz in die alles erfüllende Weisheit umgewandelt. Die fünf Jinas, die sowohl negative als auch positive Energien darstellen, symbolisieren die tieferen Geistesschichten, die im Unbewußten verborgen liegen.

Durch die Identifikation mit diesen Buddhas, durch die Nachahmung ihrer Mudras und das Aussprechen von Mantras erfährt der Yogi sich selbst als Gottheit und gewinnt Zugang zu den inneren Weisheitsquellen, die von den Buddhas verkörpert werden. Er überwindet jene negativen Gefühle und Illusionen, die den Geistesschichten sehr viel Energie rauben, und verwandelt sie in positive Energien.

Zu jedem Jina gehört eine weibliche Partnerin, Shakti oder Mudra genannt. Diese Mudras, die mit der rechten Hand die Barmherzigkeitsgeste und mit der linken die Diskussionsgeste ausführen, lassen sich durch ihre Attribute und Farben, die denen der Jinas entsprechen, identifizieren.

Oft werden die fünf Buddhas in der geschlechtlichen Vereinigung mit ihren weiblichen Partnerinnen, in der Yab-Yum (Vater-Mutter) Haltung abgebildet, um die fünf Arten der Energien (Jinas) im Miteinanderwirken mit den fünf Arten der Weisheit (ihren Mudras) aufzuzeigen.

Visualisiert der Yogi sich selbst als Schutzgottheit in geschlechtlicher Vereinigung mit seiner Weisheitsgefährtin, vereinigt er die männlichen und weiblichen Seiten seines Seins und erfährt die Beseelung ihrer grundlegenden Einheit.

Die fünf Jinas symbolisieren auch die fünf Farben (Weiß, Rot, Gelb, Grün,

Blau), die fünf Elemente (Raum, Erde, Feuer, Luft, Wasser) und die fünf
Skandhas (physische und psychische Faktoren, aus denen eine Person besteht) wie Körper (Rupa), Empfindung (Vedana), Wahrnehmung (Samjna),
Triebkräfte (Samskara) und Bewußtsein (Vijnana). Die Zahl 5 hat bei den In-
dern eine große mystische Bedeutung. Sie ist die heilige Zahl der Vereinigung
von Himmel und Erde zwischen dem Sein und dem Strudel der Wiedergeburten. Diese fünf Jinas bilden das erste Glied einer unendlichen Kette, die
das Absolute mit der Vielheit verbindet.

Oft werden die fünf Meditationsbuddhas in kreisförmiger Anordnung nach
einem Schema, das Mandala genannt wird, dargestellt. Die Mandalas wurden zu einem unentbehrlichen Bestandteil der tantrischen Weltanschauung
und Kontemplationspraxis. Das Mandala symbolisiert die untrennbare Ge-
meinschaft von gegensätzlichen Elementen. Im Mandala der fünf Meditationsbuddhas, der Jinas, befindet sich an den Kardinalpunkten und in der
Mitte jeweils ein Buddha als Vertreter der fünf Weisheiten.

Die folgende Abbildung zeigt die fünf Buddhas zusammen mit ihren Shak-
tis in einem Mandala. Im Zentrum sitzt Vairochana mit Vajradhatishvari, im
Westen Amitabha mit Pandara, im Norden Amoghasiddhi mit Tara, im Osten
Akshobhya mit Lochana und im Süden Ratnasambhava mit Mamaki.

Im einzelnen lassen sich die Jinas wie folgt charakterisieren:

1. Vairochana, der »Sonnenartige«, beherrscht den Zenit, das Weltzentrum. Er ist blendend weiß und trägt in der Hand ein Rad, das die buddhistische Lehre symbolisiert. Er führt entweder die Predigergebärde (Dharmachakra-Mudra) aus, mit der er als glanzvoller Prediger den künftigen Maitreya ankündigt, oder als Repräsentant der höchsten Weisheit, die Gebärde des Wissens (Bodhyagri-Mudra). Diese Geste, bei der die linke Hand den Zeigefinger der rechten Hand umschließt, symbolisiert die Vereinigung der materiellen Welt mit der spirituellen.

2. Ratnasambhava, der »Juwelengeborene«, wird gelb beziehungsweise goldfarben dargestellt. Er ist der Herrscher über den Süden. Sein Attribut ist das Juwel, das die Befriedigung aller Wünsche garantiert, und seine Mudra ist die der Barmherzigkeit (Varada-Mudra). Indem er diese Geste ausführt, ruft er den Buddha aus dem Schoß der Edelsteine zurück.

3. Amitabha, der Buddha des »grenzenlosen Lichts«, der Lebensspender, wacht über das westliche Paradies. Er wird rot wie die Farbe des Feuers dargestellt. In der Hand hält er eine Lotosblüte, das Symbol völliger Reinheit. Seine Mudra ist die der Meditation. Er stellt den in der Meditation versunkenen Buddha dar und bringt die grenzenlose Helle hervor, die sich von der Erleuchtung über das gesamte Universum ausbreitet. Ihm sind viele Texte gewidmet, unter anderem das Traktat der Amitabha-Meditation, das später auch ins Chinesische und Japanische übersetzt wurde.

4. Akshobhya, der »Unerschütterliche«, wird mit einem blauen Körper dargestellt. Er gilt als Hüter des Ostens. In seiner Hand trägt er den Vajra (Donnerkeil oder Diamant), den kostbaren Edelstein, der alle anderen Waffen und Edelsteine zerstören kann. Akshobhya selbst ist so fest, hart und unerschütterlich wie dieser Vajra. Er führt die Er-

leuchtungsgeste (Bhumisparsha-Mudra) aus, mit der er wie Gautama Buddha den Teufel Mara besiegte.

5. Amoghasiddhi, der »sein Ziel unbeirrt verwirklicht«, ist grün, und sein Attribut ist ein doppelter Donnerkeil (Vishvavajra), ein Symbol der Vollendung, hart und unzerstörbar. Oft sitzt dieser Buddha auf dem mythologischen Vogel Garuda, der ebenfalls als ein Symbol der Vollendung gilt. Amoghasiddhi ist der Herr des Nordens, der eine nicht zu trübende Glückseligkeit besitzt. Er führt die Diskussionsgeste (Vitarka-Mudra) aus.

Buddha Amoghasiddhi mit Diskussionsgeste (Tibet)

Die fünf Meditationsbuddhas

Buddha	Farbe	Attribut	Element	Tier	Himmels-richtung
Vairochana	weiß	Rad	Raum	Drache	Mitte, Zenit
Ratnasam-bhava	gelb	Juwel	Erde	Löwe	Süden
Amitabha	rot	Lotos	Feuer	Pfau	Westen
Akshobhya	blau	Vajra (Donnerkeil)	Wasser	Elefant	Osten
Amoghasiddhi	grün	Doppelter Donnerkeil	Luft	Garuda	Norden

Buddha Amitabha
mit Meditationsgeste (Tibet)

Buddha Ratnasambhava
mit Barmherzigkeitsgeste (Tibet)

Mudra	Weisheit	Jahreszeit	Shakti	Physische und psychische Faktoren (Skandhas)
Dharma-chakra	reine, absolute Weisheit	Herbst	Vajradha-tishvari	Körper
Varada	ausgleichende Weisheit	Frühling	Mamaki	Empfindung
Dhyani	unterscheidende Weisheit	Sommer	Pandara	Wahrnehmung
Bhumis-parsha	spiegelgleiche Weisheit	Winter	Lochana	Bewußtsein
Vitarka	alles erfüllende Weisheit	Regenzeit	Tara	Triebkräfte

Buddha Vairochana mit Predigergeste (Tibet)

Buddha Vairochana mit Wissensgeste

Buddha Akshobhya mit Erleuchtungsgeste (Tibet)

173

Adibuddha

800 nach Christus wurde eine Lehre entwickelt, die versuchte, die fünf Jinas als Emanationen eines Adibuddha, des Urbuddha, der unter dem Namen Vajrasattva (Diamantwesen) oder Vajradhara (Diamanthalter) bekannt geworden ist, zu erklären. Der Adibuddha führt die Geste der Umarmung (Prajnalingabhinaya) aus, die die Vereinigung des männlichen Prinzips (Yab) mit dem weiblichen (Yum) symbolisiert. Diese daraus entstehende Einheit, die jenseits der Dualität liegt, führt zum Erlebnis der großen Glückseligkeit. Das männliche Prinzip wird oft auch als Karuna (Mitgefühl) oder als Upaya (Geschicklichkeit in der Methode) bezeichnet, während das weibliche Prinzip Prajna (Weisheit) oder Leere (Shunyata) ist. Im Zustand der Einheit erkennt der Yogi auch, daß es im Grunde keinen Unterschied zwischen Samsara (Weltendasein) und Nirvana (Befreiung) gibt. Die Erlösung ist nicht nur in einer transzendenten Welt, sondern schon inmitten der Leidenswelt (Samsara) möglich. Die phänomenale Welt ist letztlich identisch mit dem Absoluten.

Bei der Umarmungsgeste, die auch als Diamantmudra (Vajrahumkara-Mudra) bezeichnet wird, hält die rechte Hand oft einen Diamanten (Vajra), die linke eine Glocke (Ghanta). Der unzerbrechliche Diamant, mit dem man sämtliche Leidenschaften zu zerstören vermag, symbolisiert die Welt des Absoluten, die Glocke die Erscheinungswelt beziehungsweise die Vergänglichkeit, die allen buddhistischen Gedanken zugrunde liegt. Die Glockentöne können zwar wahrgenommen, aber nicht festgehalten werden. Das Leben ist so vergänglich wie der flüchtige Klang einer Glocke.

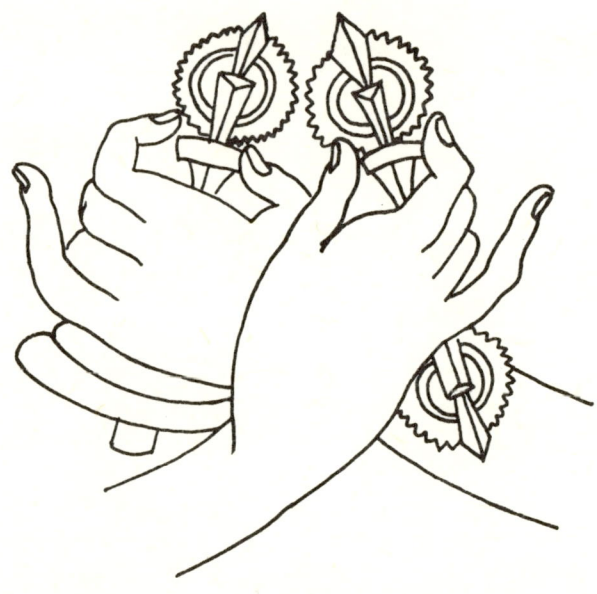

Tara

Mamaki

Pandara

Vajradhatishvari

Lochana

In Tibet und Nepal wird der Adibuddha sehr oft zusammen mit seiner Prajna, die auf seinem Schoß sitzt, bildlich dargestellt. Die Umarmung des göttlichen Paares gilt im tantrischen Buddhismus als Quelle höchster Macht. Hatte der historische Buddha gepredigt, daß der Umgang mit Frauen von der Erlösung abhalte, so machten die Buddhisten des Vajrayana jetzt vollen Gebrauch von der im Sexualtrieb gebundenen Energie. Die Yogis benutzten diesen mächtigen Impuls, um die letzten Täuschungen des Oberflächenbewußtseins zu überwinden und mit den tiefen Geistesschichten zu verschmelzen. Die sexuelle Vereinigung des Paares hat mit einer irdischen Bindung nichts zu tun, da sie auf einer göttlichen Ebene stattfindet, auf die sie durch Weiherituale erhoben wurde.

»Wir dürfen nicht vergessen, daß diese ikonographischen Darstellungen (Yab-Yum-Bilder) nicht Darstellungen von gewöhnlichen Menschen sind, sondern daß sie aus meditativem Bildwerk hervorgehen. In diesem Zustand ist nichts mehr »sexuell« im üblichen Sinn des Wortes, sondern es gibt nur noch die überindividuelle Polarität aller Erscheinungen, der sowohl das Geistige als auch das Physische (das ohnehin nur ein Aspekt des Geistigen ist) untergeordnet ist. Wenn diese Polarität einmal die höchste Stufe der Absorbiertheit oder Integration erreicht hat – wir nennen es Erleuchtung (Bodhi) –, wird sie aufgehoben und wird Shunyata. Diesen Zustand nennt man Mahamudra (die große Mudra).«[57]

Während der Yogi sich selbst als die Gottheit in der geschlechtlichen Vereinigung visualisiert, vereinigt er die männlichen und die weiblichen Seiten seines Seins und erfährt die grundlegende Einheit in Leerheit (Shunyata).

Vajradhara mit seiner Shakti

57 Zitiert bei Bharati, Seite 177

Adibuddha Vajradhara mit Diamantmudra (Tibet, 17. Jahrhundert)

Die Bekenntnisbuddhas

Die 35 Buddhas auf dieser Seite symbolisieren mit ihren verschiedenen Mudras das Bekennen von 35 Verstößen gegen die buddhistische Ethik. In der Mitte sitzt Gautama Buddha, dessen rechte Hand zur Erleuchtungsgeste geformt ist. Rechts und links von ihm stehen zwei Jünger, die in ihrer rechten Hand einen Stab mit einer Rassel halten, die die Bürger auf das Kommen eines Almosensuchers aufmerksam machen soll. In der linken Hand tragen sie eine Almosenschale, die die buddhistische Lehre (Dharma) symbolisiert.

Die 35 Bekenntnisbuddhas

Die acht Medizinbuddhas

Die acht Medizinbuddhas gelten in Tibet als Quelle des ärztlichen und pharmazeutischen Wissens. Gautama Buddha, der einer von diesen acht Buddhas ist, hatte sich selbst als Arzt und seine Lehre als Medizin bezeichnet. Als Mittel gegen die Leiden bot er der Welt die vier »Heiligen Wahrheiten« an. Von dem Gläubigen wird er jedoch nicht nur als Heilsverkünder, sondern auch als praktischer Arzt und Psychotherapeut angesehen. Er kümmert sich sowohl um die Krankheiten des Körpers als auch um die Gesundheit der Seele, um die Wiederherstellung des moralischen und spirituellen Wohlbefindens.

Die acht Medizinbuddhas verfügen über das Wissen des traditionellen Medizinsystems, Ayurveda, in dem das Leben als Einheit von Körper, Sinnen, Geist und Seele betrachtet wird.

Krankheit wird als eine Störung des Gleichgewichts zwischen Mikrokosmos (dem Kranken) und Makrokosmos (dem Universum) angesehen. Zur Diagnose der verschiedenen Krankheiten werden oft ausführliche astrologische Berechnungen durchgeführt, um Einsichten in weit zurückliegende karmische Krankheitsursachen zu erhalten. Der Patient ist in der tibetischen Medizin niemals nur ein passiver Empfänger ärztlicher Weisheiten. Es wird von ihm verlangt, daß er seinen Heilungsprozeß aktiv beeinflußt. Zuversicht, Vertrauen, Bewußtsein, Geistesgegenwart und eine realistische Einschätzung seiner Krankheit werden als die optimalen emotionalen Voraussetzungen für eine Selbstheilung angesehen.

Der Kranke ruft diese acht Buddhas an, um das richtige Heilmittel zu erhalten.

Die Abbildung auf Seite 180 zeigt die acht Medizinbuddhas, in deren Mitte sich Gautama Buddha befindet. In seiner linken Hand hält er eine Almosenschale, aus der Heilpflanzen hervorsprießen, und mit seiner rechten führt er die Erleuchtungsgeste aus.

अष्ट भैषज्यगुरु ब्यदब्र्मंदेशोर्बोसुब्रवुद

Die acht Medizinbuddhas

Avalokiteshvara

Avalokiteshvara (»der herabschauende Herr«), der spirituelle Sohn von Amitabha und Pandara, ist unter den Bodhisattvas einer der berühmtesten.

Erfüllt von Mitgefühl (Karuna) legte er den Schwur ab, nicht eher ins Nirvana einzugehen, als bis alle Lebewesen erlöst sind. Sein großes Mitgefühl (Mahakaruna) beschränkt sich nicht nur auf die Menschenwelt, sondern auch auf die Reiche der Götter, der Tiere, der Geister und der Höllenwesen. Avalokiteshvara, dessen Hilfsbereitschaft und Mitleid keine Grenzen kennt, besitzt große Wunderkräfte, durch die er bei allen Gefahren und Schwierigkeiten zu helfen imstande ist:

> »Avalokiteshvara schützt Karawanen gegen Räuber, Seeleute vor Schiffbruch und Verbrecher vor der Hinrichtung. Mit seiner Hilfe erlangen die Frauen die Kinder, die sie sich wünschen. Wenn man nur an Avalokiteshvara denkt, so hören Feuersbrünste auf zu brennen, Schwerter zerfallen in kleine Stücke, Feinde werden großmütig, Fesseln werden gelöst, Hexereien fallen auf ihren Urheber zurück, Raubtiere fliehen, und Schlangen verlieren ihr Gift.[58]

Das Mantra OM MANI PADME HUM, das in Tibet überall auf Hauswänden und auf Felsbrocken geschrieben steht und das auch ständig von der Bevölkerung ausgesprochen wird, wird als eines der wertvollsten Geschenke Avalokiteshvaras an die Welt betrachtet. Dieses Mantra appelliert an das grenzenlose Mitgefühl Avalokiteshvaras. OM MANI PADME HUM wird gewöhnlich mit »Heil, Dir Juwel im Lotos« übersetzt. Die Silbe OM symbolisiert die Trinität: Buddha, Lehre und Gemeinde, MANI (Juwel) und PADMA (Lotos) bekräftigen, daß ein Edelstein (Buddha und seine Lehre) im Lotos (Welt) erschienen ist, und HUM bedeutet die Vertreibung der Dämonen.

Es gibt fünfzehn verschiedene Darstellungen Avalokiteshvaras, die sich durch die Anzahl der Arme, der Köpfe, der Farben und der Mudras unterscheiden.

Die Abbildung auf Seite 182 zeigt ihn als Shadakshari-Lokeshvara, als »Herrn der sechs Silben«, nämlich des Mantras OM MANI PADME HUM, das die Wesensnatur Avalokiteshavaras zum Ausdruck bringt. In seiner linken oberen Hand trägt er eine Lotosblüte und in seiner rechten oberen einen Rosenkranz (Akshamala). Die Lotosblüte, das Symbol der Reinheit, soll darauf hinweisen, daß Avalokiteshvara den Erlösungsuchern seine Hilfe ohne Eigennutz, rein aus Mitleid gewährt. Der buddhistische Rosenkranz, der aus

58 Conze, Seite 144

108 Perlen besteht, begleitet die Meditation. Zu jeder Perle spricht der Gläubige eine Anrufung. Anhänger des Avalokiteshvara, die es bis zu einigen Hundert Durchläufen pro Tag bringen, sprechen zu jeder Perle das Mantra OM MANI PADME HUM.

Mit seinen anderen beiden Händen führt er die »Geste des Haltens des Juwels« (Manidhara-Mudra) aus. Dieses Handpaar verbirgt das Juwel, das im Buddhismus sowohl das Zauberjuwel Chintamani (Denk-Edelstein), das alle Wünsche erfüllt, als auch das »Juwel der Lehre« (Dharmaratna) symbolisiert.

In einer der ältesten Darstellungsformen wird Avalokiteshvara als Padmapani, als der mit dem Lotos in der Hand, dargestellt. Auf der Farbtafel nach Seite 184, die ihn mit stark weiblichen Zügen zeigt, ist seine rechte nach außen geöffnete Hand zum Zeichen der Hilfsbereitschaft in der Barmherzigkeitsgeste (Varada-Mudra), die linke Hand ist in Kataka-Hasta, der Geste, mit der man eine Blume hält (siehe auch Seite 104).

Avalokiteshvara und das Mantra
OM MANI PADME HUM

Avalokiteshvara mit seiner Shakti

182

Maitreya

Maitreya ist der Bodhisattva der allumfassenden Lehre. Die Buddhisten nehmen an, daß Maitreya, der sich zur Zeit im Himmel der zufriedenen Götter befindet, auf der Erde erscheinen wird, wenn sich die Lebenszeit der Menschen auf 80 000 Jahre erhöht hat. Nach der buddhistischen Kosmologie durchläuft die Erde periodische Zyklen. In einigen dieser Perioden verbessert, in anderen verschlechtert sie sich. Das Durchschnittsalter der Menschen ist ein Anzeichen für den Wert der Periode, in der sie leben. Zur Zeit des Buddha betrug das Durchschnittsalter hundert Jahre. Nach seiner Zeit begann der Verfall, und die Lebensdauer verkürzte sich. Wenn Maitreya auf die Erde kommen wird, werden alle Menschen guten Willens und reinen Herzens sein. Überall werden Blumen und Bäume blühen, und man wird klare Seen und Berge von Juwelen finden. Diejenigen, die sich jetzt Verdienste erwerben, werden zur Zeit des Maitreya wiedergeboren werden und durch seinen Einfluß ins Nirvana gelangen.

In Tibet wird Maitreya sowohl als Buddha als auch als Bodhisattva dargestellt. Als Buddha hat er kurze gelockte Haare, einen leuchtenden Punkt (Urna) zwischen den Augenbrauen und überlange Ohrläppchen. Als Bodhisattva wird er wie ein indischer Prinz mit einer Krone, in der sich ein Stupa befindet, dargestellt. Die typische Sitzhaltung des Maitreya ist die sogenannte europäische Haltung (Pralambadasana), die an das Sitzen auf einem Stuhl er-

Maitreya mit Predigergeste

innert. Die Beine hängen nach »europäischer Manier« locker vom Thron herab, und die Füße stehen auf dem Boden auf.

Die Ikonographie bildet Maitreya meistens mit der Predigergeste (Dharmachakra-Mudra) ab. Manchmal hält er zwischen Daumen und Zeigefinger einen Lotosstengel, auf dem sich das Rad und ein Kännchen mit Nektar (Amrita) befinden. Das Rad deutet darauf hin, daß Maitreya das Rad der Lehre, das bis zu seinem Erdenauftritt zum Stillstand gekommen sein wird, wieder in Bewegung setzt. Das Nektarkännchen symbolisiert das Nirvana, die unendliche Lebensdauer, die Maitreya wie Nektar über die Welt ausgießen wird.

Maitreya wird oft auch als dreiköpfig, dreiäugig und vierarmig in der Triade mit Gautama Buddha und Avalokiteshvara beschrieben. Die Farbe seines Körpers und seines mittleren Gesichtes ist goldgelb, die des rechten blau und die des linken weiß. Mit der einen rechten Hand führt er die Barmherzigkeitsgeste aus, und in der linken hält er entweder eine Blume oder eine Vase (Kalasha), den Behälter der Wahrheit. Das andere Handpaar ist in der Predigergeste.

Maitreya

Manjushri

Manjushri (der edel und sanft ist) ist nach Avalokiteshvara einer der bedeutendsten transzendenten Bodhisattvas. Er gilt als Inbegriff der Intelligenz, des Wissens und des Gedächtnisses. Als Herr der Weisheit verleiht er all denen, die ihn anrufen, Erkenntniskraft und Gedächtnis.

Die rechte Hand Manjushris symbolisiert seine kämpferische männliche Seite. Mit dem Schwert, das er in seiner rechten Hand schwingt, vernichtet er mit einem Schlag jegliche Unwissenheit. Das Schwert ist wie eine Fackel, die

Bodhisattva Padmapani (Nepal, 17.–18. Jahrhundert)

Licht in die Dunkelheit bringt. Die linke Hand, die zur Diskussionsgeste (Vitarka-Mudra) geformt ist, trägt eine Lotosblüte, auf der das Buch der Transzendenten Weisheit (Prajnaparamita) liegt.

Manjushri

Sarasvati

Unter dem Einfluß des Vajrayana wurden verschiedene hinduistische Gottheiten vom Buddhismus übernommen. Sarasvati gehört zu den bedeutendsten davon.

In den Veden galt Sarasvati als eine Wassergottheit, die als Spenderin von Reinheit und Fruchtbarkeit verehrt wurde. Sie ist die Gemahlin Brahmas und wird als Mutter der Veden bezeichnet. Sie gilt als Göttin der Künste, die Poesie, Musik und Gelehrsamkeit fördert. Sie erwies sich allen Göttern hilfreich und verlieh ihnen sowie ihren Anhängern Reichtum, Stärke und Klugheit. Als Göttin der vollendeten Weisheit gilt sie als Gattin des Manjushri, des Boddhisattvas der transzendentalen Weisheit, der mit seinem Schwert in der rechten Hand und mit dem Buch der Vollkommenheit in der linken mit einem Streich die Täuschungen der Unwissenheit vernichtet. In der tantrischen Ikonographie gibt es verschiedene Formen der Darstellung von Sarasvati. Als Mahasarasvati hält sie in der linken Hand eine weiße Lotosblüte, und mit der rechten führt sie die Barmherzigkeitsgeste aus.

Sie zeigt ein lächelndes Gesicht, ist überaus mitleidig und trägt Gewänder, die mit weißen Sandelblüten geschmückt sind. Mit dem unermeßlichen

Licht, das von ihrem Körper ausgeht, erleuchtet sie die Welt. Vajravina Sarasvati hält in ihren Händen die Laute und Vajrasadara eine Blume und ein Buch. Vajrasarasvati ist von roter Farbe. Von ihren drei je dreiäugigen Gesichtern ist das mittlere rot, das rechte blau und das linke weiß. In ihren drei rechten Händen hält sie Lotos, Schwert und Sägemesser und in den drei linken Schädeldecke, Juwel und Diskus.

Vajrasarada   Vajrasarasvati   Mahasarasvati

Vajravina Sarasvati

Prajnaparamita

Prajnaparamita (Weisheit, die hinübergegangen ist) ist der Titel von Schriften, die um 150 nach Christus von Nagarjuna, einem großen Dialektiker, der in Südostindien, in der Nähe von Amaravati lehrte, philosophisch entwickelt wurden.

    Nach einer Legende soll Gautama Buddha diese Texte, die über die Grenzen des normalen Verstehens gehen, bereits zu seiner Zeit offenbart haben. Da die Texte jedoch als zu schwierig galten, um von seinen Zeitgenossen verstanden zu werden, wurden sie in dem Palast der Schlangen (Nagas), in der Unterwelt vergraben. Als die Zeit reif für diese Schriften war, stieg der große Gelehrte Nagarjuna in die Unterwelt hinab und brachte sie auf die Erde.

Die Botschaft der Prajnaparamita besteht darin, daß vollendete Weisheit nur durch absolute Auslöschung des Ichs, durch völliges Selbstvergessen zu erreichen sei, und zwar in einer Leere (Shunyata), in der alles, was wir um uns herum wahrnehmen, wie ein unbedeutender Traum vergeht. Shunyata ist absolute vollkommene Leere, die alle Formen gegenseitiger Abhängigkeit, Subjekt und Objekt, Geburt und Tod, Gott und Welt, Etwas und Nichts, Ja und Nein, übersteigt. In der buddhistischen Leere gibt es weder Zeit noch Raum, weder Werden noch Nicht-Sein. Sie ist ein Nichts voll unbegrenzter Möglichkeiten, in der die profane Welt mit dem Nirvana zusammenfällt.

Prajnaparamita ist zugleich auch ein weiblicher Bodhisattva. Sie gehört neben der Tara zu einer der ersten selbstständigen buddhistischen Gottheiten. Die Personifizierung der transzendenten Weisheit soll etwa zu Beginn unserer Zeitrechnung stattgefunden haben. Der Buddhismus, der ursprünglich ein streng männliches System war und nur wenige weibliche Gottheiten zuließ, stellte nun ein weibliches Prinzip neben das männliche. Prajnaparamita ist ihrem Wesen nach sowohl Mutter als auch Jungfrau. Als »Mutter aller Buddhas« ist sie die Gebärerin vieler guter Taten, und als Jungfrau bleibt sie unbeteiligt und unberührt. Sie ruft in dem Gläubigen das Verlangen nach vollendeter Weisheit hervor. Ihre völlige Unnahbarkeit soll dazu beitragen, daß das Interesse an ihr (der Weisheit) immer lebendig bleibt. Der Verehrer dieser Gottheit denkt an die »transzendente Weisheit« mit derselben Intensität, mit der ein Liebhaber an seine Geliebte denkt.

Prajnaparamita wird entweder zweiarmig oder vierarmig dargestellt. In der folgenden Abbildung hält sie in ihren äußeren Händen das Buch der transzendenten Weisheit und den Vajra. Mit dem anderen Handpaar führt sie die Predigergeste aus.

Prajnaparamita

Ushnishavijaya

Ushnishavijaya (»die durch den Schädelwulst Siegreiche«), wird als Hüterin der Buddhaweisheit bezeichnet, die im Schädelauswuchs (Ushnisha) ihren Sitz haben soll. Wie der transzendente Boddhisattva Prajnaparamita wird sie als die Mutter aller Buddhas bezeichnet. In der Ikonographie wird Ushnishavijaya dreiköpfig und achtarmig dargestellt. In ihren Händen hält sie eine kleine Buddhafigur, einen doppelten Vajra, eine mit Juwelen gefüllte Vase und eine Schlinge (Pasha), mit der sie diejenigen, die der Lehre Buddhas nicht durch eigene Kraft zu folgen vermögen, an sich heranzieht.

Mit ihren Händen führt sie die Geste der Furchtabwendung (Abhaya-Mudra) und die Barmherzigkeitsgeste (Varada-Mudra) aus. Die Barmherzigkeitsgeste und die Vase deuten auf den Beistand hin, den Ushnishavijaya den Gläubigen anbietet. Mit der Furchtabwendungsgeste, die das Wohlwollen der Gottheit zum Ausdruck bringt, ermuntert sie die Gläubigen zum Nähertreten.

Ushnishavijaya (Nepal)

Der Sadhita Hevajra

Hevajra, der seinen Namen nach dem Hevajratantra, einem Text des 9. Jahrhunderts, erhielt, wird immer in Vereinigung mit seiner Shakti Nairatmya gezeigt. Ihre Vereinigung symbolisiert die unio mystica, in der alle Polaritäten aufgehoben sind. Hevajra hat sechzehn Arme, vier Beine und acht Gesichter, die alle ein Stirnauge tragen. Um seine Identität mit dem Adibuddha und seine Absolutheit auszudrücken, führt er mit seinem unteren Handpaar die Umarmungsgeste (Vajrahumkara-Mudra) aus.

Hevajra (Nepal, 19. Jahrhundert)

Die Schutzgöttin Marichi

Marichi, die »Leuchtende«, die als Beschützerin vor Krankheiten und Dieben gilt, gehört in die Kategorie der Götter. Im Unterschied zu den Bodhisattvas, die in der Lage sind, dem karmisch belasteten Heilsuchenden seine Last weitgehend abzunehmen, sind die Götter nicht in der Lage, heilsames Karma auf den Gläubigen zu übertragen, um ihm eine Erlösung zu ermöglichen. Die Götter (Devas) haben zwar durch ihr heilsames Karma (Tun) die höchste Daseinsform, die ein Wesen karmisch verwirklichen kann, erreicht, aber dennoch unterliegen sie wie die anderen Lebewesen den Zwängen der Wiedergeburt (Samsara). Da die Götter ein relativ glückliches Dasein führen, fällt es ihnen schwer, die Notwendigkeit der Erlösung einzusehen, und sie hören kaum auf die Belehrungen, die ihnen der transzendente Bodhisattva Avalokiteshvara zur Laute singt. Aus diesem Grunde können sie dem Gläubigen auch nicht auf seinem Weg zur Erlösung hilfreich sein. Sie sind zur Stelle, wenn es darum geht, diesseitige Wünsche zu erfüllen.

In der Abbildung unten führt die auf einem Eber sitzende Schutzgöttin Marichi mit der rechten Hand die Furchtabwendungsgeste (Abhaya-Mudra) aus, in der linken Hand hält sie eine Vase.

Marichi (Tibet)

Der Tarakult und seine Mudras

Der tibetische Buddhismus entwickelte nach und nach ein ganzes System von Ritualen und Übungen, die weibliche Gottheiten zum Gegenstand der Verehrung machten.

Eine der bekanntesten Göttinnen ist Tara (Stern), die Erlöserin, die die Erfüllung aller Wünsche gewährt. Sie wird verschiedenfarbig dargestellt: die Rote, Gelbe und Blaue Tara soll furchtbar, die Weiße und die Grüne Tara milde sein. Zwei Gattinnen des um 700 nach Christus in Tibet herrschenden Königs Sron Tsan Gampo, eine Nepalesin und eine Chinesin, werden mit der Weißen und Grünen Tara identifiziert. In China ist die barmherzige Göttin unter dem Namen Kwan-yin und in Japan unter dem Namen Kwannon bekannt. Beide galten als fromme Buddhistinnen, die ihren König für die Lehre des Erleuchteten begeisterten. Die barmherzige und mitleidvolle Tara gilt im allgemeinen als Shakti des Bodhisattva Avalokiteshvara, aus dessen Mitleidsträne sie nach einer Legende entstanden sein soll. Man sagt, daß sich aus seiner Träne ein See gebildet habe, aus dem eine wunderbare Lotosblüte hervorkam, in deren Mitte die schöne Tara thronte.

Die Weiße Tara hat sieben, die Grüne Tara neun verschiedene Inkarnationsformen.

Auf ikonographischen Abbildungen führen die Grüne und die Weiße Tara mit der rechten Hand die Barmherzigkeitsgeste (Varada-Mudra) und mit der linken die Diskussionsgeste (Vitarka-Mudra) aus. Während die Weiße Tara in strenger Lotospositur (Padmasana) sitzt, nimmt die Grüne Tara eine gelockerte Sitzhaltung ein. Bei dieser Haltung, die als Ardhaparyanka (halb um den Schoß herum) bezeichnet wird, ist das linke Bein an den Körper gezogen, der rechte Unterschenkel ist abgewinkelt und der rechte Fuß steht schräg auf einem Lotospodest.

Die hervorstechendsten Merkmale der Weißen Tara sind ihre sieben Augen. Sie hat außer ihren natürlichen Augen weitere auf der Stirn und den Hand- und Fußflächen. Dank dieser übernatürlichen Augen vermag sie alle Hilfesuchenden in der ganzen Welt wahrzunehmen.

Die Anbetung der Tara, die alle Tugenden Buddhas verkörpert, ist für den Gläubigen eine Möglichkeit, den Geist von allen schädlichen Einflüssen zu reinigen. Er meditiert über diese weibliche Gottheit und bringt ihr Opfergaben dar, um alle Sperren, die ein Hindernis für die Befreiung darstellen, aus dem Wege zu räumen. Durch die physische und geistige Ehrerbietung (Mudras, Mantras und Visualisation), die der Yogi seiner Göttin erweist, erlangt er Macht über alle Dämonen und ist fähig, alle Dinge zu verstehen und zu durchschauen. Nun kann er den Bereich des Überbewußtseins betreten und ohne weitere Verzögerung in Richtung Erleuchtung weiterschreiten. Will er dieses Ziel erreichen, muß er selbstverständlich die rechte Motivation entwikkeln, die darin besteht, zum Wohle und Nutzen aller fühlenden Wesen nach Erleuchtung zu streben. Ohne diese Bemühungen führt sein Streben statt zu einer Transzendierung des Ichs zu einem Anschwellen seines Egos.

Die Weiße Tara (Tibet)

Die Grüne Tara (Tibet)

Wie die anderen tantrischen Rituale umfaßt der Tara-Kult die drei Bereiche von Körper, Sprache und Geist. Jede rituelle Handlung, die erfolgreich
sein soll, muß nach tantrischer Theorie alle drei Seiten unseres Daseins ein-
schließen, den Körper, die Sprache und den Geist.

Durch Gesten, Sprache und Meditation erschafft der Yogi seine Göttin gleichsam aus einem Vakuum:

»Die Annahme des Tantrismus, diese Gottheiten hätten vor ihrer Erschaffung durch den Yogi in objektivem Sinne nicht existiert, ist ziemlich einzigartig; nur die ägyptischen Priester haben sich selbst ähnliche Fähigkeiten zugesprochen. Die meisten mythologischen Systeme würden es nicht wagen, ihre Gottheiten einer objektiven, unabhängigen Existenz zu berauben. Im allgemeinen gilt es als abfällig, von einer Gottheit zu sagen, sie sei »nicht vorhanden«. Hier aber sind die Gottheiten nur eine Spiegelung. Das Höchste ist die schöpferische Phantasie, die jedoch durch die Tradition eingeschränkt wird.[59]

Die Gottheit ist ebenso eine Illusion wie die Wohltaten, die der Yogi von ihr empfängt. Durch die Methode der aktiven Imagination identifiziert er sich mit seiner Göttin und wird nun selbst zur Gottheit. Der Anbetende und die Angebetete sind nun nicht mehr voneinander verschieden.

Die Tatsache, daß die gedanklichen Schöpfungen für den Schüler mehr Wirklichkeit besitzen als die gewöhnlichen Gegenstände seiner Umwelt, folgt aus der Natur der Wirklichkeit selbst, die Leere ist. Aus diesem Grund sind Visionen (Sadhana), Träume und Einbildungen wirklicher als die Gegenstände, auf die wir stoßen. Beherrscht der Schüler die Kunst des Schauens, das heißt, ist er so geschult im Hervorbringen gedanklicher Gebäude, daß er die äußere Welt als Manifestation des Geistes erblickt, so vermag er den Kontakt mit machtvollen Kräften, die wiederum Ergebnisse seiner Vorstellung sind, aufzunehmen. Diese Riten der aktiven Visualisation werden den Eigenschaften des Schülers, seinen Stärken und Schwächen, dem Grad seiner Intelligenz und dem Niveau seines Bewußtseins angepaßt. Nur dem fortgeschrittenen Schüler gelingt es, die Gottheit in seinen Körper eingehen zu lassen und für Stunden, gelegentlich für Tage in vollkommener Vereinigung, den Zustand von Samadhi (Glückseligkeit) zu erreichen.

Das Ritual

Im Tara-Ritual visualisiert der Yogi eine Vielzahl von Opfergaben, die er seiner Gottheit darbringt, rezitiert das dazugehörige Mantra und führt die passende Mudra aus. Das Ritual unterscheidet drei Bereiche, die äußeren Opfergaben, die inneren und die geheimen. Die äußeren Opfergaben umschließen

---

59 Conze, Seite 178

alle Dinge der materiellen Welt, die man einem königlichen oder göttlichen Gast anbietet. Diese äußeren durch Mudras dargestellte Gaben und die dazugehörenden Mantras sind folgende:

1. ARGHAM: Wasser für das Gesicht

2. PADYAM: Wasser für die Füße

3. PUSHPE: Blumen

4. DHUPE: Weihrauch

5. ALOKE: Lampen

6. GANDHE: Parfüm

7. NAIVIDYE: Essen

8. SHABDA: Musik

Die Mantras und die Verse

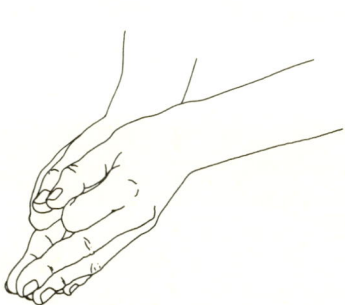

1. Herr, es ist gut, daß Du gekommen bist
   und uns die Möglichkeit gibst,
   Verdienste zu erwerben.
   Wir bitten Dich hierzubleiben,
   wenn Du unsere Opfergabe
   angenommen hast.

   OM GURU – SARUA-TATHAGATA
   PRAVARA – SATKARA – MA-
   HASTKARA – MAHA – ARGHAM,
   PRATICCHA HUM SVAHA!

»OM Guru und alle Tathagatas: Nehmt diese ausgezeichnete, respektvolle und große Opfergabe an, HUM SVAHA!«

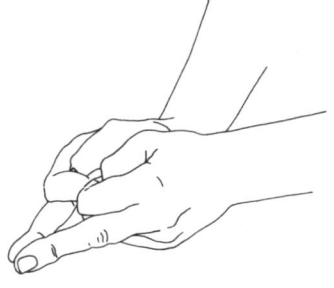

2. Genauso wie der Buddha bei seiner Geburt
von allen Göttern gebadet wurde,
bitten wir Dich, ebenfalls Deinen Körper
in diesem göttlichen Wasser zu baden.

OM GURU – SARVA-TATHAGATA
MAHA – PADYAM PRATIC-
CHA HUM SVAHA!

»OM Guru und alle Tathagatas: Nehmt dieses Wasser für Eure Füße an,
HUM SVAHA!«

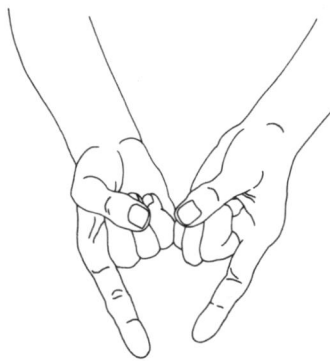

3. Lotosblüten, blaue, weiße und rote:
alle Arten von Blumen,
mit schönen Farben, schönen Formen und
süß duftend, wir bieten sie der
hochverehrtesten Inkarnation an.

OM GURU – SARVA-
TATHAGATA PUSHPE
PUJA – MEGHA – SAMUDRA-
SPHARANA – SAMAYE HUM!

»OM Guru und alle Tathagatas: Blumen: das Zusammenziehen des überquellenden Ozeans der Wolken von Opfergaben HUM!«

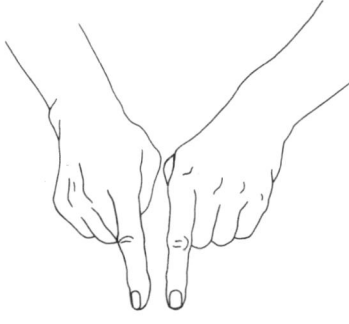

4. Pinienduft und all die süßesten Düfte,
die feinsten der ganzen Welt,
bieten wir der hochverehrtesten
Inkarnation an.

OM GURU – SARVA-
TATHAGATA DHUPE PUJA –
MEGHA – SAMUDRA –
SPHARANA – SAMANE HUM!

»OM Guru und alle Tathagatas: Weihrauch: das Zusammenziehen des überquellenden Ozeans der Wolken von Opfergaben HUM!«

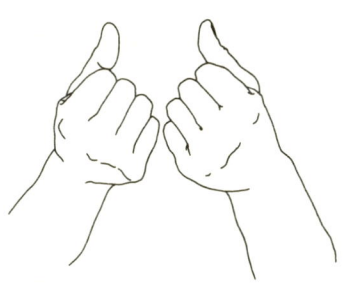

5. Butterlampen mit Herzen aus Öl,
Lampen aus Bambus und Zweigen aus
Obstbäumen, all diese erhellen
die Dunkelheit der Welt,
wir bieten sie der hochverehrtesten
Inkarnation an.

OM GURU – SARVA-
TATHAGATA ALOKE PUJA –
MEGHA – SAMUDRA –
SPHARANA – SAMAYE HUM!

»OM Guru und alle Tathagatas: Lampen: das Zusammenziehen des überquellenden Ozeans der Wolken von Opfergaben HUM!«

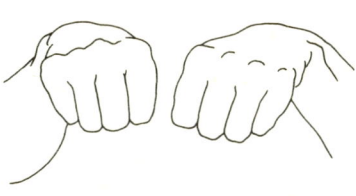

6. Kampfer, Sandelholz und Safran,
die am süßesten duftenden Parfums,
natürlich und gemischt, wir bieten sie
der hochverehrtesten Inkarnation an.

OM GURU – SARVA-TATHAGATA
GANDHE PUJA – MEGHA –
SAMUDRA – SPHARANA –
SAMAYE HUM!

»OM Guru und alle Tathagatas: Parfüm: das Zusammenziehen des überquellenden Ozeans der Wolken von Opfergaben HUM!«

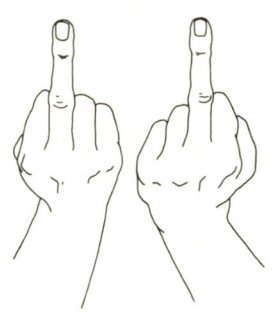

7. Gekochter Reis und anderes reines Essen,
vorbereitet in zahllosen Arten, Essen mit
hervorragendem Geschmack, wir bieten sie
der hochverehrtesten Inkarnation an.

OM GURU – SARVA-TATHAGATA
NAIVEDYE PUJA – MEGHA –
SAMUDRA – SPHARANA –
SAMAYE HUM!

»OM Guru und alle Tathagatas: Essen: das Zusammenziehen des überquellenden Ozeans der Wolken von Opfergaben HUM!«

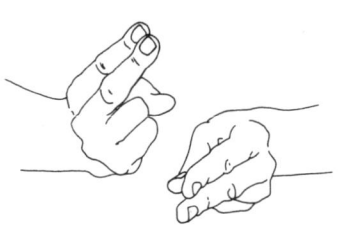

8. Großartige Trommeln, Trompeten,
   Zimbeln, die Gäste der Musik,
   all die melodischsten Klänge der Welt,
   wir bieten sie der hochverehrtesten
   Inkarnation an.

   OM GURU – SARVA-TATHAGATA
   SHABDA PUJA – MEGHA –
   SAMUDRA – SPHARANA –
   SAMAYE HUM!

»OM Guru und alle Tathagatas: Musik: das Zusammenziehen des überquellenden Ozeans der Wolken von Opfergaben HUM!«

Ein anderes Beispiel für die acht äußeren Opfergaben sind die acht Zeichen des Glücks:

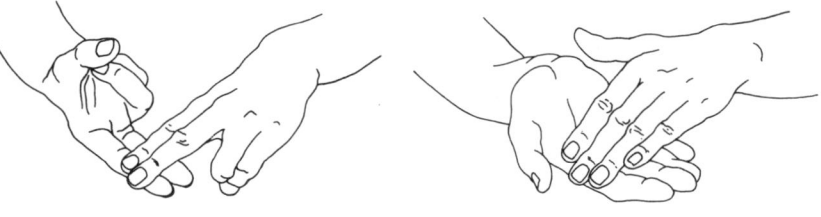

1. SHRI-VATSYA
   der Knoten

2. SUVARNA-CHAKRA
   das goldene Rad

3. PADMA-KUNJARA
   die Lotosblume

4. KUNDA-DHVJA
   das Siegesbanner

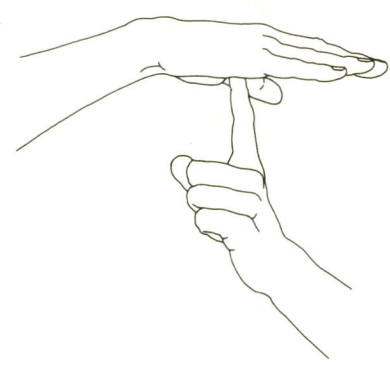

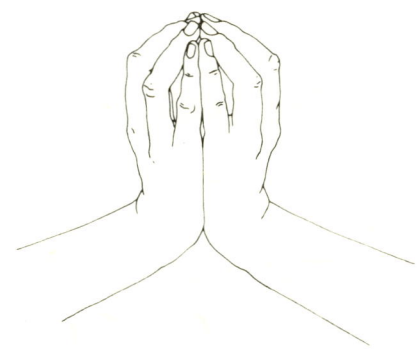

5. SITATAPATRA
der weiße Schirm

6. NIDI-GHATA
der Schatz

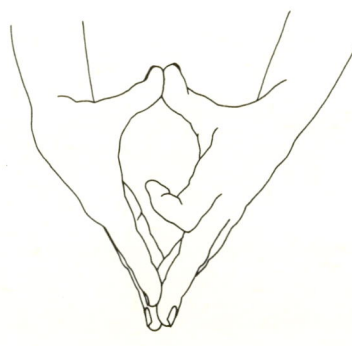

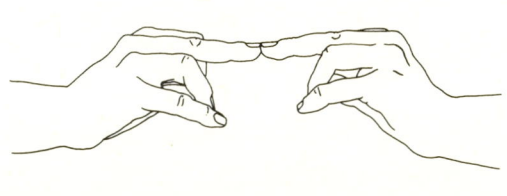

7. SHANKHA-VARTA
die Trompetenschnecke

8. KANAKA-MATSYA
der goldene Fisch

Als nächstes werden der Göttin die inneren Opfergaben angeboten, die aus der Befriedigung der Sinne bestehen. Für diese Opfergaben gibt es keine begleitenden Mudras. Der Yogi nimmt eine Schale mit Wasser in seine linke Hand, taucht den rechten Finger ins Wasser und spritzt einige Tropfen Wasser auf den Boden und rezitiert das Mantra OM PANCHA-AMRITA-PUJA KHAHI! »OM iß diese Opfergabe der fünf Nektars!«

Durch die sechzehn geheimen Opfergaben bietet der Yogi seiner Göttin sinnliche Vergnügen an:

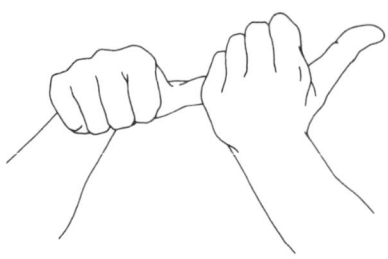

1. VAJRA-VINE
   Göttin der Diamant-Laute

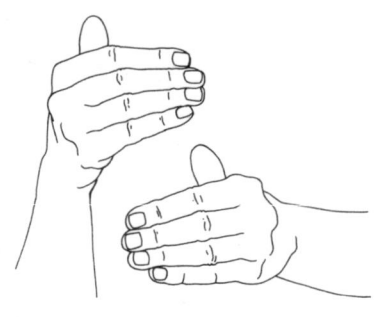

2. VAJRA-VAMSHE
   Göttin der Diamant-Flöte

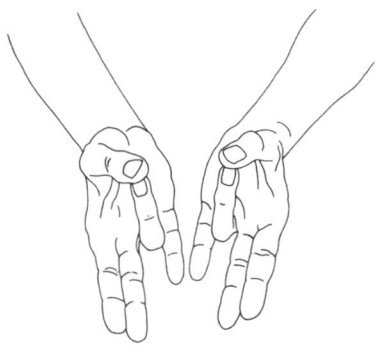

3. VAJRA-MURAJE
   Göttin des Diamant-Tabor
   (indisches Instrument)

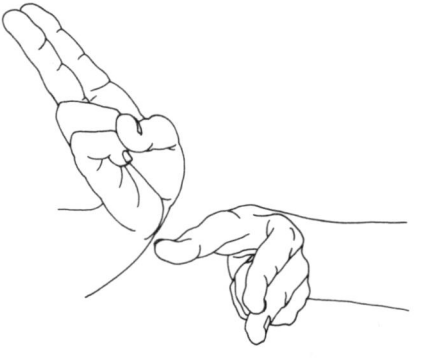

4. VAJRA-MRIDAMGE
   Göttin der Diamant-
   Trommel

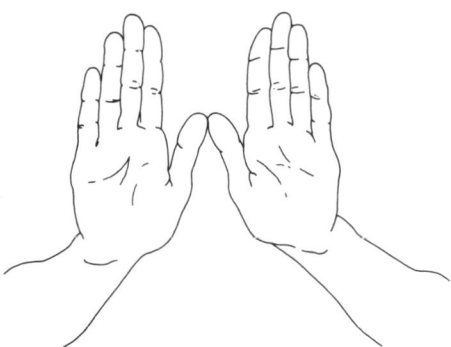

5. VAJRA-HASYE
   Göttin des Diamant-Lachens

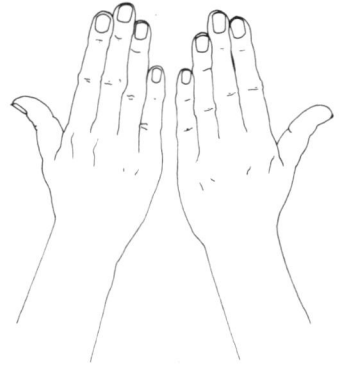

6. VAJRA-LASYE
   Göttin der Diamant-Mimik

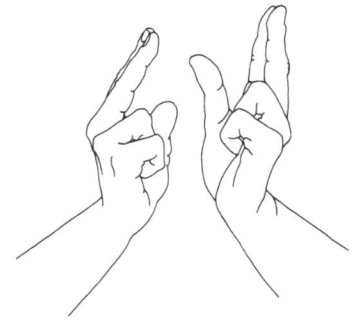

7. VAJRA-GITE
   Göttin des Diamant-Gesanges

8. VAJRA-NRITYE
   Göttin des Diamant-Tanzes

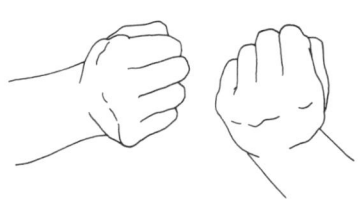

9. VAJRA-PUSHPE
   Göttin der Diamant-Blumen

10. VAJRA-DHUPE
    Göttin des Diamant-
    Weihrauchs

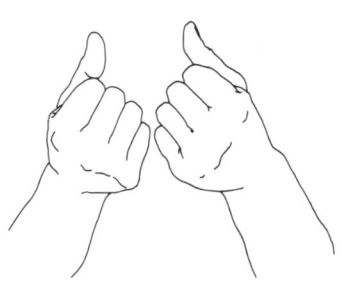

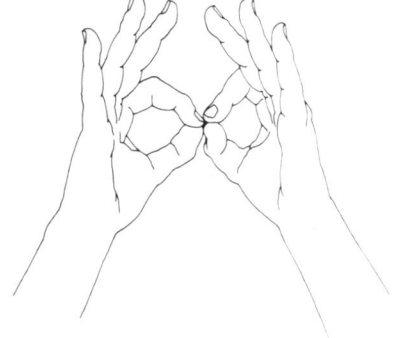

11. VAJRA-ALOKE
    Göttin der Diamant-Lampen

12. VAJRA-GANDHE
    Göttin des Diamant-
    Parfüms

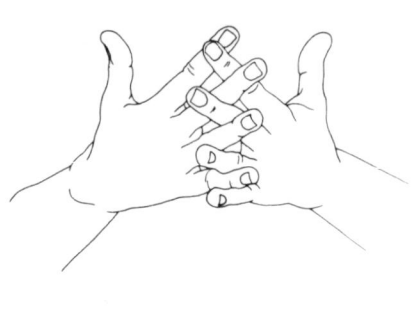

13. VAJRA-DARSHE
Göttin des Diamant-Sehens

14. VAJRA-RASYE
Göttin des Diamant-
Geschmacks

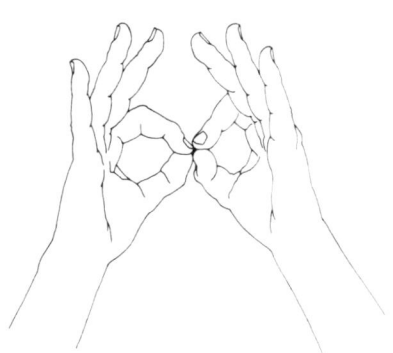

15. VAJRA-SPARSHE
Göttin des Diamant-Tastens

16. VAJRA-DHARME
Göttin des Diamant-Gei-
stes (mentale Ereignisse)

Die Mantras zu den sechzehn geheimen Opfergaben:
1. Die heilige geheimste aller Opfergaben:
   die blaue Göttin, die die Laute spielt,
   die schöne Göttin mit dem Diamanten und der Glocke in ihren Händen:
   möge sie die Ruhmreichen mit der höchsten Wonne erfreuen.
   OM AH VARJA-VINE HUM!
2. ...die gelbe Göttin, die die Flöte spielt,
   OM AH VAJRA-VAMSHE HUM!
3. ...die rote Göttin, die den Tabor spielt,
   OM AH VAJRA-MURAJE HUM!
4. ...die grüne Göttin, die die Trommel spielt,
   OM AH VAJRA-MRIDAMGE HUM

5. …die lachende rote Göttin, deren Haltung stolz und lachend ist, macht den süßesten aller Töne
OM AH VAJRA-HASYE HUM

6. …die sinnliche blaue Göttin, deren Haltung stolz und sinnlich ist, macht den süßesten aller Töne
OM AH VAJRA-LASYE HUM

7. …die singende grüne Göttin…
OM AH VAJRA-GITE HUM

8. …die tanzende gelbe Göttin…
OM AH VAJRA-NRTYE HUM!

9. …die weiße Göttin mit Blumen in einem Lotosgefäß
OM AH VAJRA-PUSHPE HUM

10. …die blaue Göttin mit Weihrauch in einem Lotosgefäß
OM AH VAJRA-DHUPE HUM

11. …die rote Göttin mit einer Lampe in einem Lotosgefäß
OM AH VAJRA-ALOKE HUM

12. …die grüne Göttin mit Parfüm…
OM AH VAJRA-GANDHE HUM

13. …die weiße Göttin des Sehens mit einem Spiegel in einem Lotosgefäß.
OM AH VAJRA-DARSHE HUM

14. …die rote Göttin des Tastens mit einer Trompetenschnecke in einem Lotosgefäß.
OM AH VAJRA-RASYE HUM

15. …die gelbe Göttin des Tastens mit einem Stück Stoff in einem Lotosgefäß.
OM AH VAJRA-SPARSHE HUM!

16. …die blaue Göttin des Geistes mit der Quelle aller Ereignisse in einem Lotosgefäß.
OM AH VAJRA-DHARME HUM

Die Mandala-Mudra

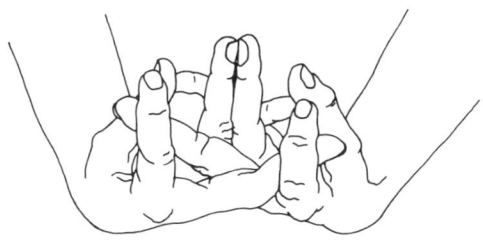

Der Ringfinger symbolisiert den Berg Meru und die anderen Finger die vier Hauptgebiete, die ihn umgeben.

Diese Mudra, die eine der wichtigsten im Tara-Kult ist, stellt die Gottheit im golden Reich des Berges Meru dar. Dieser Berg ist ein mystischer Berg, der Tausende von Meilen in die Höhe ragt. An seinem Fuß befinden sich die Höllen, nahe seinem Gipfel die Himmel. Sieben Ringe goldener Berge, die durch sieben Meere voneinander getrennt sind, umschließen diesen zentralen Berg. Außerhalb dieser Ringe erstreckt sich ein Ozean mit vier Kontinenten, je einem in jeder der Haupthimmelsrichtungen. Das Kalachakra beschreibt dieses Universum als ein Mandala, in dessen Zentrum sich der Weltberg Meru befindet. Der Yogi visualisiert dieses Mandala manchmal in seinem eigenen Körper:

> »Stelle dir den zentralen Teil (die Wirbelsäule) deines Körpers als den Berg Meru vor, die vier Hauptglieder als die vier Kontinente, die vier kleineren Glieder als die Unterkontinente, den Kopf als die Welten der Devas, die beiden Augen als Sonne und Mond.«[60]

Indem der Yogi den Anthropokosmos visualisiert, erkennt er, daß alles in seinem eigenen Körper zu finden ist. Durch den vollkommen harmonischen Aufbau des Mandala, in dem nichts fehlt, erkennt er die Welt als Nirvana und sieht alle Wesen als Buddhas an. Durch zahlreiche Meditationen über dieses Mandala erkennt und fühlt er schließlich, daß, wo immer er hingeht, die zentrale Gottheit am selben Ort bleibt.

Durch die Visualisierung des Berges Meru hat der Yogi eine innere Ausgeglichenheit und Festigkeit gewonnen, die er nun auch, nachdem er vom Gipfel zurückgekehrt ist, im täglichen Leben aufrechtzuerhalten vermag.

Die Geste, die um Verabschiedung bittet.

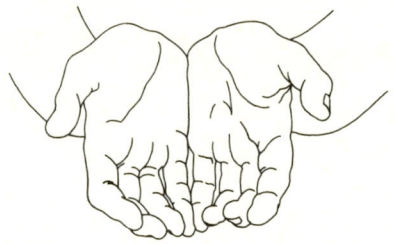

Ist das Ritual beendet, so führt der Yogi die Verabschiedungsgeste aus und spricht dazu folgendes Mantra:

OM! Du hast dem Ziel aller Lebewesen gedient:
Gewähre uns die entsprechenden magischen Fähigkeiten!
Obwohl Du in Dein Buddhaland abreist,
bitte ich Dich zurückzukehren. OM VAJRA MUH.

60 Zitiert bei Eliade, Mircea: *Yoga. Unsterblichkeit und Freiheit*, Seite 245

Kapitel 5

Mudras des Hatha-Yoga

Im Hatha-Yoga, dessen Wurzeln im Tantrismus liegen, bezeichnet das Wort Mudra sowohl Hand- als auch Körperstellungen.

Die Gheranda-Samhita, die den Hatha-Yoga behandelt, beschreibt 25 Mudras, die nicht nur positiv auf Körper und Geist einwirken, sondern auch spirituelle Kräfte erwecken. Die Mudras sensibilisieren den Übenden, die Botschaften seines Körpers intensiver wahrzunehmen und mit seinem Körper zu kommunizieren. Führt der Yogi eine Mudra aus, so läßt er sein Bewußtsein alle Fasern seines Körpers durchziehen und gibt sich den subtilen Kräften hin, die ihn durchlaufen.

Durch die Verwendung der Mudras und der Bhandas (Kontraktionen) vermag man auch den Atem und die Muskeln sowie die Nerven der Genitalgegend zu beherrschen. Die Kontrolle des Atems (Pranayama) und der Genitalgegend bewirkt einen Stillstand der störenden Gedanken, ein »Unbeweglichmachen« der Bewußtseinszustände. Der Hatha-Yogi, der diese Technik beherrscht, wird nicht mehr durch die rastlosen Tätigkeiten seines Geistes gestört, sondern befindet sich in einem Zustand tiefer Konzentration und erlebt vollkommene Ruhe und Frieden.

Einige tantrische Schulen haben die Mudras mit sexuellen Praktiken kombiniert, um den Aufstieg der Kundalini zu beschleunigen. Kundalini ist die wie eine Schlange zusammengerollte Urkraft, die sich am Ende des Kanals, der in der Wirbelsäule liegt, befindet. Mit Hilfe bestimmter Mudras steigt sie empor in das oberste Chakra (Abbildung der Chakras S. 234), zum Zentrum des reinen Lichts. Der Weg der Kundalini soll zur großen Erfahrung der Freiheit führen, die in der Vereinigung der Gegensätze und damit in ihrer Aufhebung liegt.

Die Wurzeln des Hatha-Yoga im Tantrismus

Der Name Hatha weist auf die tantrische Lehre hin, auf der der Hatha-Yoga aufgebaut ist. Im Tantrismus symbolisiert »Ha« die positive Energie, die Sonne, und »Tha« die negative, den Mond. Hatha ist somit Ausdruck für das

Gleichgewicht zwischen positiven und negativen Strömungen im Menschen. Die Einheit von Sonne und Mond entspricht der Verschmelzung von Shiva und Shakti. Diese Dialektik der Gegensätze ist das Lieblingsthema der Tantriker, die auf die Vereinigung der Gegensätze zielen und damit die Rückkehr zur ursprünglichen Einheit wiederfinden. Die Verbindung der Gegensätze wird in den tantrischen Texten als Maithuna (Vereinigung) bezeichnet. Diese Vereinigung, die traditionsgemäß von einem Guru vorbereitet wurde, vollzieht sich heute meist durch Sublimierung auf geistiger Ebene und wird durch entsprechende Götterpaare oder Symbole dargestellt. Überall in der hinduistischen Kunst Indiens und in der buddhistischen Kunst besonders Tibets und Nepals findet man das zur mystischen Einheit verbundene göttliche Paar.

Der Tantrismus unterscheidet ein rechtshändiges und ein linkshändiges Tantra. Der Unterschied zwischen beiden Gruppen besteht hauptsächlich in ihrer Haltung zur Sexualität. Während das rechtshändige Tantra auf rein geistiger Ebene mit Hilfe von Symbolen praktiziert wird, wird das linkshändige real durchgeführt.

Durch die sexuelle Vereinigung im linkshändigen Tantra verwandelt sich das menschliche Paar in ein göttliches. Im Hinduismus liegt die ganze Aktivität auf seiten der Shakti, der Liebenden, während der Gott völlig unbeweglich bleibt. Die Vorstellung, daß das Männliche mit dem Passiven gleichgesetzt wird, ist in dem Gedanken zum Ausdruck gekommen, Shiva sei die Matratze der Göttin oder ihr Fußschemel.

In den buddhistisch-tantrischen Texten spielt der männliche Liebhaber die aktive Rolle im yogischen Liebesakt:

>»Bald nachdem er seine Partnerin (Mudra) umarmt und sein Glied in ihr ›Varja-Haus‹ (zuführender Sandha-Begriff für Vulva) eingeführt hat, trinkt er von ihren Lippen, die von Milch tröpfeln, bringt sie zum zärtlichen Girren, genießt reiche Freuden und läßt ihre Schenkel zittern; Cupido, das diamantene Wesen (Vajrasattva) des Mannes wird offenbar.«[61]

Warum im Buddhismus die dynamische Funktion dem männlichen Prinzip und die statische dem weiblichen zufällt, ist bis heute noch nicht endgültig geklärt. Einige Forscher sind der Ansicht, daß sich der chinesische Einfluß des Taoismus, in dem das männliche Element (Yang) als das dynamische und das weibliche (Yin) als das statische erscheint, in dem tibetisch-buddhistischen Yab (männlich)- Yum (weiblich)-Prinzip bemerkbar macht. Es mag jedoch sein, daß die Zuordnung rein willkürlich geschah.

---

61 Zitiert bei Bharati, Seite 172

Bei der sexuellen Vereinigung (Maithuna) handelt es sich nicht um einen profanen Akt, sondern um eine Verbindung, in der das Paar, losgelöst wie die Götter, nicht mehr dem Gesetz des Todes unterworfen ist. Das unaussprechliche Erlebnis der Einheit wird als Zustand der Unbedingtheit, der reinen Spontaneität (Sahaja) bezeichnet.

Tantrisches Paar (Madras, 18. Jahrhundert)

Beim Maithuna darf der Samen nicht ausgegeben werden, da der nirvanische Glückseligkeitszustand nur durch das Unbeweglichmachen des Atems, des Denkens und des Samens erreicht werden kann. Die tantrischen Techniken wollen dem Menschen helfen, zu lernen, sich zu konzentrieren. Diese Konzentration oder Eingestimmtheit wird durch die tantrische Technik vom dreifachen Stillstand erreicht.

Dieser Stillstand wird hierarchisch verstanden. Die Atemkontrolle ist der erste und leichteste Schritt, die Kontrolle des Samenergusses während der sexuellen Vereinigung ist der nächsthöhere, die Gedankenbeherrschung der höchste Schritt. Diese Kontrollen, die man unter der Anleitung eines persönlichen Lehrers lernen kann, müssen schließlich simultan vor sich gehen. Der Guru, dem es gelungen ist, diese Kontrollen in sich zu stabilisieren, ist allein in der Lage, seinen Schüler hinsichtlich seiner potentiellen Fähigkeit zur Erlangung dieser Disziplinierung zu beurteilen. In enger Symbiose wird er seinen Schüler lange Zeit beobachten. Der Guru entscheidet auch, welches Mantra er seinem Schüler erteilen wird, durch das dieser dann die dreifache

Beherrschung lernen kann, die zur Ekstase führt. Dreimal flüstert der Lehrer seinem Schüler das Mantra ins rechte Ohr und läßt es dreimal von ihm wiederholen. Das Mantra darf nicht aufgeschrieben werden, da es sonst seine Wirkung verlieren würde.

Die Atembeherrschung kann man relativ leicht erlernen. Das Verfahren ist ungefähr folgendes: Das Mantra dient dem Eingeweihten als Zeiteinheit, um das Anhalten des Atems zu praktizieren. Als nächstes lernt er, die Atemkontrolle zusammen mit seiner Shakti oder seiner Mudra (Name der weiblichen Partnerin im Buddhismus) zu praktizieren. Er geht mit ihr die geschlechtliche Vereinigung ein, die vom Guru bis ins kleinste Detail und in allen Variationen erklärt wurde. Meistens sitzt die Eingeweihte rittlings auf dem Schoß des Yogi, der seinerseits eine der traditionellen yogischen Haltungen einnimmt. Die buddhistische Ikonographie, vor allem aber die tibetische, zeigt eine große Vielfalt dieser Positionen, um die Verschmelzung der Gegenpole und die Stillung aller Spannungen bildhaft auszudrücken.

Der dreifache Stillstand drückt die zugrundeliegende Idee aus, daß jegliche körperliche und geistige Aktivität aufhört und in eine Art »fokussierte Rezeptivität« übergeht. Sudhir Kakar, ein indischer Psychoanalytiker, beschreibt diesen Zustand folgendermaßen:

»Mit fokussierter Rezeptivität meine ich die Umschreibung eines besonderen psychologischen Zustandes (›Bewußtseinszustandes‹, wie der heutige gängige modische Ausdruck lautet), der sich von unserem normalen, geistig aktiven und problemlösenden Denken unterscheidet, das das Erbteil unserer Entwicklung vom Säuglingsalter zum Erwachsenenalter ist. In mancher Hinsicht dem verwandt, was Keats die ›negative Fähigkeit‹ des Künstlers genannt hat, ein Zustand, in dem es ›kein Greifen nach Tatsache und Grund gibt‹, ist die Aufmerksamkeit eines Menschen im Zustande fokussierter Rezeptivität zwar konzentriert, aber nicht gerichtet. Die Art von Rezeptivität, die ich hier meine, ist auch nicht einfach gleichzusetzen mit einem passiven Zustand. Fokussierte Rezeptivität ist von einer angespannten Konzentration erfüllt, die jedoch nicht zu kategorisiertem Denken oder aktivem Erfassen von Wahrnehmungen benutzt wird, sondern zu wacher, nichtdiskursiver Kontemplation.«[62]

Der Moment der Spannung, der durch die simultane Atembeherrschung während der Vereinigung mit der Shakti oder Mudra entsteht, bewirkt offensichtlich einen Stillstand der störenden Gedankenfunktionen. Dieser dreifache Stillstand wird in der tantrischen Geheimsprache verschiedentlich als

---

62 Kakar, Sudhir: *Schamanen, Heilige und Ärzte*, Seite 185, 186

»drei Juwelen« oder »drei Nektararten« bezeichnet. Die Gedanken werden oft wegen ihres unsteten Wesens als Affe, der sich schwer kontrollieren läßt, der Atem wegen seiner langsamen und beharrlichen Bewegung als Krokodil und das Sperma als Sonne, als Nektar oder als Erleuchtungsgeist bezeichnet.

Man teilt die Tantriker in zwei Klassen ein, in die Samayin, die sich bemühen, die Vereinigung durch spirituelle Übungen zu erreichen, und in die Kaula, die sich konkreten Ritualen widmen. Die Doppeldeutigkeit des erotischen Vokabulars in der tantrischen Literatur macht es dem Leser schwer, festzustellen, bis zu welchem Punkt die Beschreibung eines Rituals wörtlich zu nehmen ist.

Der Tantrismus lehrt, daß ein Mensch nur dann befreit ist, wenn er »die sexuelle Differenzierung rückgängig macht und seine Geschlechtsidentität in eine Art Bisexualität auflöst. Die Einsicht des Tantrikers, daß er in seinem eigenen Körper Männliches und Weibliches besitzt, das Erleben einer ständigen doppelten Freude des »Zwei-in-eins« und die Wiederherstellung einer Ur-Androgynie sind das große Ziel unzähliger tantrischer Praktiken.«[63] Der oberste indische Zwitter ist natürlich Shiva. In den hinduistischen Mythen tritt er oft als »Halb-Mann-Halb-Frau« auf.

Die Tantriker »scheinen auch in erfrischendem Maße frei zu sein von der konventionellen Vorstellung, daß Aktivität männlich und Passivität weiblich ist und können daher zwischen aktiven und passiven Seinszuständen hin- und heroszillieren, ohne das Gefühl zu haben, daß ihre Identität hierdurch bedroht ist.«[64]

Das tantrische Körperbild

Im Gegensatz zur westlichen Vorstellung, die alle Körperöffnungen als schmutzige Einfallspforten ansieht, betrachtet der tantrische Hatha-Yogi seinen Körper als ein »Haus mit einer Säule und neun Toren«, dem die fünf Gottheiten vorstehen und mit dessen Hilfe man Vollkommenheit zu erreichen vermag. Der Körper ist ein heiliger Tempel, ein Ort der Seligkeit. Ziel des tantrischen Hatha-Yoga ist, den Körper völlig zu kontrollieren, zu verklären, zu heiligen, damit er sich in einen »göttlichen Körper« verwandelt. Die Wichtigkeit des kostbaren Menschenkörpers wird im Tantrismus deshalb so betont, weil die Erleuchtung niemals von außen kommen kann. Alles ist im Körper beziehungsweise im Bewußtsein vorhanden. Der Körper ist eine Quelle tiefster Weisheit, eine Möglichkeit, sich selbst zu erforschen und zu erfahren.

63 Kakar, Seite 161
64 Zitiert bei Kakar, Seite 186

Der menschliche Körper ist mit dem physischen Teil des Kosmos, mit der Natur identisch. Der Mensch ist ein winziges Abbild des großen Kosmos. Alle Eigenschaften, die im Kosmos gegenwärtig sind, sind auch im Menschen angelegt.

Nach Ansicht des Tantrismus befindet sich der Körper wie die Natur mit ihren unablässigen Veränderungen der Materie in einem Zustand des ununterbrochenen Fließens. Ein bengalischer Text aus dem 19. Jahrhundert drückt den innigen Zusammenhang zwischen Körper und Kosmos so aus:

»In diesem Universum gibt es ein großes Rad der verwandelnden Kraft (Maya-Chakra), das sich unablässig dreht. Die kleinen einzelnen Räder der verwandelnden Kraft in den Körpern von Lebewesen sind mit diesem Rad verbunden. Wenn sich ein großes, dampfgetriebenes Rad als Antriebskraft bewegt, bewegen sich alle Teile der Maschine mit und erfüllen reibungslos ihre Aufgaben. Ähnlich ist es mit den kleinen Rädern der verwandelnden Kraft, die sich, durch die Verbindung zum großen Rad, im Körper der einzelnen Lebewesen bewegen: Sie helfen mit bei der Erfüllung von Körperfunktionen wie der Regulierung des Blutkreislaufes, der Verdauung der Nahrung, dem Einatmen und Ausatmen, der Vorwärts- und Rückwärtsbewegung.«[65]

Angesichts der westlichen Vorstellung, nach der sich der Körper deutlich gegen die übrigen Objekte in der Welt abhebt, ist es begreiflich, daß »die kurioseren indischen Vorstellungen über die Auswirkungen der natürlichen Welt auf Körper und Seele des Menschen, zum Beispiel über die Auswirkungen von Planetenkonstellationen, Erdböden, Magnetfeldern, Jahreszeiten- und Tagesrhythmen, Edelsteinen und Edelmetallen summarisch ins Reich der Phantasie verwiesen werden, wo sie nur für die kleine Gruppe der ›Spinner‹ in der westlichen Gesellschaft von Interesse sind.«[66]

Geschichte und Mythologie

Bereits aus der Harappa- und Mohenjo-Daro Kultur, deren Höhepunkt sich zwischen 2500 und 2000 vor Christus ansetzen läßt, fand man in ikonographischen Darstellungen die im Hatha-Yoga verwendeten Körperpositionen. Sogar der Gott Shiva wurde als Gott mit drei Gesichtern, auf einem niedrigen

65 Zitiert bei Kakar, Seite 242, 243
66 Kakar, Seite 244, 245

Thron sitzend, in einer charakteristischen Yoga-Stellung mit gekreuzten Beinen gezeigt.

Die Veden, die Upanishaden, das Mahabharata und die Bhagavad-Gita beschreiben die im Hatha-Yoga dargestellten Körperhaltungen, ohne jedoch das Wort Hatha zu erwähnen. Der Begriff Hatha-Yoga ist mit dem Namen eines Asketen verknüpft: Goraknath, der Begründer des Kanphata-Yogi-Ordens. Goraknath soll in enger Beziehung zum tantrischen Buddhismus und Hinduismus gestanden haben. Über die geschichtliche Persönlichkeit dieses Mannes ist fast nichts bekannt, außer, daß er zwischen dem 9. und 12. Jahrhundert nach Christus gelebt haben soll. Er verwirklichte eine Synthese zwischen den Elementen des tantrischen Buddhismus und denen des shivaitischen Tantrismus, der Magie, der Alchemie und des Yoga. Die Literatur der Kanphata-Yogis enthält eine Anzahl hathayogischer Texte, wie Hatha-Yoga-Padipika, Gheranda-Samhita und Shiva-Samhita. Auch diese Texte beschäftigen sich mit den vom Tantrismus gepriesenen sexuellen Praktiken, doch fällt der Magie und dem Yoga als Mittel zur Erlangung der Freiheit und »Unsterblichkeit« eine größere Rolle zu. Die Goraknathi gelten als Zauberer und Heiler und stehen im Ruf, überirdische Kräfte zu besitzen. Für sie ist Shiva ihr höchster Gott und Begründer des Yoga.

Nach einer Überlieferung soll Matsyendranath der Guru Goraknaths gewesen sein und die Offenbarung direkt von Shiva erhalten haben. Der Mythos spricht von einem Initiationsgespräch zwischen Shiva und seiner Frau Parvati, der Schwester der Ganga (Ganges) und Tochter des Himalaya. Shiva lehrte eines Tages seine Frau am Ufer des Meeres die Yogadisziplin. Parvati war zwar dabei eingeschlafen, aber Matsyendranaht hatte zum Glück alles gehört, denn er hatte sich in Gestalt eines Fisches im Wasser verborgen.

Die Gheranda-Samhita

Die Gheranda-Samhita, die den Hatha-Yoga behandelt, ist ein Dialog zwischen Gheranda und Chandakapali. Einige Verse stimmen wörtlich mit denen aus den Abhandlungen der Hatha-Yoga-Pradipika (wörtlich: kleine Lampe des Yoga) überein. Die Gheranda-Abhandlung ist in sieben Teile oder Sadhanas gegliedert. Der erste Teil beschreibt die Reinigungen, von denen sechs Arten unterschieden werden: Dhauti, Bhasti, Neti, Nauli, Trataka und Kapala-Bhati. Der zweite Teil bezieht sich auf die Asanas, die Körperstellung, von denen 32 beschrieben werden.

Der dritte Teil beschreibt 25 Mudras, die einen großen Einfluß auf den Körper und auf die Psyche haben. Im vierten Teil spricht Gheranda von Pratyahara, dem Entzug der Empfindungstätigkeit von der Herrschaft der Außenwelt, im fünften von Pranayama, der Kontrolle über den Atem, im sechsten über die verschiedenen Meditationstechniken und im siebten über den Zustand von Samadhi (Glückseligkeit).

Die Gheranda-Samhita weist auf den therapeutischen Effekt dieser verschiedenen Übungen hin. Werden die Asanas, die Atemübungen, die Bandhas und die Mudras über längere Zeit ausgeführt, so vermögen sie:

»unstetes oder nervöses Verhalten einzudämmen, Begeisterung im Inneren des Leibes zu entwickeln, die innere Stabilität so weit aufzubauen, daß Temperaturschwankungen und Wettereinflüsse ertragen werden können, die Geschmacksqualität und das Gefühl der Schleimhaut des Mund- und Rachenraums zu verändern und überhaupt das Befinden im gesamten Verdauungstrakt und in der äußeren Haut des Körpers positiv zu stimmen. Doch wieso solch einfach aussehende Körperhaltungen und Atemtechniken mit so weitreichenden Wirkungen in Zusammenhang gebracht werden, ist nur erklärlich durch einen Rückgriff auf den Hauptgedanken dieser Schrift: Der Körper des Menschen ist die Vermittlungsinstanz zwischen dem menschlichen Lebenswillen schlechthin und seinen Umweltbedingungen. Die Äußerungen des Körpers (Haltung und Atmung) sind empfindliche Fühler dieser Vermittlung.«[67]

Die Ausführung der Mudras

Jnana-Mudra, die Geste des Wissens

Ausführung
- Nehmen Sie die Meditationsstellung ein.
- Die Handfläche schaut nach oben zum Himmel, alle Finger, der Daumen eingeschlossen, sind gestreckt. Der Zeigefinger schließt sich mit dem Daumen zu einem Ring. Der Nagel des Zeigefingers berührt das Innere des Daumens in der Grube des ersten Daumengliedes.
- Legen Sie die Handrücken in der so beschriebenen Weise auf die Knie.

67 Lobo, Rocqe: *Jahrbuch für Yoga*, Seite 46, 47

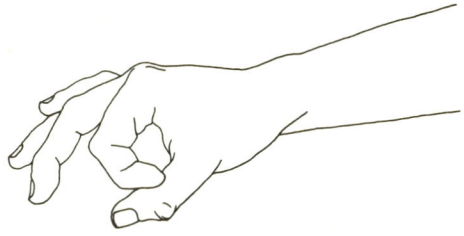

Chin-Mudra, die Geste des Wissens

Ausführung
- Die Handflächen schauen diesmal statt nach oben zum Himmel nach unten zur Erde.

Beide Mudras können in der Meditationsstellung benutzt werden. Jeder Finger hat seine eigene symbolische Bedeutung. Der kleine Finger, Ringfinger und Mittelfinger symbolisieren die drei Gunas (Eigenschaften): Tamas (Dunkelheit, Lethargie), Rajas (Aktivität, Leidenschaft) und Sattwa (Reinheit, Weisheit). Der Zeigefinger symbolisiert Jivatma (individuelle Seele) und der Daumen Paramatma (das äußerste kosmische Bewußtsein). Die Vereinigung von Daumen und Zeigefinger stellt das Ziel des Yoga dar: die kosmische Integration von Ich und Selbst.

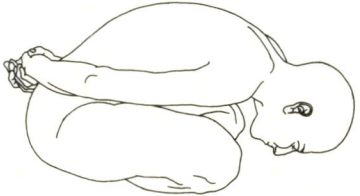

Yoga-Mudra, das Siegel des Yoga

Ausführung
- Setzen Sie sich in den Lotossitz.
- Entspannen Sie Ihren Körper und schließen Sie die Augen.
- Mit der rechten Hand umgreifen Sie das linke Handgelenk hinter dem Rücken (oder umgekehrt).
- Atmen Sie tief ein, und beugen Sie sich beim Ausatmen langsam nach vorne, indem Sie das Kinn so weit wie möglich vorstoßen.
- Bleiben Sie für einen Moment unbeweglich in dieser Stellung und atmen Sie tief und regelmäßig.

Dauer
- Anfänger: ungefähr eine Minute
- Fortgeschrittene: zehn bis fünfzehn Minuten oder sogar länger.

Wirkung
Yoga-Mudra wirkt vor allem auf den Unterleib und auf die Wirbelsäule. Durch das Vorbeugen senkt sich das Zwerchfell und drängt die Eingeweide

nach unten, was zu einer allgemeinen Stimulation aller im Bauch lebenswichtigen Funktionen führt. Die Krümmung des Rückens bewirkt, daß die ganze Wirbelsäule geschmeidig wird. So wird nach Ansicht der Yogis das Wecken der Kundalini, die im untersten Teil der Wirbelsäule schläft, beschleunigt.

Bhuchari-Mudra, der Blick ins Leere

Ausführung
- Setzen Sie sich in den Meditationssitz.
- Setzen Sie sich am besten vor eine weiße Wand, damit Sie durch nichts abgelenkt werden.
- Legen Sie Ihre linke Hand auf das Knie.
- Heben Sie die rechte Hand bis zu Ihrem Gesicht, der Arm ist horizontal und der Ellenbogen gekrümmt.
- Die Hand ist ausgestreckt, die Handinnenfläche zeigt nach unten, und die Finger sind nach links gerichtet.
- Legen Sie den Daumen zwischen Nase und Oberlippe.
- Fixieren Sie die Augen auf den kleinen Finger.
- Nehmen Sie nach einem Moment die Hand weg und legen Sie sie auf das rechte Knie, aber hören Sie nicht auf, die Stelle zu fixieren, wo sich Ihr kleiner Finger befunden hat.
- Verharren Sie so lange wie möglich in dieser Stellung, und konzentrieren Sie sich auf die Leere.
- Denken Sie an nichts anderes als an die Leere.

Wirkung
- Entwickelt das Gedächtnis und die Konzentrationsfähigkeit.
- Bereitet in ausgezeichneter Weise auf die Meditation vor.
- Begünstigt die Geistesruhe.

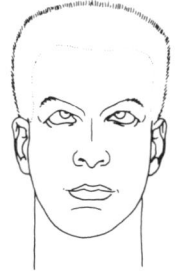

Shambavi-Mudra oder Bhrumadhya-Drishti, der Blick, der zwischen die Augenbrauen gerichtet ist

Ursprung:
Diese Mudra leitet ihren Namen von dem Gott Shiva her, den man auch unter dem Namen Shambhumath kannte, weil er diese Übung ausführte.

Ausführung
- Setzen Sie sich in die Meditationsstellung und legen Sie die Hände entweder in Chin- oder Jnana-Mudra auf die Knie.
- Fixieren Sie die Augen auf einen Punkt, der sich vor Ihnen befindet.
- Schauen Sie dann, ohne den Kopf zu bewegen, so hoch wie möglich.
- Richten Sie dann Ihren Blick zwischen die beiden Augenbrauen.
- Versuchen Sie, Ihre Gedanken zur Ruhe zu bringen und an nichts zu denken.

Dauer
Am Anfang sollte diese Übung nur einige Minuten durchgeführt werden. Fortgeschrittene können nach einiger Erfahrung die Zeit steigern.

Wirkung
- Shambavi-Mudra wird in den Tantra Shastras als eine der höchstentwickelten Techniken des Yoga bezeichnet. Mit Hilfe dieser Mudra kann man das Mentale transzendieren und in das Reich des höchsten Bewußtseins eintreten.
- Shambavi stärkt die Muskeln der Augen.
- Diese Mudra führt zur mentalen Ruhe und beseitigt Streß.

»Die Veden, die Schriften, die Puranas sind wie öffentliche Frauen, aber Shambavi sollte wie eine Dame aus einer angesehenen Familie gehütet werden.«[68]

Agochari-Mudra oder Nasikagra-Drishti, die Konzentration auf die Nasenspitze

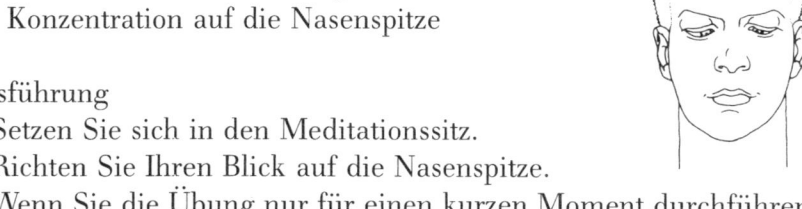

Ausführung
- Setzen Sie sich in den Meditationssitz.
- Richten Sie Ihren Blick auf die Nasenspitze.
- Wenn Sie die Übung nur für einen kurzen Moment durchführen, halten Sie den Atem an, während Sie die Nasenspitze fixieren.
- Wird die Übung während eines längeren Zeitraums durchgeführt, können Sie normal atmen.
Steigern Sie die Dauer der Übung im Laufe mehrerer Wochen oder Monate. Überanstrengen Sie auf keinen Fall Ihre Augen.

68 Vasu, Sris Chandra: *The Gheranda Samhita*, Seite 66

Wirkung
Diese Übung entwickelt wie Shambavi-Mudra die Konzentrationsfähigkeit und stimuliert das Muladhara Chakra (Abbildung der Chakras auf Seite 234).

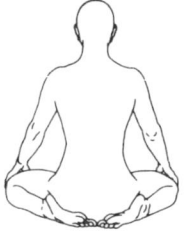

Manduki-Mudra, die Mudra des Frosches

»Der Körper wird weder krank noch alt, sondern behält seine ständige Jugend; die Haare desjenigen, der diese Mudra ausführt, werden niemals grau.«[69]

Ausführung
- Setzen Sie sich in den Froschsitz (siehe Abbildung oben), und praktizieren Sie Agochari-Mudra (siehe S. 215).
- Atmen Sie langsam durch die Nase ein und aus.
- Konzentrieren Sie sich auf alle Gerüche.

Akashi-Mudra,
das Bewußtsein des inneren Raumes

Ausführung
- Setzen Sie sich in den Meditationssitz.
- Biegen Sie die Zunge nach hinten, die Zungenspitze berührt den Gaumen.
- Führen Sie Ujjayi-Pranayama (siehe Seite 217) und Shambavi-Mudra (siehe Seite 214) aus.
- Neigen Sie zur gleichen Zeit den Kopf leicht nach hinten zurück.
- Atmen Sie langsam und regelmäßig.

Dauer
Verharren Sie so lange wie möglich in der Endstellung. Wenn die Übung Ihnen zu anstrengend wird, entspannen Sie Ihr Gesicht, und ruhen Sie sich für einen Moment aus, bevor Sie noch einmal von vorne beginnen.

Konzentration
Die Konzentration auf das Chakra zwischen den beiden Augenbrauen (Ajna) entwickelt die Intuition.

69 Vasu, Seite 65

Ujjayi-Pranayama, die psychische Atmung

- Ujjayi wird durch das Blockieren der Glottis erreicht.
- Setzen Sie sich in den Lotossitz, die Hände liegen mit den Rückseiten auf den Knien und führen Jnana-Mudra aus.
- Mit kontrollierter Bauchwand langsam mit dem Thorax einatmen. Während der gesamten Einatmung bleibt die Glottis teilweise geschlossen und erzeugt einen Ton, der mit dem Schnarchen eines Babys zu vergleichen ist.
- Zum Schluß der Einatmung wird der Atem angehalten, indem die Glottis ganz geschlossen wird (zwei Minuten maximal).
- Die Glottis leicht öffnen und die Bauchwand stark anziehen und ausatmen. Die Ausatmung muß mindestens zweimal so lang sein wie die Einatmung.
- Am Ende der Ausatmung wird der Atem zwei Sekunden lang angehalten, und dann folgt wieder die Einatmung.

Konzentration
Während der ganzen Übung konzentriert man sich auf den Durchgang der Luft in der Nase und auf das Geräusch der Luft in der Glottis.

Wirkung
Ujjayi bewirkt eine mentale Verinnerlichung, die die unerwünschte, intellektuelle Tätigkeit des Geistes zur Ruhe kommen läßt. Sie hilft, in meditative Haltung zu kommen und erweckt psychische Energien.

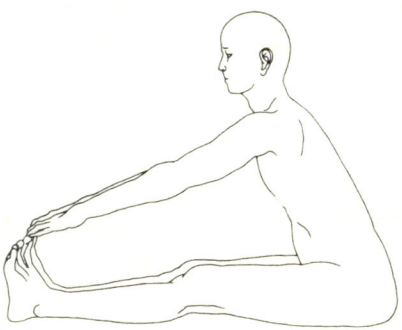

Tadagi-Mudra, das Faß

Ausführung
- Setzen Sie sich in den Pashimottasana-Sitz, das heißt strecken Sie die Beine nach vorne, und umfassen Sie mit beiden Händen die Fußzehen.
- Atmen Sie tief ein, indem Sie den Unterleib so weit wie möglich ausdehnen.
- Halten Sie den Atem für einen kurzen Moment an, atmen Sie dann aus und entspannen Sie den ganzen Körper. Lassen Sie die Fußzehen nicht los.
- Atmen Sie wieder ein, und atmen Sie langsam wieder entspannt aus.
- Atmen Sie dann wieder tief ein, und wiederholen Sie den gesamten Ablauf.

Dauer
Zehnmal hintereinander
Konzentration:
Auf Manipura Chakra

Wirkung
Tadagi-Mudra ist eine ausgezeichnete Übung für alle Organe des Unterleibes
und des Bauches. Alle sich hier befindlichen Funktionen werden stimuliert,
besonders der Verdauungsapparat wird angeregt.

Bhujangani-Mudra, die Atmung der Kobra

Ausführung
- Setzen Sie sich in den Meditationssitz.
- Entspannen Sie Ihren ganzen Körper. Bei dieser Mudra müssen Sie die
  Luft durch den Mund »trinken«.
- Versuchen Sie, die Atmung in die Bauchgegend und nicht in die Lungen zu
  dirigieren. Stellen Sie sich vor, daß Sie die Luft in kleinen Schlucken zu
  sich nehmen, als ob Sie ein Glas Wasser tränken.
- Dehnen Sie den Bauch so weit wie möglich, und halten Sie die Luft für ei-
  nen Augenblick in dieser Gegend.
- Lassen Sie die Luft dann wieder hinaus, indem Sie aufstoßen.
- Wiederholen Sie die Übung.

Dauer
Es genügt, wenn Sie die Übung drei- bis fünfmal hintereinander machen.

Wirkung
Bhujangani-Mudra, die die Atmung der Schlange imitiert, stärkt den Bauch,
eliminiert Gase und bringt Magenbeschwerden zum Verschwinden.

Kaki-Mudra, der Schnabel des Raben

Ausführung:
- Begeben Sie sich in die Meditationshaltung.
- Formen Sie die Lippen so, daß sie eine Röhre bilden.
- Richten Sie Ihren Blick auf die Nasenspitze.
- Atmen Sie langsam und gründlich durch den Mund ein.

- Atmen Sie dann langsam durch die Nase aus, indem Sie den Mund schließen.
- Beginnen Sie wieder von vorne.

Dauer
So oft wie möglich.

Wirkung
Diese Mudra stimuliert den Darm, den Bauch und den Gaumen. Sie dient sowohl als Vorbereitung als auch als Beseitigung vieler Krankheiten in diesem Bereich. Die Kaki-Mudra vermag die Geschmacksqualität und das Befinden im gesamten Verdauungstrakt und in der äußeren Haut des Körpers positiv zu beeinflussen.

»Die Kaki-Mudra oder das ›Siegel der Krähe‹ bringt die Qualitäten süß, sauer sowie salzig in eigenartiger Mischung der Empfindungen zum Vorschein.

Darüber hinaus soll die Übung einen sehr beruhigenden Einfluß auf das Gesamtbefinden haben. Die Geschmacksempfindungen für süß, salzig und sauer verteilen sich auf die vorderen zwei Drittel der Zunge. Die Geschmacksempfindungen für bitter dagegen sind weiter hinten. Nervöse, von inneren Stürmen hin- und hergerissene Menschen bekommen laut den altindischen Yogis und Medizinern Susruta und Vagabhata süße, saure und erhitzende Speisen, und sie verlangen danach. Die Kaki-Mudra will auf diesen Mangel, den der Körper spürt und den der Appetit kundgibt, eingehen. Darüber hinaus will sie offensichtlich mit Hilfe der Geschmacksnerven Impulse an das Rautenhirn abgeben, um über dieses Zentrum im Gehirn weitergreifende Regulationen der Körperabläufe einzuleiten.«[70]

Yoni-Mudra oder Shanmukti-Mudra,
die psychische Quelle

Als Yoni wird in den tantrischen Texten die weibliche Scham bezeichnet. Die Vereinigung von Shiva und Shakti wird oft durch die Symbole des Lingam (Phallus) und der Yoni dargestellt.

Yoni-Mudra heißt die »Haltung der Quelle«; man nennt sie jedoch auch Shanmukti-Mudra oder die Haltung der neun Pforten.

70 Lobo, Seite 50, 51

Ausführung
- Setzen Sie sich in den Meditationssitz und atmen Sie langsam und gründlich ein.
- Halten Sie den Atem an und schließen Sie mit den Daumen die Ohren, mit den Zeigefingern die Augen, mit den Mittelfingern die Nasenlöcher und mit den Ringfingern und den kleinen Fingern den Mund.
- Bleiben Sie einen Moment in dieser Stellung, und nehmen Sie dann Ihre Finger vom Gesicht und atmen Sie aus.
- Wiederholen Sie diese Mudra einige Male.

Wirkung
Yoni-Mudra ist eine ausgezeichnete Vorbereitung für Pratyahara (das Zurückziehen der Sinne) und bewirkt eine immer stärkere Schutzwehr gegen die Invasion von außen.

Vayroli-Mudra, die Mudra des Blitzes

Vayroli heißt nicht nur Blitz, sondern ist auch der Name einer Nervenbahn (Nadi), die sich im Svadhishthana Chakra, im Geschlechtszentrum befindet. Bestimmte tantrische Schulen haben die Mudra mit sexuellen Praktiken kombiniert, um den Aufstieg der Kundalini zu beschleunigen. Der dabei zugrundeliegende Gedanke war, daß man gleichzeitig die Unbeweglichkeit des Atems, des Denkens und des Samens erreichen müsse. Die Hathayoga-Pradipika behauptet, daß durch Vayroli-Mudra der Samen »nicht fällt«. Der Yogi muß deshalb zuerst seinen Atem beherrschen lernen, bevor er die »Unsterblichkeit« erlangen kann. Es gibt zwei Formen der Durchführung, eine für Anfänger und eine, die nur mit einem erfahrenen Lehrer praktiziert werden kann und deshalb hier auch nicht erwähnt wird.

Durchführung
- Setzen Sie sich in den Meditationssitz und legen Sie die Hände in Chin- oder Jnana-Mudra auf die Knie.
- Schließen Sie die Augen und entspannen Sie sich für einen Moment.
- Pressen Sie den Bauch so weit nach innen, daß sich die Sexualorgane zusammenpressen, so als ob Sie Ihren Urin zurückhalten wollten. Bei dem Mann heben sich die Hoden ein wenig, bei der Frau die Vagina.
- Verharren Sie für einige Sekunden in dieser Stellung und entspannen Sie sich dann wieder.

- Konzentrieren Sie sich bei der Durchführung immer auf das Svadhishtha-na-Chakra.

Wirkung

Durch die Praxis dieser Stellung vermag der Yogi seine sexuellen Kräfte zu sublimieren und diese zur Erweckung spiritueller Kräfte einzusetzen.

Die Bandhas (Blockierung, Kontraktion)

Da die Ausübung der Mudras nicht von den Bandhas zu trennen ist, werden im folgenden die drei Bandhas, die häufig mit den Mudras verbunden werden, beschrieben.

Jalandhara-Bandha,
der Verschluß durch das Kinn

Bandha bedeutet gleichzeitig anhalten, halten, verbinden und zusammenziehen. Im Hatha-Yoga bedeutet Bandha die Muskelkontraktionen zur Beeinflussung der Blutzirkulation, der endokrinen Drüsen und des Nervensystems. Die Yogis wollen mit Hilfe der Bandhas subtile Energien wecken. Jala bedeutet Netz und Jalandhara-Bandha heißt soviel wie Verschluß des Netzes. Bereits in den Upanishaden wird Jalandhara erwähnt, um die Kundalini zum Erwecken zu bringen. Diese Technik soll ein gesundes langes Leben bewirken.

Ausführung
- Setzen Sie sich in den Meditationssitz und legen Sie die Hände auf die Knie.
- Entspannen Sie Ihren gesamten Körper und schließen Sie die Augen.
- Atmen Sie tief ein und legen Sie das Kinn zwischen das Schlüsselbein und die Spitze des Brustbeins.
- Drücken Sie die Ellenbogen gut durch, die Handinnenflächen bleiben auf den Knien liegen. Verharren Sie so lange in dieser Stellung, bis sie Ihnen unangenehm wird.
- Lösen Sie die Mudra, indem Sie Ihren Kopf heben und tief ausatmen.

Uddiyana-Bandha, die Kontraktion des Bauches

Ausführung
- Setzen Sie sich in den Meditationssitz.
- Entspannen Sie Ihren Körper und schließen Sie die Augen.
- Atmen Sie ganz kräftig aus und halten Sie die Luft an.
- Führen Sie Jalandhara-Bandha aus.
- Ziehen Sie die Muskulatur des Bauchgürtels vollständig zusammen.
- Lassen Sie den Thorax wieder seine normale Haltung einnehmen und atmen Sie tief ein, damit die Luft wieder in die Lungen eintreten kann.

Mula-Bandha, der Riegel von Muladharachakra

Ausführung
- Setzen Sie sich in den Meditationssitz und legen Sie die Hände auf die Knie.
- Entspannen Sie den Körper und schließen Sie die Augen.
- Atmen Sie tief ein, halten Sie Ihren Atem an und praktizieren Sie Jalandhara-Bandha.
- Ziehen Sie dann den inneren und äußeren Sphinkter des Anus zusammen.
- Verharren Sie so lange in dieser Haltung, bis sie Ihnen unangenehm wird.
- Entspannen Sie wieder alle Teile Ihres Körpers.

Maha-Bandha, der große Riegel

Ausführung
- Setzen Sie sich in den Meditationssitz.
- Atmen Sie tief und gründlich aus.
- Führen Sie zuerst Jalandhara-Bandha, dann Uddiyana-Bandha und schließlich Mula-Bandha aus.
- Konzentrieren Sie sich auf die einzelnen Chakras, und sprechen Sie sie im Geiste aus.

- Verharren Sie einen Moment in dieser Haltung.
- Lösen Sie zuerst Mula-Bandha, dann Uddhyana-Bandha und zum Schluß Jalandhara-Bandha.

Pashini-Mudra,
die zusammengefaltete Mudra

Ausführung
- Legen Sie sich auf den Rücken und heben Sie die Beine so langsam und locker wie möglich in die Vertikale. Dann werden die Schenkel so nahe wie möglich an die Brust herangezogen, und die Wirbelsäule rollt weiter nach hinten, indem die Knie zum Gesicht geführt werden. Die Zehen berühren den Boden.
- Beugen Sie jetzt die Knie und legen Sie sie rechts und links neben Ihre Ohren. Beide Knie müssen auf dem Boden bleiben und gegen die Ohren drücken.
- Umfassen Sie jetzt mit beiden Armen Ihre Oberschenkel.
- Atmen Sie langsam und gründlich.
- Konzentrieren Sie sich auf das Manipura Chakra, das Zentrum in der Bauchnabelgegend.
- Bleiben Sie so lange wie möglich in der Stellung.

Wirkung
Pashini-Mudra beruhigt das Nervensystem und leitet Pratyahara (Zurücknahme der Sinnestätigkeit von der Außenwelt) ein. Sie wirkt stärkend auf die ganze Wirbelsäule, stärkt die Muskelgürtel des Unterleibs, reguliert die Schilddrüse, beeinflußt die Milz und die Sexualdrüsen und bewirkt eine bessere Durchblutung des Gehirns.

Ashwini-Mudra, die Mudra der Stute

Ashwini heißt im Sanskrit »Stute« und bedeutet die Manipulation des Afterschließmuskels und der Muskulatur im Bereich des Beckens. Der Name »Stute« leitet sich von den öffnenden und schließenden Bewegungen her, die die Stute nach der Ausscheidung des Urins mit den Ausscheidungsorganen macht.

Ausführung
- Setzen Sie sich in den Meditationssitz.
- Entspannen Sie den Körper und schließen Sie die Augen.
- Atmen Sie normal und regelmäßig.
- Ziehen Sie den Sphinkter des Afters für einige Sekunden zusammen.
- Entspannen Sie für einen Moment.
- Beginnen Sie von neuem – so lange wie möglich.

Konzentration
- Spirituelles Ziel: Konzentration auf das Muladhara Chakra.
- Physisches Ziel: Konzentration auf das Zusammenziehen des Sphinkters.

Wirkung
Dank dieser Mudra lernt der Schüler die Kontrolle des Afterschließmuskels. Ashwini-Mudra ist sehr nützlich für Menschen, die an Hämorrhoiden leiden. Sie ist eine ideale Übung, um den Bereich der äußeren Ausscheidungsorgane zu stärken. Indem diese Muskulatur gefestigt wird, können Erschlaffungen des Rectums, des Uterus und der Vagina vermieden werden. Von besonderer Wichtigkeit ist diese Mudra für werdende Mütter, da sie auf das gesamte Genitalsystem einwirkt. Frauen, die regelmäßig diese Mudra praktizieren, werden leichtere Geburten haben.

Khechari-Mudra, der Verschluß der Zunge

Khechari bedeutet auf Sanskrit »das Schweben durch den Raum«, was andeuten soll, daß man durch diese Übung die Erfahrung der Leere machen kann. Sie ist eine der am häufigsten angewandten Techniken zum Anhalten des Atems, das durch die Absperrung des Cavum durch das Ende der Zunge, die nach hinten gegen die Kehle geführt wird, erreicht wird. Dadurch entsteht eine starke Speichelabsonderung, die als »himmlische Ambrosia« bezeichnet wird. Indem der Yogi diese Mudra praktiziert, hat er bereits an der Transzendenz teil, er kostet die himmlische Ambrosia. Khechari- und Vayroli-Mudra haben beide zum Ziel, die Unbeweglichkeit des Atems, des Denkens und des Samens zu erreichen.

Es gibt zwei Formen, diese Mudra auszuführen, da die eine jedoch nur unter Anleitung eines Gurus durchgeführt werden sollte, wird sie hier auch nicht beschrieben.

Ausführung
- Setzen Sie sich in den Meditationssitz.

- Schließen Sie Ihren Mund und rollen Sie Ihre Zunge so, daß die Unterseite den Gaumen berührt. Versuchen Sie, die Zungenspitze so weit wie möglich in Richtung Hals zu bewegen.
- Es ist möglich, zur gleichen Zeit Ujjayi Pranayama zu praktizieren.
- Verharren Sie so lange in dieser Stellung, bis sie Ihnen unangenehm wird.
- Entspannen Sie Ihre Zunge und beginnen Sie nach einiger Zeit wieder von vorne.

Wirkung
Diese Mudra soll nach Ansicht der Yogis den allgemeinen Gesundheitszustand verbessern. In den Texten wird besonders auf die Erweckung der spirituellen Energie hingewiesen, die diese Haltung bewirken soll.

Viparita-Karani-Mudra, die umgekehrte Mudra

Ausführung
- Nehmen Sie Viparita-Karani-Mudra ein. Bringen Sie die Beine in vertikale Stellung und heben Sie dann den Rücken vom Boden ab. Die Hände umgreifen die Hüften, die Ellenbogen liegen auf dem Boden und das Kinn wird nicht auf das Brustbein gedrückt (sehr wichtig).
- Entspannen Sie Ihren Körper und schließen Sie die Augen.
- Praktizieren Sie Ujjayi Pranayama und Khechari-Mudra, indem Sie sanft einatmen. Werden Sie sich Ihres Atems bewußt und konzentrieren Sie sich auf das Manipura Chakra (Zentrum in der Nabelgegend), auf das Anahata (Herzzentrum) und auf das Vishuddha Chakra (in der Halsgegend).
- Während Sie ausatmen, konzentrieren Sie sich weiter auf das Vishuddha Chakra.
- Beginnen Sie noch einmal von vorne.

Dauer
Sie können die Dauer progressiv steigern: von einigen Sekunden am Anfang bis zu fünfzehn Minuten.

Wirkung
Diese Mudra soll nach Ansicht der Yogis die sexuelle Energie in spirituelle

Energie verwandeln. Außerdem wirkt sie stärkend auf die ganze Wirbelsäule und auf den Muskelgürtel des Unterleibs.

Maha-Mudra, das große Licht

In dieser Mudra kann der Yogi die Erfahrung der Einheit des individuellen Bewußtseins mit dem kosmischen machen. Das große Licht symbolisiert den Zustand der Nicht-Dualität (Sat-chit-ananda).

Es gibt verschiedene Variationen, diese Mudra auszuführen.

Erste Version
- Setzen Sie sich auf die rechte Ferse und strecken Sie das linke Bein nach vorne.
- Lehnen Sie sich ein wenig nach vorne, um die linke Zehe mit beiden Händen zu umgreifen.
- Atmen Sie tief ein.
- Führen Sie Mula-Bandha und Shambavi-Mudra (siehe Seite 214) aus. Während Sie den Atem anhalten, lenken Sie Ihr Bewußtsein vom Muladhara bis zum Ajna Chakra.
- Atmen Sie dann langsam aus. Bleiben Sie in derselben Stellung, setzen Sie sich auf die linke Ferse und strecken Sie das rechte Bein nach vorne.
- Beginnen Sie wieder mit der Ausführung der Mudra.

Zweite Version
- Setzen Sie sich mit ausgestreckten Beinen auf den Boden. Legen Sie den rechten Fuß an den linken Oberschenkel.
- Atmen Sie tief ein.
- Beim Ausatmen senken Sie die Stirn vorerst gegen die Knie, dann so weit wie möglich gegen die Füße. Der Körper faltet sich zusammen wie ein Taschenmesser.
- Strecken Sie die Hände nach vorne, und legen Sie sie neben beziehungsweise vor Ihre Füße.
- Führen Sie Mula-Bandha aus und bleiben Sie für einen Moment in dieser Stellung.
- Entspannen Sie Ihre Arme und richten Sie sich langsam wieder auf.
- Legen Sie jetzt den linken Fuß an den rechten Oberschenkel und wiederholen Sie diese Mudra.

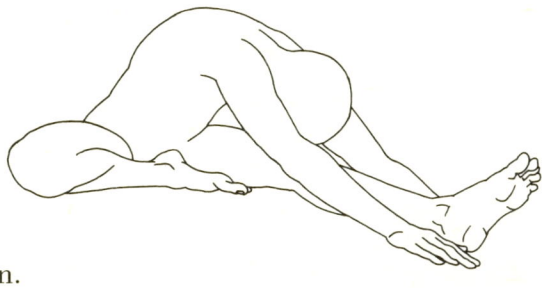

Dauer
Drei- bis fünfmal mit jedem Bein.

Wirkung
Die Wirbelsäule und die Muskulatur des Bauchgürtels werden gefestigt, Muskeln und Sehnen der Unterschenkel und das Nervengewebe werden gedehnt, Bauchspeicheldrüse, Nieren, Leber und Blase werden stimuliert, die Figur wird graziöser, da die Fettpolster an Bauch und Hüften verschwinden.

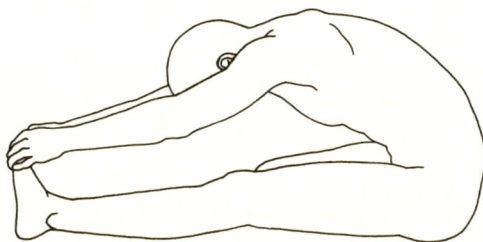

Maha-Bheda-Mudra

Ausführung
- Setzen Sie sich auf die rechte Ferse und strecken Sie das linke Bein nach vorne.
- Lehnen Sie sich ein wenig nach vorne, um die Zehen des linken Fußes mit beiden Händen zu umgreifen.
- Atmen Sie tief ein und dann tief aus und halten Sie den Atem an.
- Führen Sie Jalandhara-Bandha, dann Mula-Bandha und zum Schluß Uddyana-Bandha aus.
- Fixieren Sie Ihre Nasenspitze.
- Konzentrieren Sie sich zuerst auf Muladhara, dann auf Manipura und zum Schluß auf Vishuddha Chakra. Machen Sie eine Pause zwischen den einzelnen Chakras.
- Entspannen Sie zuerst Uddiyana-Bandha, dann Mula-Bandha und zum Schluß Jalandhara-Bandha.
- Atmen Sie langsam und tief ein.

Wirkung
- Maha-Bheda ist eine sehr wirksame Mudra, die die psychische Energie im gesamten Organismus stimuliert.

Naumukhi-Mudra, die Mudra der neun Öffnungen

Es gibt neun Körperöffnungen, die uns in Verbindung mit der Außenwelt bringen: zwei Ohren, zwei Augen, zwei Nasenlöcher, der Mund, der After und die Blasenöffnung. Nach Ansicht der Yogis ist es möglich, die zehnte Pforte, die der Spiritualität, zu öffnen, indem wir diese neun Körperöffnungen schließen. Diese zehnte oder mystische Pforte befindet sich oberhalb des Kopfes im Sahasrara Chakra, dem Sitz des höchsten Bewußtseins.

Ausführung
- Setzen Sie sich in den Meditationssitz und entspannen Sie Ihren gesamten Körper.
- Atmen Sie langsam und tief ein.
- Spüren Sie zur selben Zeit, wie Ihr Atem und Ihr Bewußtsein von einem Chakra zum anderen steigt. Konzentrieren Sie sich auf die einzelnen Chakras: Muladhara, Svadhishthana, Manipura, Anahata, Vishudda, Ajna und schließlich Sahasrara.
- Halten Sie den Atem an und führen Sie gleichzeitig Yoni-Mudra (siehe Seite 219), Mula-Bandha und Vajroli-Mudra aus.
- Konzentrieren Sie sich auf das Sahasrara Chakra und halten Sie den Atem so lange an, wie es Ihnen möglich ist.
- Entspannen Sie dann Ihre Nasenlöcher und atmen Sie aus.
- Während Sie ausatmen, entspannen Sie ebenfalls Mula-Bandha und Vajroli-Mudra, aber lassen Sie die Hände in der Yoni-Mudra.
- Konzentrieren Sie sich weiter auf das Sahasrara Chakra. Entspannen Sie dann Ihr Gesicht, Ihre Hände, den gesamten Körper.

Dauer
Je nach persönlichen Möglichkeiten.

Wirkung
Diese Mudra wirkt in der gleichen Weise wie Yoni-Mudra, jedoch ist sie noch intensiver, da sie von Mula-Bandha begleitet wird.

Prana-Mudra oder Shanti-Mudra, die Mudra des Friedens

Ausführung
- Setzen Sie sich in den Meditationssitz, schließen Sie die Augen und legen Sie die Handrücken in den Schoß.
- Atmen Sie tief aus, so daß auch die letzten Reste der Luft ausgestoßen werden. Führen Sie Mula-Bandha aus und konzentrieren Sie sich auf das Muladhara Chakra. Halten Sie den Atem an.
- Entspannen Sie das Zwerchfell und Mula Bandha ein wenig, indem Sie einatmen, und legen Sie Ihre Hände in die Bauchnabelgegend. Sobald die Atmung im Unterleib voller wird, steigen die Finger weiter bis zur Herzgegend (Anahata Chakra).
- Die Hände bewegen sich von der Herzgegend bis zum Hals (Vishuddha), und Sie fühlen den Atem in dieser Gegend.
- Die Hände gehen bis zum Gesicht aufwärts und entfernen sich voneinander, bis die Arme weit geöffnet sind. Konzentrieren Sie sich auf das Sahasrara Chakra. Halten Sie den Atem so lange an, bis es Ihnen unangenehm wird.
- Atmen Sie dann langsam aus und fühlen Sie die Luft beziehungsweise die pranische Energie in den einzelnen Chakras. Legen Sie am Ende der Ausatmung die Hände in den Schoß und konzentrieren Sie sich auf Mula-Bandha. Entspannen Sie dann Ihren gesamten Körper und atmen Sie langsam und regelmäßig.

Konzentration
Man konzentriert sich ganz stark auf den Solarplexus und stellt sich vor, daß ein Pranastrom aus den Fingern kommt, in alle Organe und Chakras eindringt und diese vitalisiert.

Wirkung
Durch Prana-Mudra wird die Atmung harmonischer und tiefer, und ein Gefühl des Friedens durchströmt den Körper. Die Übung sollte nicht öffentlich ausgeführt werden, weil sie sonst ihre Wirkung verlieren würde.

Kartari-Mudra, die Schere

Kartari-Mudra, die Schere, ist eine Stellung, die der Entspannungshaltung (Shavasana) im Yoga ähnlich ist. Nach Ansicht der tantrischen Texte vermag diese Mudra den menschlichen Körper in einen göttlichen zu verwandeln und den Zustand der Dualität aufzuheben.

Ausführung
Die Atmung der Harmonie
- Legen Sie sich auf den Rücken. Die Hände liegen auf dem Zwerchfell, die rechte Hand auf der linken.
- Atmen Sie ein, indem Sie das Zwerchfell und den Unterleib anheben. Verfolgen Sie mit den Händen die Bewegung des Bauches.
- Sobald der Bauch vollständig nach außen gewölbt ist, weiten Sie die Lendenpartie mit den Rippen und lassen die Luft in die Lungen strömen. Die Hände liegen auf den Rippen.
- Sind die Rippen maximal gespreizt, heben Sie die Schlüsselbeinpartie an, um noch mehr Luft einströmen zu lassen. Spüren Sie auch hier mit den Händen, wie sich der Bereich oberhalb der Brust hebt.
- Atmen Sie langsam aus und wiederholen Sie diese Atmung mehrere Male.
- Atmen Sie langsam durch die Nase ein. Konzentrieren Sie sich auf die Gegend Ihres Bauchnabels (Manipura Chakra) und erspüren Sie Ihren Atem in dieser Gegend. Konzentrieren Sie sich ein wenig auf die Atmung und fühlen Sie mehr und mehr, wie Sie von Ihrem Atem getragen werden. Sie atmen nicht mehr, sondern »es atmet Sie«.
- Versuchen Sie, sobald Ihnen ein Gedanke kommt, diesen mit dem Ausatmen loszulassen, als ob er in ein tiefes Wasser versinken würde.
- Lassen Sie mehr und mehr alle Verspannungen los. Erspüren Sie, ob alle Körperteile und Muskeln völlig entspannt sind.

- Spüren Sie, wie Ihr Körper schwerer und schwerer wird, als ob er in den Erdboden versinken würde.
- Sie sind schwer, warm, völlig entspannt.
- Genießen Sie den Zustand der Ruhe und des Friedens.

Dauer
Fünf bis dreißig Minuten

Wirkung
Die Entspannung im Liegen macht es der »Weisheit des Körpers« leichter, sich zur Darstellung zu bringen. Das Liegen nimmt Spannungen in den Muskeln weg, die im Stehen oder Sitzen zur Überwindung der Schwerkraft notwendig sind. Im Liegen verlangsamt sich der Puls eines Menschen, die Körpermuskulatur wird sichtlich schlaffer und die Atmung wird tiefer und gleichmäßiger. Damit verbunden ist gewöhnlich eine Entspannung, die den gesamten Wahrnehmungsvorgang unterstützt, so daß der Praktizierende mehr als üblich auf Gefühle und Gedanken achtet. Zeitweilig trägt diese Aktivität zur Entwicklung eines beobachtenden Ichs bei. Während dieser Prozeß der Entspannung fortschreitet, wird sich der Praktizierende mehr und mehr seiner zensierenden und anderer zurückhaltender Tendenzen bewußt und integriert diese in seinen Körper.

Die Heilkraft der Geste

Die Mudras spielen auch eine große Rolle in der indischen Heilkunst. Sie werden benutzt, um die Energien in den Chakras zu erwecken beziehungsweise zu harmonisieren. Sowohl im indischen als auch im chinesischen Heilsystem stehen die Füße und Hände in enger Beziehung zu den Hauptorganen des Körpers. Jeder Finger entspricht einem besonderen Chakra und einem der fünf kosmischen Elemente:

Finger	*Chakra*	*Element*
Daumen	Manipura	Feuer
Zeigefinger	Anahata	Luft
Mittelfinger	Vishudda	Raum
Ringfinger	Muladhara	Erde
Kleiner Finger	Svadishthana	Wasser

Die Chakras

Nach tantrischer Physiologie befinden sich im Menschen runde, horizontal angeordnete Lotoszentren, die als Durchgangspunkte für die Nervenbahnen (Nadis) von großer Bedeutung sind. Als die zwei wichtigsten Nadis werden in der tantrischen Literatur Pingala und Ida genannt, die vom Naseneingang ausgehend entlang der Wirbelsäule verlaufen. Pingala beginnt im rechten, mit der Sonnenenergie in Verbindung stehenden Nasenloch und Ida im linken, mit der Mondenergie in Verbindung stehenden.

Der Tantriker zielt auf die Vereinigung der beiden in den flankierenden Nadis fließenden Kräfte, die im Sushumna, einem hohlen Kanal in der Wirbelsäule, zur Feuerenergie der Kundalini-Glut verschmelzen. Der tantrische Weg zur Vereinigung der Gegensätze besteht in der Erweckung und Aktivierung der Kundalini (Schlangenkraft), der Urkraft, die als aufgerollte Schlange im untersten Chakra symbolisch dargestellt wird. Die Chakras befinden sich wie die Nadis ebenfalls entlang der Wirbelsäule und werden dort durch die Nadis zentriert. Sie werden von unten nach oben aufsteigend als Lotosblüten mit einer wachsenden Zahl von Blütenblättern (vier, sechs, zehn, zwölf, sechzehn, zwei und schließlich tausend) dargestellt. Der tausendblättrige Lotos befindet sich nach den tantrischen Texten außerhalb des Körpers, über dem Scheitel und symbolisiert den Schritt zum kosmischen Bewußtsein, in dem die Dualität aufgehoben ist.

Der aufsteigende Weg der Kundalini durch die einzelnen Chakras soll zur großen Freiheit führen, die in der Vereinigung der Gegensätze und damit in ihrer Aufhebung liegt. Die Erhebung der Kundalini verursacht eine Dynamisierung der psychischen Kräfte und Potenzen, eine Verwandlung der erdgebundenen physischen Kräfte und Triebe in spirituelle Energien. Der Kundalini-Yoga will dem Meditierenden seine physischen und psychischen Energien bewußt machen, ihn wandeln und auf eine höhere Stufe des bewußten Daseins erheben, das nicht mehr von der Bindung an die Objektwelt gezeichnet ist.

Der Tantriker ordent jedem Chakra spezifische physiologische und pschologische Eigenschaften zu. So symbolisiert das *Muladhara Chakra*, das an der Basis der Wirbelsäule liegt, das Leben im Urzustand. In diesem Chakra liegt die Chance zum bewußten Leben, das von hier ausgehend einem bewußten Aufgehen im Spirituellen zustrebt.

Svadhishthana, das am Ansatz der Geschlechtsorgane liegt, ist der Sitz des Unbewußten. Es sorgt sowohl für den Abbau und das Ausscheiden von Nahrungsmitteln als auch für die Eliminierung psychischer Giftstoffe.

Die Aktivierung von *Manipura,* das in der Höhe des Bauchnabels liegt, bewirkt eine Verbesserung der Energieaufnahme und der Energiebereitstellung durch eine verbesserte Verdauung. Durch ein besseres »Verdauen« dessen, was von außen auf den Körper und Geist einwirkt, hat der Mensch mehr Chancen, gesund zu bleiben.

Die Tibeter betrachten dieses Chakra, den Feuerlotos, als Ort zur Umwandlung der Energien. Die fünf Geistesgifte Unwissenheit, Zorn, Stolz, Leidenschaft und Haß werden hier in die Weisheiten der fünf transzendenten Buddhas umgeformt.

Anahata Chakra, das Herzzentrum, stellt die Verbindung mit dem ganzen Organismus her und versorgt diesen mit Nahrung. Durch dieses Kommunikationssystem werden die Organfunktionen miteinander in Verbindung gebracht. Auch die Kontakt-, Hinwendungs- und Liebesfähigkeit von Mensch zu Mensch liegt in diesem Zentrum. Anahata Chakra bildet die Ebene des Verstehens und Integrierens, der Begegnung und der Kommunikation. Diesem Herzzentrum als Organ des vergeistigten Gefühls wird die Kraft der Inspiration zugeordnet.

Vishuddha Chakra, das in der Halsgegend liegt, gilt als das Chakra des Ausdrucks. In diesem Chakra, das dem Atmungssystem (Plexus cervicus) entspricht, wird der Pranakraft durch die Sprache Ausdruck verliehen. Können Atem und Laut ohne Behinderung strömen, so befindet sich der Mensch in Verbindung mit dem Kosmischen. In der Stimme und im Atem offenbart sich der Mensch. Im vollen Ausströmenlassen des Atems zeigt sich das Vertrauen zum Leben. Verhalten ist der Atem bei dem Menschen, der sich selbst und seinem Leben mißtraut. Ein Mensch, der in Ausdruck und Atmung beschränkt ist, ist von seinem Wesen abgeschnitten. Vishuddha Chakra reguliert jedoch nicht nur die lautliche Äußerung, sondern auch Mimik und Gestik.

Ajna Chakra, das zwischen den Augenbrauen liegt, gilt als Sitz der Intuition, die uns die Einsicht in die geistige Welt mit ihrer Unbegrenztheit vermittelt. Durch zwei Blütenblätter symbolisiert, spiegelt es im Glanze vollendeter Meditation eine Geistesverfassung wider, die, von den fünf Elementen losgelöst, vollkommen frei von allen Sinneseinschränkungen ist.

Der tausendblättrige Lotos (Sahasrara) befindet sich außerhalb des irdischen Körpers über dem Scheitel und kontrolliert das kosmische Bewußtsein, in dem das beschränkte Ich-Bewußtsein aufgehoben ist und die Verschmelzung der Gegensätze stattfindet. In diesem Chakra kommt es zu einer Zentrierung des Wesens, durch die das Bewußtsein von seinen Begrenzungen befreit wird.

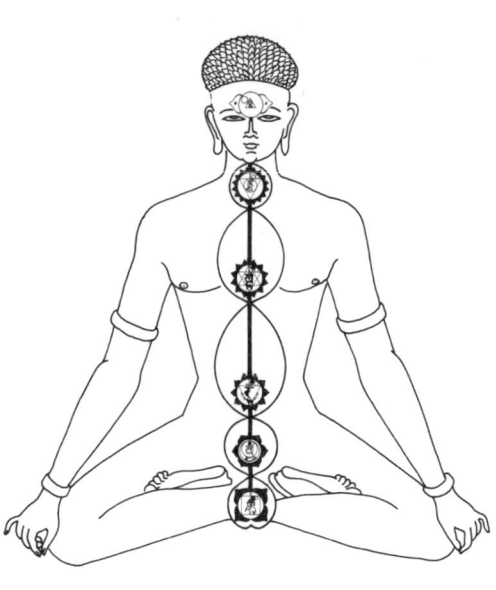

Sahasrara
oberhalb des Kopfes

Ajna
zwischen den Augenbrauen

Vishuddha
in der Halsgegend

Anahata
in der Herzgegend

Manipura
in der Höhe des Bauchnabels

Svadhishthana
an der Basis
des männlichen
Zeugungsorgans

Muladhara Chakra
liegt an der Basis
der Wirbelsäule
zwischen der Afteröffnung
und den Geschlechtsorganen

Die sieben Chakras

Durch das Visualisieren der einzelnen Chakras wird die Aufmerksamkeit auf besonders reizempfindliche Regionen des Körpers gelenkt, und Wünsche, die als treibende Kraft des Universums gelten, werden dort besonders intensiv wahrgenommen. Nach Ansicht des Tantrismus stehen unsere Wünsche in direkter Beziehung zu den sechs psychischen Zentren. Indem sich die kosmische Energie (Kundalini) durch die einzelnen Chakras bewegt, regt sie die schlummernden Wünsche an, die einem spezifischen Chakra entsprechen. Der Tantriker ist sich bewußt, daß alle Wünsche etwas Natürliches sind, die durch die Verhaftung an Sinnesreize erzeugt werden. Wünsche aktivieren die Ausschüttung von Hormonen aus den endokrinen Drüsen. Werden sie unterdrückt, so kommt es zu einer Konzentration dieser Stoffe im Blut, zu einem gestörten Gleichgewicht in der Körperchemie und damit zur Krankheit. Obwohl der Tantriker weiß, daß der Mensch, da er stets nach Erfüllung seiner Wünsche trachtet, leicht zum Sklaven seiner Wünsche werden und in Einsamkeit, Unruhe, Aufregung, Zorn, Unzufriedenheit und ähnliche Zustände fallen kann, verlangt er von seinem Schüler keine Unterdrückung oder Verdrängung von Wünschen.

Im Gegensatz zu anderen spirituellen Disziplinen, die Wünsche deshalb zu vermeiden suchen, weil sie sie als negative Verhaftungen und Hindernisse auf dem Weg zu einem höheren Bewußtsein betrachten, geht es im Tantrismus um eine Verfeinerung und Transzendierung der Wünsche. Indem der Übende seine Wünsche durch tantrische Praktiken zu verfeinern und zu klären versucht, ist er in der Lage, Spannungen zu lösen, Frieden und Harmonie in sich herzustellen und schließlich einen höheren Bewußtseinszustand zu erreichen. Durch das Aufsteigen der Kundalini, die sich durch die verschiedenen Chakras hindurch nach oben bewegt, kommt es zu einer Harmonisierung aller Zentren miteinander und zur Transzendierung der Wünsche.

Die Wahrscheinlichkeit, daß der Meditierende durch die Visualisation der einzelnen Chakras in den gewünschten Zustand des Friedens und der Harmonie gelangt, wird noch durch das Singen von Mantras erhöht. Den sechs Chakras im Körper sind verschiedene Mantras zugerechnet, durch die die Kraftströme in Bewegung geraten und die psychischen Zentren erweckt und aktiviert werden.

Die Fehlfunktion eines Chakras kann zu typischen seelischen und körperlichen Störungen führen:

»Das erste Chakra, Muladhara, wird gestört, wenn die sexuellen Vorstellungen des einzelnen fehlerhaft oder beschränkt sind. Unterdrückte Sexualität und Puritanismus können dieses Chakra ebensosehr durcheinander bringen wie Promiskuität. Verstopfung ist eine der körperlichen Störungen, die mit dem Muladhara zusammenhängen. .
Svadhishthana wird belastet, wenn das Tun des einzelnen von seinem Ich beherrscht wird. Zu vieles Denken, Planen und so weiter bringt dieses Chakra durcheinander und verursacht Diabetes und Beschwerden in der Lendengegend. Auch sexuelle Perversionen können dieses Chakra zerstören. Manipura wird durch den Genuß von Alkohol und Drogen strapaziert. Es wird auch beeinflußt durch Mißgriffe in Zusammenhang mit Geld und einen verschwenderischen, aufwendigen Lebensstil. Aus einer Überbeanspruchung des Manipura erwachsen, wie nicht anders zu erwarten ist, Probleme mit der Leber.
Anahata wird gestört auf der rechten Seite durch emotionale Probleme im Zusammenhang mit dem Vater und auf der linken Seite durch ähnliche Probleme im Zusammenhang mit der Mutter... Übertriebene Beeinträchtigungen des Anahata führen zu Herzproblemen und Brustkrebs.
Vishuddha wird durcheinandergebracht durch mangelnde Selbstachtung, durch Selbstverleugnung und dadurch, daß man andere beherrscht oder von ihnen beherrscht wird. Die körperlichen Symptome eines angegriffenen Vishuddha Chakra sind Schmerzen in der Kehle oder im Ohr. Als Einfallspforte zum Sahasrara ist Ajna ein besonders empfindliches Zentrum. Es wird in Mitleidenschaft gezogen durch den ›falschen‹ Gebrauch der Au-

Chakra	Lokalisierung	Anzahl der Blütenblätter	Farbe	Mantra	Symbole	
Mula-dhara	an der Basis der Wirbelsäule zwischen After und Geschlechtsorganen	vier	Rot	LAM	eine eingerollte Schlange oder ein rotes Dreieck	
Svadhishthana	an der Basis des männlichen Zeugungsorgans	sechs	Blau	VAM	der zunehmende Mond	
Manipura	in der Höhe des Bauchnabels	zehn	Gelb	RAM	Sonnenblume	
Anahata	in der Herzgegend	zwölf	Blau	YAM	das Licht einer Lampe	
Vishuddha	in der Halsgegend	sechzehn	Grün	HAM	Nektartropfen	
Ajna	zwischen den Augenbrauen	zwei	Weiß	OM	das dritte Auge	
Sahasrara	oberhalb des Kopfes	tausend	Rot (Sonnenlicht)		Flammen Der Ort, an dem sich die Energie der Kundalini mit Shiva vereinigt	

gen, durch ruhelos schweifende Aufmerksamkeit und erratische Gedanken... Brennende Empfindungen auf der Stirn und bohrende Kopfschmerzen sind der körperliche Ausdruck eines gestörten Ajna.«[71]

71 Zitiert bei Kakar, Seite 211, 212

Sinnes-wahr-nehmung	Elemente	Planet	Wünsche
Geruch	Erde	Mond	Körperliches Wohlbefin-den, grundle-gende biologi-sche Bedürf-nisse
Geschmack	Wasser	Merkur	Sexualtrieb, Phantasie
Sehen	Feuer	Venus	Unsterblich-keit, Langle-bigkeit, Ruhm, Macht, Besitz
Gefühl	Luft	Sonne	Liebe, Hingabe
Gehör	Raum	Mars	Mitgefühl
Gedanke	Bewußtsein, individuell	Jupiter	Wissen
	Bewußtsein, kosmisch	Saturn	Selbstver-wirklichung, Erleuchtung

Bevor ein tantrischer Heiler mit der Behandlung der Chakras beginnt, stützt sich seine Diagnose auf das nach außen sichtbare Verhalten des Patienten, die Gedanken und Ideen, die er ausdrückt, und seine spezielle Verhaltensstö-rung. Die Fehlfunktion der Chakras kann durch eine direktere Methode be-stimmt werden, nämlich indem der Heiler sie erspürt. Eine brennende Emp-

findung in dem rechten Daumen des Heilers zum Beispiel weist darauf hin,
daß die rechte Seite des Svadhishthana Chakra seines Patienten durch geistige oder körperliche Überanstrengung angegriffen ist.

Svadhishthana

Muladhara

Vishuddha

Anahata

Manipura

Mudras und Chakras

Die Harmonisierung der einzelnen Chakras wird durch die Berührung des
Daumens mit den verschiedenen Fingern erreicht. Berührt der Daumen den
kleinen Finger, so wird dem Körper das Element Wasser zurückgegeben. Das
Fehlen dieses Elements zeigt sich durch trockenen Mund, rote und trockene
Augen und Fehlfunktionen der Nieren. Außerdem wird der Geschmackssinn
durch die Mudra stimuliert.

Bei der Mudra, die das Muladhara Chakra stimuliert, berührt der Ringfinger den Daumen. Diese Mudra kräftigt die Nägel, Haare, Muskeln, Knochen,
strafft die Haut und entwickelt den Geruchssinn. Shunya-Mudra, bei der der
Mittelfinger den Daumen berührt, stimuliert das Gehör. Die Inder sagen, daß
man mit Hilfe dieser Mudra Taubheit beheben könne.

Berührt der Daumen den Zeigefinger (Jnana-Mudra), so werden die vitale
Energie, der Tastsinn, das Nervensystem und das Gehirn stimuliert. Man
sagt, daß durch regelmäßiges Praktizieren dieser Mudra Schlaflosigkeit, Ge-
dächtnismangel und Depressionen behoben werden können. Jnana-Mudra
erhöht die Intelligenz und eröffnet neue spirituelle Horizonte.

Prana- und Apana-Mudra

 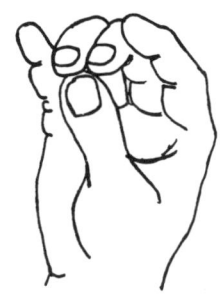

Prana Mudra   Apana Mudra

238

Wenn der Daumen der rechten Hand den der linken berührt (Meditations-mudra), so wird die Hitze im Körper erhöht, und der Appetit steigert sich. Die zwei Mudras stimulieren das Herzchakra und wirken positiv auf den allgemeinen Gesundheitszustand. Prana ist die kosmische Energie, die den Organismus belebt. Alles, was sich im Universum bewegt, ist eine Manifestation des Prana. Prana ist in der Luft, im Wasser, in der Nahrung, es erfüllt das gesamte Universum. Die Haut, die Zunge, die Nase, die Lungen sind wichtige Organe zur Absorption von Prana. Es genügt jedoch nicht allein, Energie zu assimilieren, man muß sie auch ausscheiden. Dieses Ausscheiden wird durch Apana gesichert. Apana regt die Nieren an, entleert die Blase, setzt die Menstruation in Gang und scheidet die Überschüsse von Wasser als Schweiß aus dem Körper. Ein ausgeglichenes Funktionieren von Prana und Apana regelt die Gesundheit.

Regeln
- Jede Mudra kann bis zu 45 Minuten lang praktiziert werden.
- Der Praktizierende kann sowohl den Meditationssitz als auch eine Haltung im Liegen wählen.
- Fünf Stunden sollten zwischen der Ausführung zweier Mudras liegen.

Kapitel 6

Mudras im japanischen Buddhismus

Die Mudras, die im Japanischen mit »In« (Siegel) übersetzt werden, umfassen sowohl die Handgesten, die symbolischen Attribute der Buddhas beziehungsweise Bodhisattvas, als auch die mystischen Formeln (Bijas), die die Riten begleiten. Während die einzelnen japanischen Sekten, wie Tendai, Zen, Jodo und Shin, die Mudras hauptsächlich in der Ikonographie als metaphysische Symbole benutzen, verwendet die Shingon-Sekte auch unzählige Mudras in ihrem Ritual, um den Gläubigen mit der göttlichen Welt zu verbinden.

Die Beschreibung dieser rituellen Gesten, die ein Bindeglied zwischen dem Gläubigen und der göttlichen Welt herstellen, erschien 1899 das erste Mal im Okzident in französischer Übersetzung unter dem Titel SI-DO-IN-DZOU. Da diese Gesten der strengsten Geheimhaltung unterlagen, bezog sich der Übersetzer lediglich auf die Stellen, die seines Erachtens der Öffentlichkeit zugänglich gemacht werden konnten.

Die Lehre der Shingon-Sekte basiert auf dem rechtshändigen Tantrismus, der auf der Sublimierung der Leidenschaften besteht und nicht daran glaubt, daß diese schon in ihrer direkten Form zu Fahrzeugen der Erlösung werden könnten. Um das männliche und weibliche Prinzip ikonographisch darzustellen, verwendet die tantrische Shingon-Sekte auch nicht, wie andere tantrische Schulen, jenen erotischen Symbolismus, durch den die höchste Vereinigung am sinnfälligsten ausgedrückt wird, sondern zwei Mandalas, das Mandala des Mutterschoßes (Garbha-Dhatu) und das Mandala des Diamanten (Vajra-Dhatu). Das männliche und weibliche Prinzip wird auch durch die beiden Hände symbolisiert, deren Vereinigung die Einheit zwischen dem passiven weiblichen Element des Mutterschoßes und dem aktiven männlichen Diamantelement darstellt.

Der Buddhismus in Japan

Aus Vorderindien gelangte der Buddhismus einige Jahrzehnte nach der Zeitwende zunächst nach China. Nach einer Überlieferung soll der Buddhismus in China von Kaiser Ming-ti eingeführt worden sein, der unter dem Eindruck eines Traumes, in dem er eine goldene Buddhastatue über seinem Palast schweben sah, buddhistische Mönche in sein Land holte, deren Zahl sich trotz zeitweiliger Verfolgungen beständig vermehrte. Zur gleichen Zeit begannen buddhistische Priester aus China nach Indien zu reisen. Ein reger Austausch entspann sich zwischen diesen beiden Ländern. Die Hauptvertreter des chinesischen Buddhismus waren lange Zeit hindurch Inder, die die Sanskritwerke ins Chinesische übersetzten. Viele buddhistische Lehrer, wie der bekannte Bodhidharma, der im Jahre 526 auf dem Seewege nach Kanton kam, ließen sich in China nieder, um die buddhistische Lehre zu verbreiten.

Nach Japan, »dem Reich der aufgehenden Sonne«, kam der Buddhismus im Jahre 552 von Korea aus. Der König des südöstlichen Staates Pakchen schickte eine Gesandtschaft an den Kaiser von Japan, die ihm Geschenke, darunter buddhistische Bilder und Bücher, überbrachte. Viele Japaner, denen die buddhistische Philosophie fast gleichgültig war, begeisterten sich an den Kunstschätzen, an den prächtigen Gewändern, an Gongs, Trommeln und Weihrauch, die durch die Buddhisten ins Land kamen. Wohlhabende Familien wetteiferten miteinander beim Ausschmücken von Tempeln.

War der Buddhismus ursprünglich nur der Glaube des Kaiserhofes und der obersten Kreise, so faßte er im Laufe der Jahrhunderte auch in den breitesten Schichten des Volkes Fuß. Theologen brachten erfindungsreich die einheimische Religion Japans, den Shintoismus, mit dem Buddhismus in Einklang.

Der buddhistische Mönch Gyogi, ein tatkräftiger und einflußreicher Kleriker, unternahm im Jahre 740 einen entscheidenden Schritt zur Versöhnung der beiden Religionen. Eine Legende berichtet, daß er, um zu wissen, ob es sich für den Kaiser schicke, eine Buddha-Statue errichten zu lassen, nach Ise zum Schrein der höchsten Shinto-Gottheit, der Sonnengöttin, reiste, um diese selbst nach ihrer Meinung zu fragen. Sieben Tage und sieben Nächte betete er an ihrer Tür, um ihre Antwort zu erhalten. Die beiden Religionen, so sagte sie, seien lediglich verschiedene Formen des Glaubens. Aus diesem Grunde spreche nichts dagegen, daß der Kaiser, ihr Nachfolger, eine Buddha-Statue errichten lasse.

Die gewöhnlichen Leute, vor allem in den Provinzen, durften weiterhin ihre Naturgötter verehren, um sich gute Ernten zu sichern und Seuchen und anderes Unheil abzuwenden. Das Pantheon der Buddhas und Bodhisattvas ist durch die Aufnahme von chinesischen und shintoistischen Gottheiten stark erweitert worden. Ganz allmählich verschmolzen die beiden voneinander unterschiedlichen Religionen zu einer Hauptreligion. Rituelle Verlautbarungen des Kaisers enthielten sowohl Elemente des Buddhismus als auch Züge der Shinto-Religion. Abgesehen von einigen Fällen gab es in Japan kaum religiöse Konflikte zwischen dem eindringenden Buddhismus und dem einheimischen Shintoismus. Ganz anders als in China, wo zwischen dem Konfuzianismus und dem Buddhismus ein Gegensatz bestand, konnte sich der Buddha-glaube, der sich eng dem japanischen Volkscharakter anpaßte und mit dem Shintoismus eine Verbindung einging, viel tiefer im Bewußtsein der Japaner verankern.

Von außergewöhnlicher Bedeutung ist das Sektenwesen in Japan. Die Zen-Senkte mit ihren Untersekten ist der Zahl ihrer Tempel nach die größte. Zen (Meditation) wurde angeblich in Indien von Bodhidharma, der neun Jahre lang meditierend eine kahle Wand betrachtete, begründet. Eine Legende berichtet, daß ihn bei seinen langen Meditationen der Schlaf störte und daß er, um ihn zu vertreiben, seine Augenlider abschnitt und auf den Boden warf. Dort schlugen sie Wurzeln und wurden zu Teepflanzen, deren Genuß ihn bei seinen Meditationsübungen wach hielt.

Die später in China gegründete Zen-Schule (Schule der Meditation) kam im 7. Jahrhundert nach Japan und hat auf die Literatur und Kunst einen gro-ßen Einfluß ausgeübt. Während die meisten buddhistischen Richtungen leh-ren, daß man sich die Erleuchtung durch mühsames Studium, Gebet und ein heiliges Leben verdienen müsse, lehrt Zen die Möglichkeit blitzartiger Er-leuchtung als Ergebnis intensiver geistiger und körperlicher Konzentration. Fand der Zen-Buddhismus unter dem gewöhnlichen Volk kaum Anhänger, so gewann er bei den Adelskriegern, die ein strenges körperliches und geisti-ges Training hinter sich hatten, an Einfluß. Die von den Zen-Meistern ver-langte Disziplin entsprach ihrer Lebenshaltung, dem Gesetz des unbedingten Gehorsams, auf dem die Struktur der feudalen Gesellschaft beruhte.

Die Shingon-Sekte ging aus der chinesischen Mantra-Schule (Mi-tsung), dem rechtshändigen Tantrismus hervor. Diese Lehre kam etwa 800 nach Christus mit Kukai, der auch unter dem Namen Kobo Daishi bekannt ist, nach Japan und ist heute noch unter dem Namen Shingon bekannt. Kukai war der erste, der in Japan die Idee verbreitete, daß jeder durch die Gnade Mahavairochanas, den er als Manifestation des historischen Buddhas be-trachtete, die Buddha-Natur in sich realisieren könne. Kukais religiöse Ge-danken übten auf alle bestehenden japanischen Sekten einen großen Einfluß aus. Der Begründer der Tendai-Sekte soll sogar von Kukai selbst in die Ge-heimnisse des esoterischen Buddhismus eingeweiht worden sein.

Die Tendai-Schule, die im Jahre 767 von Dengyo Daishi gegründet wurde, versuchte die verschiedenen Heilswege wie Meditation, Studium der heiligen Schriften und Kult gleichermaßen nebeneinander zu berücksichtigen.

Für die Jodo-Sekte, die Enko Daishi 1175 gründete, ist der Buddha Ami-tabha, in Japan Amida genannt, als Herrscher des westlichen Paradieses der Vermittler der Erlösung. In Amida, dem barmherzigen, gütigen Buddha, fan-den die Menschen Japans einen liebenden himmlischen Tröster.

Die Shin-Schule, die 1224 von Shinran Shonins, einem von der Tendai-

Sekte abgefallenen Mönch, gegründet wurde, verkündete ebenfalls den Glauben und die Gnade des Buddha Amida. Er war der Ansicht, der beste Weg für einen Menschen, im Reinen Land des Amida wiedergeboren zu werden, sei die ständige fromme Wiederholung der Worte »Namu Amida Batsu« (Ehre sei dem Amida Buddha). Die frommen Gläubigen, die seinen Namen anrufen, werden im »Paradies des Westens« willkommen geheißen.

Nichiren (1212–1282), der die Schule vom »Lotos des Guten Gesetzes« gründete, lehrte, daß die Wahrheit einzig und allein im Lotos-Sutra, einer alten, in Indien niedergeschriebenen buddhistischen Schrift liege. Nach dieser ist die Erkenntnis der Identität von Welt und Einzelwesen mit dem ewigen Buddha die Voraussetzung zur Erlösung.

Die Hände als Symbol des Kosmos

Die Symbolsprache

Die Anhänger des esoterischen Buddhismus vertreten die Ansicht, daß die geheime Lehre nicht auf sprachlicher Ebene allein vermittelt werden kann, sondern mit Hilfe von Symbolen, die das Unbewußte ansprechen. Das Lankavatara-Sutra berichtet von vielen Buddha-Ländern, in denen Buddha-Gedanken auf andere als nur sprachliche Weise weitergegeben werden. Durch Bewegen der Hände, durch Lächeln, Niesen oder Husten versuchen die Buddhas ihre Lehre von »Seele zu Seele« zu überliefern.

Das Haften an Worten und Begriffen hindert den Erlösungsuchenden, direkt in die Seele zu sehen und die Buddhanatur in sich zu realisieren:

> »...mit Wort-Charakteristik kannst du die höchste Wirklichkeit nicht erfassen, denn alle äußeren Objekte mit ihren zahllosen individuellen Merkmalen sind nichtexistent und treten nur vor uns in Erscheinung als etwas vom Geist Offenbartes. Daher, Mahamati, mußt du versuchen, dich der verschiedenen Formen von Wort-Charakteristik zu enthalten.«[72] (Lankavatara-Sutra)

Die reine, unbedingte Wahrheit liegt jenseits dessen, was mit Worten gesagt werden kann. Gautama Buddha selbst gilt im späten Buddhismus als Begründer einer esoterischen »Tradition jenseits der Sprache«. Durch schweigendes Verstehen soll seine Wahrheit an einen Schüler und von diesem durch eine ununterbrochene Kette von Patriarchen weitergereicht worden sein.

72 Zitiert bei Suzuki, Seite 56

»Als Bhagvad Shakyamuni einmal auf dem Berg Reishu den vor ihm Versammelten wortlos einen Blütenzweig hinhielt, konnte niemand verstehen, was er wohl damit meinte. So blieb es ganz still, niemand sprach etwas oder wußte, was zu tun. Kasho allein verstand, was der Meister meinte und lächelte.

Buddha aber freute sich, daß er den Sinn, der weder in Worten noch in seiner Lehre, sondern nur unmittelbar, das heißt von Seele zu Seele mitteilbar war, dem Kasho hatte vermitteln können... Was sich da vollzieht und gemeint wird, entzieht sich aller Beschreibung und bleibt allen verschlossen, die nicht selbst nach langer Übung Meister geworden sind.«[73]

Der Ehrwürdige mit der Blume

Da die Sprache zur relativen Welt gehört, mit der man die absolute Welt nicht erfassen kann, bieten die mystischen Gesten der Hände, deren symbolischer Bedeutungsgehalt sich nur dem Eingeweihten erschließt, eine Möglichkeit, die Wahrheit des transzendenten Bereiches zu erfahren.

Im japanischen esoterischen Buddhismus werden die symbolischen Gesten sowohl in den geheimen Ritualen als auch in der Ikonographie als metaphysische Symbole verwendet. Während die Mudras in den Skulpturen nur auf einige wenige begrenzt sind, gibt es in den esoterischen Ritualen unzählige Gesten, die von den Priestern oder Novizen benutzt werden, um die Buddhanatur in sich zu realisieren.

73 Dürckheim, Karlfried von: *Wunderbare Katze*, Seite 60

Im Japanischen wird Mudra mit Siegel (In) übersetzt. Genauso wie ein Siegel die Echtheit eines Dokuments gewährleistet, so schließt die Mudra jegliche Möglichkeit der Lüge aus. Die Mudra ist ein »Vertrag«, der den Gläubigen mit der göttlichen Welt verbindet. »In« umfaßt sowohl die Handgesten, die als rituelles Siegel benutzt werden, als auch die symbolischen Attribute der Buddhas und die mystischen Formeln (Bijas), die die Riten begleiten. Die Mudra, die ein Bindeglied zwischen dem Verehrer und dem Verehrten herstellt, symbolisiert die »Welt der Buddhas«, in die der Gläubige durch das tantrische Ritual der drei Mysterien (Handeln, Denken, Sprechen) gelangen kann.

Die Mutterschoßhand und die Diamanthand

Die Shingon-Lehre, die Lehre des wahren Wortes, die 800 nach Christus mit Kukai (774–835) nach Japan kam, stellt die verschiedenen Seiten der Realität in zwei Mandalas dar, dem Mandala des Mutterschoßes (Garbha-Dhatu) und dem Diamantmandala (Vajra-Dhatu). Diese zwei Prinzipien zeigen ähnlich wie Yin und Yang, Ha und Tha, Shiva und Shakti, Yab und Yum die zwei großen Kräfte des Universums, die dunkle und die lichte Kraft, die positive und die negative, die in vollkommener Balance bleiben müssen. Die beiden Kräfte sind voneinander abhängig, und keine kann für sich alleine bestehen. Obwohl diese zwei Elemente manchmal auch als Gegensätze erscheinen, ist die Gegensätzlichkeit doch nur eine scheinbare; das Eigentliche ist ihre harmonische Einheit.

Das Mutterschoß-Mandala symbolisiert die angeborene Vernunft, die Passivität, Weiblichkeit, Vielheit, Objektivität, den Mond, die Welt, wie sie ist. Das Diamantmandala symbolisiert das Wissen, die Aktivität, Kreativität, Männlichkeit, Einheit, Subjektivität, die Sonne, die Welt, wie sie erscheint. Der Buddha Mahavairochana (Dainichi) symbolisiert die Einheit zwischen dem passiven geistigen Element des Mutterschoßes und dem aktiven materiellen Diamantelement.

Das männliche und das weibliche Prinzip wird auch durch die beiden Hände dargestellt. Die rechte Hand symbolisiert die Diamantwelt (Vajra-Dhatu), das männliche Prinzip, die linke die Welt des Mutterschoßes (Garbha-Dhatu), das weibliche Prinzip. Die Finger, die als zehn Räder oder als zehn Lotosblüten bezeichnet werden, symbolisieren die fünf Buddhas, die fünf Elemente, die fünf Daseinsfaktoren, die fünf Arten der Intelligenz der fünf Buddhas (Akshobhya, Ratnasambhava, Amitabha, Shakyamuni und Vairochana), die zehn Welten und die zehn Tugenden.

LINKE HAND	RECHTE HAND

LINKE HAND

Daumen
Dainichi (Vairochana), Buddha des Zentrums, Äther, Körper (Rupa), allumfassende Intelligenz, Welt der Menschen, Wissen.

Zeigefinger
Ashuku (Akshobhya), der Buddha des Ostens, Luft, Empfindung (Vcdana), die spiegelgleiche Intelligenz, die die Illusion (Maya) zerstört, die Welt der Gegengötter, Macht.

Mittelfinger
Hosho (Ratnasambhava), der Buddha des Südens, Feuer, Wahrnehmung (Samjna), die Intelligenz, die in der Vielheit die Einheit erblickt und alle Lebewesen als gleich betrachtet, die Welt der Tiere, das Gelübde.

Ringfinger
Amida (Amitabha), der Buddha des Westens, Wasser, Triebkräfte (Sanskara), die beobachtende objektive Intelligenz, die frei von jeglicher Subjektivität ist, die Welt der hungrigen Geister, die Mittel beziehungsweise die Methode.

kleiner Finger
Shaka (Shakyamuni), der Buddha des Nordens, Erde, Bewußtsein (Vijnana), die handelnde Intelligenz, die allen Lebewesen zur Erleuchtung verhilft, die Welt der Höllenwesen, die Weisheit.

RECHTE HAND

Daumen
Dainichi, Äther, der Körper, die allumfassende Intelligenz, die Welt der Buddhas, die Kontemplation.

Zeigefinger
Ashuku, Luft, Empfindung, die spicgclglcichc Intelligenz, die Welt der Bodhisattvas, die Anstrengung.

Mittelfinger
Hosho, Feuer, Wahrnehmung, die Intelligenz der Gleichheit, die Welt der abgeschiedenen Eremiten, die Geduld.

Ringfinger
Amida, Wasser, Triebkräfte, die beobachtende Intelligenz, die Welt der Jünger Buddhas, das Prinzip beziehungsweise die Disziplin.

kleiner Finger
Shaka, Erde, Bewußtsein, die handelnde Intelligenz, die Welt der Götter, die Barmherzigkeit.

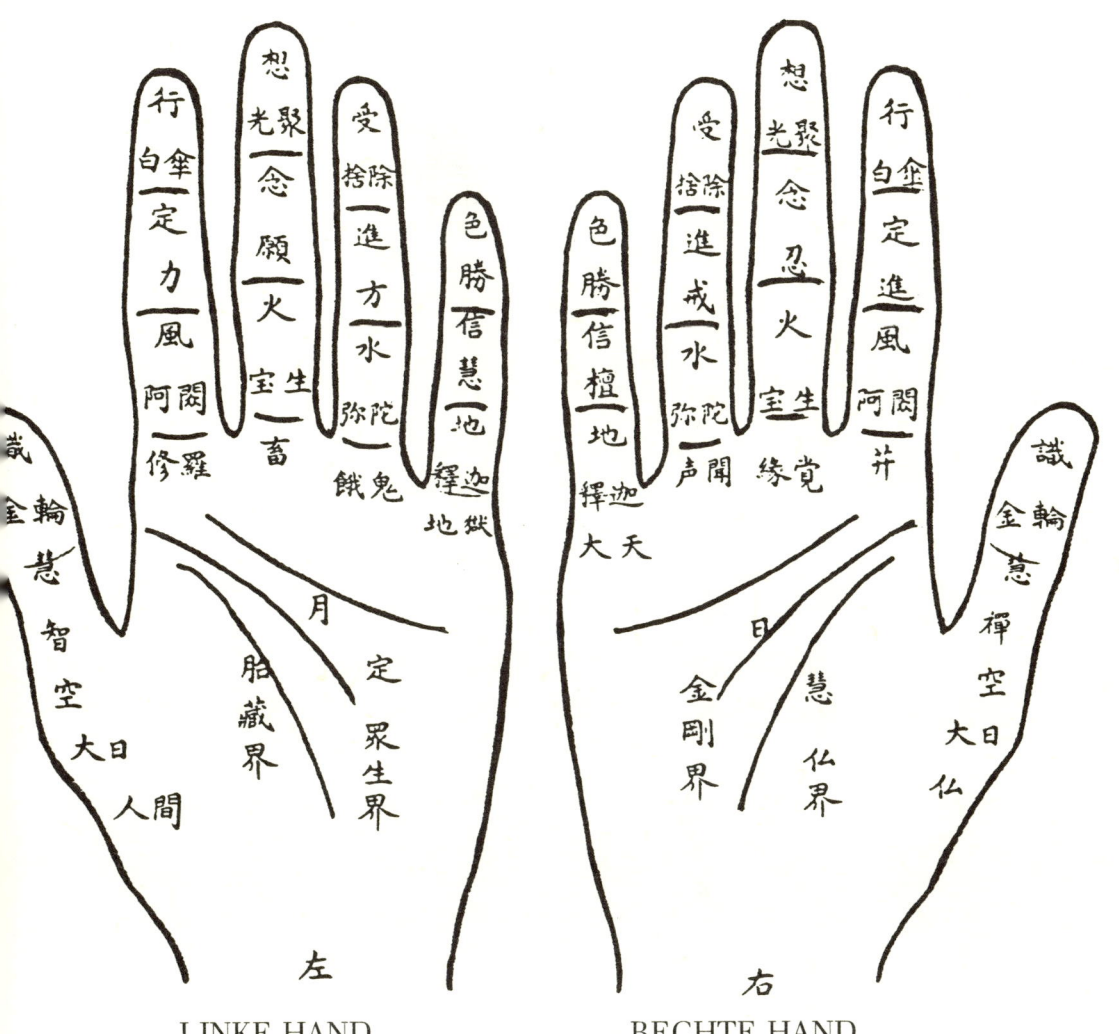

LINKE HAND

Der Mutterschoß
Die Welt der Lebewesen
Der Mond
Die angeborene Vernunft
Passivität
Rezeptivität
Weiblichkeit
Die Welt, wie sie ist
Akzeptieren
Die Vielheit
Objektivität
Ja

RECHTE HAND

Der Diamant
Die Welt der Buddhas
Die Sonne
Das Wissen
Aktivität
Kreativität
Männlichkeit
Die Welt, wie sie erscheint
Nicht akzeptieren
Die Einheit
Subjektivität
Nein

Diamantmandala
(Vajra-Dhatu)

Mutterschoßmandala
(Garbha-Dhatu)

248

Die ikonographischen Mudras

Die japanischen Künstler verwendeten neben den sechs Mudras, mit denen ursprünglich Gautama Buddha (siehe Kapitel 3) dargestellt wurde, viele andere Handstellungen, um die Buddhas beziehungsweise Bodhisattvas voneinander zu unterscheiden. In Japan und auch in China veränderten sich jedoch Form und Bedeutung der aus Indien kommenden Mudras. Die Ursache könnte darin liegen, daß die japanischen Künstler nur oberflächliche Kenntnis der indischen Ikonographie besaßen, weil ihnen die Modelle zur Nachbildung fehlten und sie die Texte, die der Ausführung dieser Statuen zugrunde lagen, weniger gut kannten.

Wissensgeste (Chi-Ken-in)

Die Geste, bei der der Zeigefinger der linken Hand (weibliches Prinzip) von der rechten Hand (männliches Prinzip) umschlossen wird, symbolisiert die Überwindung der Dualität durch Weisheit. Das Verschmelzen der Gegensätze im Absoluten wird durch die Vereinigung der linken Hand, der Welt der Lebewesen, mit der rechten Hand, der Welt der Buddhas, zum Ausdruck gebracht. Die Finger der rechten Hand, die die fünf Weisheiten der fünf Buddhas (Dainichi, Ashuku, Hosho, Amida und Shaka) darstellen, umarmen den Zeigefinger der linken Hand in derselben Weise, wie das Leben von der Buddha-Weisheit »umarmt« wird. Diese Geste weist darauf hin, daß im Grunde jeder die Buddha-Natur, die jenseits aller Dualität liegt, in sich trägt.

Die Wissensgeste ist eine spezifische Mudra des Dainichi (Vairochana). Durch seine allumfassende Intelligenz hat er erkannt, daß es keinen Unterschied zwischen der materiellen und der göttlichen Welt gibt.

Dainichi

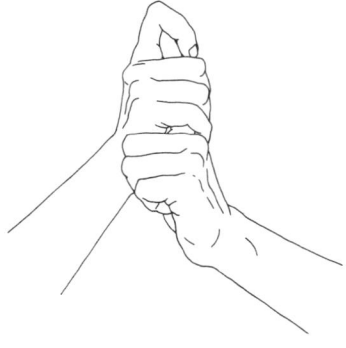

Mudra der Allgegenwart
(Mushofushi-In)

Mushofushi-In, die Mudra der Allgegenwart, symbolisiert die esoterische Lehre selbst, die in der Dreiheit von Körper, Rede und Geist die verschiedenen Ausdrucksformen ein und derselben Realität sieht. Alles ist Buddha und soll Buddha werden. Aus diesem Grunde soll der Gläubige mit seinem Verstand Buddhas Gedanken denken, mit dem Mund Buddhas Worte sprechen und mit seinem Leib Buddhas Körper darstellen, letzteres durch die symbolischen Handzeichen. Verwandelt sich der Gläubige auf diese Weise in einen Buddha, so ist er im Besitz magischer Kräfte.

> »Damit aber diese magische Kraft sich entfalte, sind ganz bestimmte Formen zu beobachten, die in den Ritualregeln (Gi-Ki) bis ins kleinste vorgeschrieben werden. Während die geringste Mißachtung derselben den ganzen Ritus unwirksam macht, wird durch die Einhaltung der Mensch mit dem Leib, Mund und Geist zum Buddha, darum auch gegen jede äußere Schädigung gefeit. Der Ritus heißt daher auch ›Leibesschutzmethode‹ (Paritrana).«[74]

Die drei Öffnungen, die durch die Stellung der Finger erreicht werden, symbolisieren die drei Mysterien (Körper, Sprache und Geist), die untrennbar miteinander verbundenen Aspekte der großen Einheit.

Diese Mudra, die auch als Rit-In, als Geste des Stupa bezeichnet wird, stellt den Buddha Dainichi (Vairochana) dar, der im rechtshändigen Tantrismus als höchster Gott das gesamte Universum repräsentiert. Sein Körper, der in zwei ergänzende Bestandteile aufgeteilt ist, symbolisiert das passive geistige Element des Mutterschoßes und das aktive materielle Diamantelement. Der Stupa, das Attribut des Vairochana, ist ein Kultobjekt, das in seinen einzelnen Teilen ein monumentales Abbild des Kosmos darstellt. Nach Ansicht der Shingon-Anhänger symbolisiert der Stupa als Ausdruck höchster Realität den Buddha Vairochana selber, der sich in den fünf Elementen (Erde, Wasser, Feuer, Luft, Äther) manifestiert.

Mit dieser Mudra wird einzig und allein Dainichi (Vairochana) dargestellt, der das höchste Prinzip des esoterischen Systems symbolisiert.

Äther
Luft
Feuer
Wasser
Erde

74 Ohm, Seite 239

Der Diamantgriff
(Kongo-gassho)

Diese Mudra, bei der die rechte Hand (Welt der Buddhas) die linke (Welt der Phänomene) berührt, symbolisiert den Zustand der Nichtdualität. Auch wenn die beiden Welten in Wirklichkeit nicht voneinander zu trennen sind, so erfährt der Unwissende sie äußerlich doch immer wieder in ihrem dualistischen Aspekt. Dualitätsgedanken kommen aus einem verdunkelten Geist, der erfüllt ist von Unwissenheit. Nach Ansicht der Tantriker gibt es keinen Unterschied zwischen Gut und Böse, Rein und Unrein, sondern allein die Überwindung des Dualismus und die Einheit des Geistes. Der Wissende erkennt, daß es weder Unterschiede noch Polaritäten gibt. Für ihn sind Erdenwandel und Nirvana untrennbar eins, da sie nur Zustände des Bewußtseins sind. Wird der Schleier der Unwissenheit zerrissen, gibt es keinen Unterschied mehr zwischen der materiellen und der transzendenten Welt.

Heilige Personen und Bodhisattvas werden mit dieser Geste dargestellt.

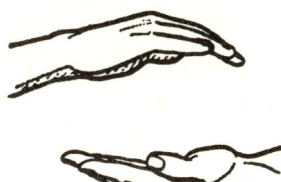

Die Mudra von Buddhas Almosenschale
(Buppatsu-In)

Buppatsu-In stellt den eine Almosenschale tragenden Buddha dar. Die Almosenschale (Patra), das Hoheitszeichen des Buddha, symbolisiert seine Weigerung, die Stellung eines Weltherrschers einzunehmen. Die Buddhisten vertreten die Meinung, daß das Betteln ein Nährboden vieler Tugenden sei. Die Mönche, die sich auf diese Weise ihr Brot verdienen, haben keineswegs das Gefühl, Müßiggänger zu sein, sondern sehen in der täglichen Ausübung des Bettelns eine Möglichkeit, ihren Körper, ihre Sinneseindrücke und Gedanken zu kontrollieren. Das Fehlen aller Bindungen, die Freiheit des Kommens und Gehens, die völlige Unabhängigkeit wird als ein großer Vorteil des Bettelns angesehen. Buddha selbst zog jahrelang als Bettelmönch mit geschorenem Kopf und der Almosenschale in der Hand in Begleitung von nur ein paar Jüngern von Dorf zu Dorf.

»Es war ein ewig gleicher Tagesablauf. Mit Sonnenaufgang stand er auf und wanderte in der Morgenkühle zum nächsten Dorf, um seinen Lebensunterhalt zu erbetteln. Schweigend blieb er vor jeder Hütte stehen und hielt die Almosenschale vor sich hin. Bekam er etwas, ging er wortlos und ohne Dank weiter, denn es war ja der Spender, der sich durch seine Gabe Verdienste erwarb; wozu ihm dann danken.

Bekamen der Buddha und seine Mönche nichts oder nicht genug, so gingen sie zur nächsten Hütte und warteten wieder schweigend. Wählerisch durften sie nicht sein, und sie waren es auch nicht. Deshalb ließen sie keine Hütte aus, um nicht in den Verdacht zu geraten, nur dorthin zu gehen, wo es gutes Essen gab. Lediglich Fleisch mußten sie ablehnen, wenn zu vermuten war, daß das Tier ihretwegen geschlachtet worden war.«[75]

Da Freigebigkeit als eine der größten Tugenden angesehen wurde, war der Spender stets der Beschenkte. Die Vergabe von Almosen gab dem Besitzenden Gelegenheit, Verdienste zu erwerben.

Die Handstellung der Almosenschale ist eine typische Mudra des Shaka (Shakayamuni).

Die Mudra der Ölungszeremonie (Kanjo-In)

Die Kanjo-In ist eine Mudra, die die Ölungszeremonie begleitet. Diese Zeremonie wird in esoterischen Sekten meist als rituelle Einweihung benutzt. Die buddhistische Kanjo ist jedoch mehr als das. Sie bestätigt, daß der neu eingeweihte Priester sich auf dem Weg zur Erleuchtung befindet. Während der ältere Buddhismus die Ölungszeremonie nur für die Einsetzung eines Herrschers kannte, entwickelte sie sich im esoterischen Buddhismus zu einem Ritual magisch-religiösen Charakters.

Diese Mudra wird in der Ikonographie meist von Personen eines untergeordneten Ordens ausgeführt. Ein Buddha wird nie mit dieser Mudra gezeigt.

Die Mudra, die die Formen versteckt (Ongyo-In)

Das magische Ziel dieser Mudra ist es, sich vor den Augen der anderen zu verstecken. Das Sich-unsichtbar-machen-Können ist eine Eigenschaft der Göt-

tin Marichi, die in Tibet als die Göttin des Sonnenaufgangs bezeichnet wird.
Sie ist eine Begleiterin Suryas, des Sonnengottes, um den sie sich so schnell
dreht, daß man sie nicht mehr sieht. Niemand kann sie wahrnehmen, erkennen, fangen, täuschen, verletzen, bestrafen oder berauben. Indem der Gläubige diese Mudra ausführt und sich vorstellt, in ihrem Herzen versteckt zu
sein, wird er für alles Böse unsichtbar sein und alle Katastrophen vermeiden.

Die Mudras des Buddha Amida

Amida und das Reine Land

> Ich bin, wahrhaftig, ein glücklicher Mensch!
> Ich suche, sooft ich mag, das Reine Land auf:
> bin dort und bin hier,
> bin dort und bin hier,
> dort und hier.
> »Namu-amida-butsu! Namu-amida-butsu!«[76]

Amidas Wunsch ist, daß alle Wesen in sein Land der Reinheit und der Seligkeit kommen. Als er die Erleuchtung erlangte, verwandelte sich seine Umgebung in ein »reines Land«. Es ist eine verbreitete Meinung der Mystiker, daß
sich die Umgebung im Einklang mit einer subjektiven Wandlung verändert.
Als Amida die Erleuchtung zuteil wurde, veränderte sich seine Umwelt in der
gleichen Weise wie er selbst. Nachdem er viele Jahre an sich gearbeitet und
sich von allen unreinen Empfindungen befreit hatte, gelangte er ins Reine
Land, in dem sich keine Spur von Befleckung oder Unreinheit fand. Sein Körper sandte Lichtstrahlen aus, die alle Welten, das ganze Universum beleuch-
teten. Wo immer Amida sich befand, veränderte sich das Reich mit ihm und
wurde zu einem Ort, der anderen in ihren Bemühungen nach Erleuchtung
dienlich war.

Im Reinen Land geboren zu werden, heißt nicht, »viele Millionen Kilometer nach Westen« zu pilgern, sondern dieses Paradies in sich selbst zu entdek-
ken. Derjenige, der mit Ernst, Aufrichtigkeit und Hingabe an Amida glaubt,
trägt das Reine Land bereits in sich selbst.

Das Reich wird Wirklichkeit, indem der Gläubige den tiefsten Wunsch hat,
im Reinen Land geboren zu werden und stets den Namen Amidas, »Namu
Amida Butsu« (Ich nehme Zuflucht zu Buddha Amida) wiederholt.

76 Suzuki, Seite 145

Hakuin, ein bekannter Zen-Meister, berichtet von zwei Schülern, Yeno und Yengu, die die Erleuchtung (Satori) durch die ständige Wiederholung von Amidas Namen gewannen.

»Beide widmeten sich dem Aufsagen des Nembutsu, und Yenyo erreichte als erster die Stufe der Selbst-Identifizierung, als er plötzlich die Erfahrung gewann, die ihn endgültig von seiner Wiedergeburt im Reinen Land überzeugte. Er verließ seinen Wohnort in Yamashiro und ging nach Yenshu, um einen Meister mit Namen Dokutan Rojin aufzusuchen.
Dokutan fragte ihn: ›Wo kommst du her?‹
Yenyo antwortete: ›Aus Yamashiro.‹
Dokutan: ›Zu welcher Schule gehörst du?‹
Yenyo: ›Zur Schule des Reinen Landes.‹
Dokutan: ›Wie alt ist Amida Nyorai?‹
Yenyo: ›So alt wie ich selbst.‹
Dokutan: ›Wie alt bist du?‹
Yenyo: ›So alt wie Amida.‹
Dokutan: ›Wo ist er im Augenblick?‹
Yenyo schloß seine linke Hand zur Faust und hob sie ein wenig. Dokutan wunderte sich über die Gewißheit der Wiedergeburt, die diesem Joda-Anhänger mit Hilfe des Nembutsu zuteil wurde. Der andere Schüler, Yengu, soll auch in nicht allzu langer Zeit diese Sicherheit erlangt haben.«[77]

Der Gläubige trägt sozusagen das Reine Land stets in sich und wird sich, wenn er die magische Formel Namu Amida Butsu ausspricht, der Anwesenheit des Reinen Landes in sich bewußt. Wird das »Namu-amida-butsu« als philosophisches System betrachtet, so teilt man es zunächst in die beiden Teile »Namu« (Ki) und »Amida-butsu« (Ho). Namu beziehungsweise Ki repräsentiert den mit allen möglichen Sünden beladenen gewöhnlichen Menschen und Ho den Buddha des unendlichen Lichts und des ewigen Lebens. Ho, die Andere Kraft, und Ki, die Ich-Kraft, stehen im Gegensatz zueinander. Um im Reinen Land geboren zu werden, muß sich der Gläubige völlig von der Ich-Kraft lösen und sich der Anderen Kraft hingeben. Nach Ansicht der Shin-Lehre ist Amida die einzige wesentliche Kraft, die selbstvergessen, wie von alleine, wirkt.

»Wir lassen Amida sein Werk tun. Wir fügen von unserer Seite nichts zu Amidas Werk hinzu. Diese Doktrin der Anderen Kraft oder des monadischen Prinzips basiert auf der Vorstellung, daß wir menschlichen Wesen

---

77 Suzuki, T.: *Erfülltes Leben aus Zen*, Seite 113, 114.

geistig relativ angelegt sind, und solange wir so sind, ist nichts in uns, keine Kraft, die uns befähigt, den Strom von Geburt und Tod zu überqueren. Amida muß von der anderen Seite herüberkommen und uns auf dem Boot seines wirksamen Gelübdes hinüberbringen – das heißt, vermittels seines Hongan, seines freundlichen Dharma.

Es liegt ein tiefer, unüberbrückbarer Abgrund zwischen Amida und uns, und wir sind so schwer mit karmischen Hindernissen beladen, daß wir sie nicht aus eigener Kraft abschütteln können. Amida muß kommen und uns helfen, muß seine Arme vom entferntesten Ende her ausstrecken...

Es ist richtig zu sagen, daß die Andere Kraft selbst alles tue. Wir lassen sie lediglich ihr Werk vollenden, doch müssen wir uns nichtsdestoweniger des Wirkens der Anderen Kraft in uns bewußt werden. Wenn wir uns des Wirkens Amidas nicht bewußt sind, können wir niemals gerettet werden. Wir können uns dann niemals der Tatsache bewußt oder sicher sein, daß wir im Reinen Land geboren worden sind und unsere Erleuchtung erlangt haben. Um zu diesem Bewußtsein zu kommen, müssen wir alle Kräfte verausgaben. Da mag Amida noch so lange dastehen und uns winken, daß wir auf die andere Seite kommen sollen, an der er steht, wir aber können Amida nicht sehen, solange wir nicht alles getan haben, was wir tun konnten.«[78]

Namu-amida-butsu symbolisiert die Vereinigung von Ich-Kraft und der Anderen Kraft, vom Reinen Land (Jodo), dem Reich des Absoluten, und dem Land der Befleckung (Shaba), dem Reich der Relativität.

»Wenn ich sage ›Namu-amida-butsu‹, fühle ich meine Gedanken, alles Hemmende zu Frühlingsschnee werden:
Wie dieser, wenn er den Boden berührt, schmilzt es hinweg.«[79]

Mudra der Meditation
(Jo-In)

Diese Mudra, die der historische Gautama Buddha unter dem Bodhi-Baum ausführte, ist eine Geste, mit der Amida sehr oft in der Ikonographie dargestellt wird. Die Jo-In-Mudra, in der die rechte Hand (die Welt der Buddhas) auf der linken (die Welt der menschlichen Wesen) ruht, symbolisiert die Vereinigung des Absoluten mit dem Relativen. Der Kreis, der von den Fingern der rechten Hand geformt wird, stellt das göttliche Gesetz des Buddha dar, der

---

78 Suzuki, D. T.: *Amida – der Buddha der Liebe*, Seite 66, 67
79 Suzuki, D. T.: *Der westliche und der östliche Weg*, Seite 133

Kreis, der von den Fingern der linken Hand geformt wird, das menschliche Gesetz des Buddha. Befinden sich beide Kreise in Harmonie nebeneinander, so symbolisieren sie die Identität des Individuums mit dem alleserlösenden und allerbarmenden Buddha. Jo-In ist eine Integration von Subjekt und Objekt, von Gläubigem und Amida, von Namu (dem Anbetenden) und Buddha (dem Angebeteten). Durch die Nachahmung dieser Mudra, das Aussprechen des Myogo (Namu-amida-butsu) und die Versenkung über die Vollkommenheit des Reinen Landes kommt es zu einer mystischen Identifikation.

Amida mit Meditationsgeste (Japan)

Kukai als Kind (Japan, 14. Jahrhundert)

Amida mit Beschwichtigungsgeste (Japan)

Die Beschwichtigungsgeste
(An-I-In)

Diese Geste, bei der sich der Daumen mit dem Zeigefinger, Mittelfinger oder Ringfinger berührt, soll an das Rad der Lehre erinnern, das von Gautama Buddha in Bewegung gesetzt wurde. In Indien entspricht der An-I-In die Diskussionsmudra, die Buddha ausführte, als er sich entschloß, seine Lehre der Welt mitzuteilen.

Im esoterischen Buddhismus symbolisiert der Kreis, der von den Fingern geformt wird, die Weisheit des Buddha und sein großes Mitleid.

Die Beschwichtigungsgeste wird auch als Seppo-In (Geste des Gesetzes) bezeichnet, die die verschiedenen Amidas ausführen, um den Gläubigen die Doktrin der buddhistischen Lehre zu vermitteln. Die Verbindung des Daumens mit den verschiedenen Fingern drückt den Rang der verschiedenen esoterischen Amidas, der Amidas der sogenannten mittleren und unteren Klassen aus. Die Seppo-In des esoterischen Amida, des Amida der mittleren Klasse, ist ursprünglich als eine Form der Meditationsgeste (Abbildung Seite 256) zu betrachten, bei der die Hände im Schoß übereinandergelegt sind und sich die Ringfinger mit dem Daumen berühren. Genauso wie bei dieser bildet der Daumen, der sich entweder mit dem Zeigefinger, Mittelfinger oder dem kleinen Finger verbindet, einen Kreis. Indem der Buddha seine Hände aus der Meditationshaltung in Brusthöhe erhebt, verwandelt sich die Jo-In (Meditationsmudra) in zwei Seppo-In. Die Verkettung dieser beiden Mudras symbolisiert den meditierenden Buddha, der nach seiner Erleuchtung die Meditation unterbrach, um seine Lehre zu verkündigen.

Amidas der mittleren Klassen

Niedriges Leben   Mittleres Leben   Höheres Leben

Bei den Amidas der unteren Klasse stellt die erhobene rechte Hand die Suche nach Erleuchtung dar. Die fünf Finger symbolisieren die Welt der Bodhisattvas, der exoterischen und der esoterischen Buddhas. Die linke Hand, die

nach unten weist, symbolisiert die Welt der menschlichen Wesen. Die fünf
Finger dieser Hand repräsentieren die Welt der Menschen, der Götter, der
Toten, der Tiere und der Höllenwesen.

Die Mudra der unteren Klasse, die das höchste Leben symbolisiert, ist die
Handstellung, mit der Amida am häufigsten dargestellt wird. Sie symbolisiert
seinen Abstieg vom Himmel auf die Erde, um die Seelen der Toten zu suchen.
Stirbt ein gläubiger Mensch, so bringt Amida, der Herr des großen Mitleids,
eine Lotosblüte herbei, auf der er die frommen Seelen ins Land der Reinheit
trägt.

Amidas der unteren Klassen

Niedriges Leben   Mittleres Leben   Höheres Leben

Die geheimen Gesten des Rituals

Die Enthüllung des Geheimnisses

Als Emile Guimet, der Gründer des asiatischen Museums in Paris, im Jahre
1867 nach Japan reiste, erregten die Rituale der Shingon-Sekte seine Aufmerksamkeit. Er bemerkte, daß sich die Hände der Priester, während sie ihre
Gebete rezitierten oder sangen, unter den weiten Roben bewegten. Voller
Neugierde versuchte Guimet das geheimnisvolle Gehabe zu enträtseln. Alles,
was er jedoch von den Priestern in Erfahrung bringen konnte, war, daß es sich
um rituelle Gesten beziehungsweise Siegel (In) handelte, die der strengsten
Geheimhaltung unterlagen. Die Lehrer drohten ihren Mönchen mit den här-
testen Strafen, falls sie es wagen sollten, das Geheimnis an nicht eingeweihte
Personen weiterzugeben. Guimet stieß jedoch in Kyoto auf einen Mönch, der,
fasziniert von dem Angebot Guimets, sich von einem französischen bekannten Maler portraitieren zu lassen, ihm ein Buch über die mysteriösen Handge-

sten aushändigte. Glücklich über seinen Fund kehrte Guimet nach Paris zurück, um seinen japanischen Kollegen seine neue Entdeckung zu zeigen. Der Japaner Imaizumi, der selbst jahrelang ein Novize der Shingon-Sekte gewesen war, versuchte, das mysteriöse Buch zu übersetzen. Nach langer und mühsamer Arbeit erklärte er, daß er nicht in der Lage sei, die Handzeichen zu entziffern. In den folgenden Jahren versuchten mehrere japanische und chinesische Gelehrte, das Buch zu übersetzen. Ihre Mühe blieb jedoch stets ohne Erfolg. Guimet hatte bereits die Hoffnung aufgegeben, die merkwürdigen Handzeichen zu entziffern, als im Jahre 1893 Haryo Toki, der Vorsitzende des Shingon-Klosters von Mitani-ji, Paris besuchte. Nach langem Drängen entschloß sich Haryo, wenigstens eine Ecke des Schleiers zu lüften. Er machte Guimet jedoch darauf aufmerksam, daß er sich bei seiner Übersetzung nur auf die Stellen beziehen werde, die für einen Novizen geeignet seien, der noch nicht in die Tiefe der Lehre vorgedrungen sei. Die Übersetzung der Gebete und Mantras lehnte er strikt ab. Seine Übersetzung erschien unter dem Titel SI-DO-IN-DZOU im Jahre 1899 in Paris.

Einige Mudras werden heimlich in den weiten Ärmeln des Gewandes durchgeführt

Von den etwa 400 Mudras, die in diesem Buch beschrieben sind, werden im folgenden einige näher erklärt.

Mudra des Gelübdes
(Niou-Boutsu-Sammaya)

Diese Mudra symbolisiert das Gelübde (Sammaya) des Priesters, sowohl für sich selbst als auch für andere Erleuchtung zu erlangen. Da die Buddha-Natur in jedem Menschen in gleichem Maße vorhanden ist und alle das gleiche Anrecht auf Erleuchtung (Bodhi) haben, entschließt sich der Priester, alle zu erlösen und sie mit sich ins Paradies zu nehmen. Bei der Mudra des Gelübdes berühren sich die Handinnenflächen und die Spitzen der Zeigefinger, der Mittelfinger, der Ringfinger und der kleinen Finger so, daß ein kleiner Zwischenraum entsteht. Die Daumen sind gekrümmt und berühren die Zeigefinger.

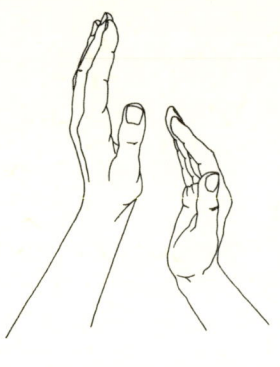

Klatschen der Hände
(Kakou-Chou)

Durch das Klatschen der Hände vermag der Priester sowohl die Menschen zum Glauben zu bekehren als auch die Dämonen und die bösen Geister zu vertreiben.

Mudra der Ungeduld
(Mou-Kouan-Nin)

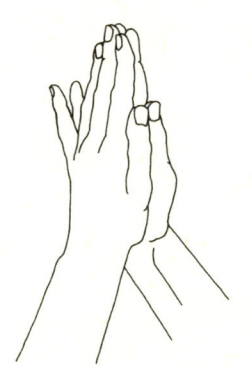

Die Geste, bei der sich Zeigefinger, Mittelfinger und Ringfinger berühren, die beiden Daumen dicht aneinanderliegen und die kleinen Finger frei auseinander stehen, wird als Mudra der Ungeduld bezeichnet. Sie drückt den glühenden Wunsch des Praktizierenden aus, allen Menschen zur Erlösung zu verhelfen. Diese Mudra, die auch als Lotosknospe bezeichnet wird, symbolisiert die verborgene Buddhaschaft, die jeder Mensch in seiner Tiefe zu finden vermag. Indem der Adept die kleinen Finger nach rechts und links bewegt, imitiert er die Bewegung des Wassers, durch das die Knospe (Buddhaschaft) zum Blühen gebracht werden soll.

Mudra der Yoga-Vase
(Yoga-Dji-Hatchi)

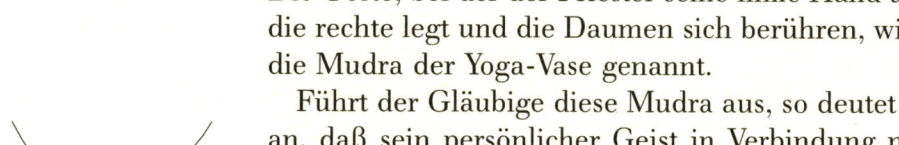

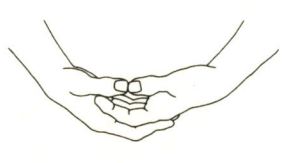

Die Geste, bei der der Priester seine linke Hand auf die rechte legt und die Daumen sich berühren, wird die Mudra der Yoga-Vase genannt.

Führt der Gläubige diese Mudra aus, so deutet er an, daß sein persönlicher Geist in Verbindung mit dem höchsten Selbst, mit dem universal-kosmischen Bewußtsein steht. Das Wort Yoga, das von der Sanskrit-Wurzel Yuj (binden, anjochen) stammt, bedeutet das Anjochen aller Kräfte des Körpers, des Verstandes und der Seele an Gott.

Die Vase, eines der ältesten mystischen Symbole des Buddhismus, symbolisiert den Behälter der

Wahrheit. Indem der Gläubige sein Herz wie das Innere einer Vase leert, kann er die Wahrheit der Doktrin empfangen.

Mudra, die die Angst beseitigt
(Se-Mou-I)

Mit dieser Geste möchte der Priester den Menschen von seiner Angst befreien. Solange er von Angst ergriffen ist, die ihn verkrampft, verwirrt und gewalttätig macht, vermag er den höchsten Berg nicht zu erklimmen.

Indem der Priester mit seiner rechten Hand das Seil umfaßt und seine linke Hand geöffnet in Stirnhöhe hält, nimmt er die Gläubigen in die angstfreie Welt des Buddha auf. Die fünf Finger als Symbole der fünf Elemente repräsentieren die vollendete Welt des Buddha.

Kensa ist das Seil, mit dem die Buddhas und Bodhisattvas alle Lebewesen zu fesseln vermögen. In Japan, wo das Seil ein Attribut Avalokiteshvaras ist, symbolisiert es die allumfassende Liebe der Buddhas und Bodhisattvas. Mit Hilfe dieses Seiles können alle Lebewesen eingefangen und zur Erlösung geführt werden. Das Seil symbolisiert ferner die fünf Gebote beziehungsweise die fünf Kardinaltugenden des Buddhismus:
1. nicht zu töten (Wohlwollen)
2. nicht zu stehlen (Rechtschaffenheit)
3. nicht die Ehe zu brechen (Anstand)
4. nicht zu lügen (Aufrichtigkeit)
5. keinen Alkohol zu trinken (Weisheit)

Mudra des Mitleidsauges
(Hi-Cho-Ghen)

Die Geste, bei der Mittelfinger und Ringfinger gestreckt und die anderen Finger gebogen sind, wird als das »Mitleidsauge« bezeichnet.

Diese Mudra hat ihren Namen von den Augen der Buddhas beziehungsweise Bodhisattvas, die auch als die Augen des großen Mitleids bezeichnet werden. Ein Buddha, der durch die Tugend des grenzenlosen Mitleids alle Grenzen zwischen dem eigenen und dem fremden Selbst völlig auszulöschen vermag, ist bereit, tausend Leiden zu erdulden, um alle anderen Wesen aus dem Strom des Leidens zu erretten. Beherrscht vom großen Mitleid, sucht er nach dem Glück und Wohl aller. Gleichgültig, ob sie ihm lieb, gleichgültig oder feindlich gesinnt sind, schließt er alle in sein Mitgefühl ein.

Mudra von Buddhas Bauchnabel (Niorai-Hosso)

Die Mudra, bei der die Hände so gefaltet sind, daß die Daumen, Zeigefinger, Mittelfinger und kleinen Finger übereinander geschlagen sind und nur die Ringfinger aufrecht stehen, wird »Buddhas Bauchnabel« genannt. Mit dieser Mudra möchte der Priester den Bauchnabel Buddhas erhalten. In der buddhistischen Terminologie wird der Bauchnabel als »Meer des Lebens« bezeichnet und gilt als Zentrum vitaler Energien. Für den Buddhisten steht der Bauch für die Gesamtheit des Wesens.

Während der Kopf ein Symbol des Verstandes, des Bewußtseins ist, symbolisiert der Bauch, aus dem wir alle kommen, das Unbewußte, die Natur selbst. Der Bauch (Hara) ist es, der die Natur fühlt und sie in ihrem Sosein versteht. In China und Japan sagen die Menschen oft, wenn sie vor irgendwelchen Problemen stehen: »Denk mit deinem Bauch« oder »Frag deinen Bauch.« Der Bauch spielt bei den Meditationsübungen eine große Rolle.

»So bringt die Übung vollkommener Unbeweglichkeit des Leibes, wenn sie in der rechten Haltung und mit Stetigkeit geübt wird, nicht nur während der Übung selbst den Genuß einer ganz neuen, und zwar der Grunddimension des Lebens, sondern, wenn sie durch Jahre hindurch fortgesetzt wird, eine Gemütsverfassung hervor, die dann auch durch das bewegte Leben des gegenstandsbezogenen Ichs nicht mehr störbar ist, ja, in der der Mensch in der Unruhe selbst wie in allem Wandel des Lebens die Stille des

Einklangs vernimmt. Wo die Stille des Grundes bis in die Oberfläche hin-
aufwächst, spiegelt das Leben sich unverstellt wie es ist und, indem es sich
ungetrübt spiegelt, erkennt der Mensch in allem das große Gesetz.«[80]

Hara, der Bauch oder im übertragenen Sinne der Schwerpunkt in der rechten
Verfassung, bildet gleichsam das Verbindungsstück zwischen dem überwelt-
lichen Sein und dem geschichtlichen Dasein, zwischen dem Erlebnis ur-
sprünglicher Einheit und ihrer kraftvollen Bezeugung in der Welt.

Mudra des Muschelhorns (Horo-No-In)

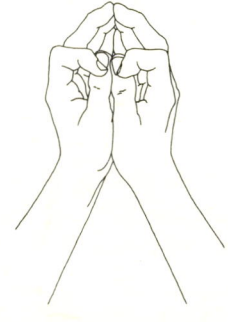

Die Mudra, bei der sich die Fingerspitzen der letzten
drei Finger berühren, die Daumen aufgerichtet sind
und die Zeigefinger die Nägel der Daumen berühren,
wird »Muschelhorn« genannt.

Hora-No-In symbolisiert die Verbreitung der uni-
versellen Lehre Buddhas. Der beeindruckende Laut
des Muschelhorns symbolisiert die Stimme Buddhas,
mit der es ihm gelang, Menschen um sich zu versammeln, die begierig seinen Worten lauschten. Es wird
gesagt, daß Gautama Buddha, wenn er seine Löwenstimme erhob, viele Zuhörer sofort zu überzeugen
vermochte.

Mudra von Buddhas Stirn (Niorai-Tcho)

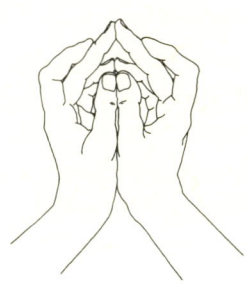

Die Mudra, bei der die Zeigefinger auf den Rücken
der Mittelfinger liegen, die sich an der äußersten
Spitze berühren, die Ringfinger und die kleinen Finger gekrümmt sind und die Daumen berühren, wird
»Buddhas Stirn« genannt.

Mit dieser Mudra möchte der Eingeweihte die
»Stirn Buddhas« erwerben. Nach tantrischer Tradition befindet sich auf der Stirn zwischen den Augenbrauen ein drittes Auge, das Auge der Weisheit

80 Dürckheim, Karlfried von: *Japan und die Kultur der Stille*, Seite 38

(Prajna), das den Gläubigen befähigt, mitten in den Urgrund der Wirklichkeit selbst einzudringen. Es handelt sich hier nicht um das gewöhnliche Sehen, das Sehen mittels relativer Kenntnisse, sondern um eine spezifische Art von Intuition. Buddha koppelte das reine Wissen (Jnana) mit dem Sehen (Pasya), da intellektuelles Wissen ohne innere Erfahrung keine Tiefe hat und die Realitäten des Lebens nicht zu erfassen vermag. Bei buddhistischen Statuen wird das Prajna-Auge häufig durch einen einfachen Fleck oder einen Edelstein dargestellt. Zum Wahrnehmen dieses Lichts, das einen transzendenten Ursprung hat, bedarf es nicht nur der quantitativen Steigerung der gewöhnlichen Wahrnehmungskraft, sondern der Entwicklung eines qualitativen Wahrnehmungspotentials.

Djo-Foudo

Djo Foudo
(10. Jahrhundert)

Das Djo-Foudo-Ritual umfaßt sieben Mudras. Foudo Myoo, der Unbewegliche, ist der Buddha, der dem Gläubigen die Kraft gibt, das Böse (Mara), die Dämonen in sich zu bekämpfen. Indem der Priester sich mit Foudo Myoo identifiziert, wird er sich seiner verborgenen Buddha-Natur bewußt. Das Schwert der Weisheit ist ein charakteristisches Symbol des Buddha Foudo. Meist trägt er in seiner rechten Hand, der Hand der Weisheit, das Schwert und in seiner linken das Seil. Mit Hilfe dieser beiden Waffen tötet er das Böse, die Dämonen, die die buddhistische Doktrin bedrohen.

Im Buddhismus symbolisiert das Schwert den Sieg des Wissens über die Unwissenheit. Das Schwert wird benutzt, um das Böse, die Gier, die Ichhaftigkeit zu bekämpfen. Das wahre wunderbare Schwert des Samuraikämpfers oder des Zen-Meisters hat die Kraft zur Lebenserweckung.

»Der Meister tötet nicht mit dem Schwert, sondern macht damit lebendig. Er tötet, was er töten muß, und macht lebendig, was es gilt, zum Leben zu bringen.«[81]

Das Schwert des Meisters vernichtet allein mit der ihm innewohnenden Kraft das persönliche Ich seines Gegners. Zur gleichen Zeit wird jedoch das wahre Ich berührt und angeregt, sich zu läutern.

Die Mudras des Djo-Foudo-Rituals

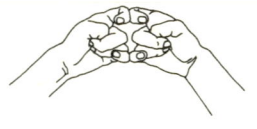

1. Indem der Priester diese Mudra ausführt und seine Hände auf die Brust legt, nimmt er den Körper und die Persönlichkeit des Buddha Foudo an.

2. Durch das Aussprechen des Mantras Ra und die Ausführung dieser Mudra, die die Flammen des Foudo symbolisiert, bewirkt der Priester die Reinigung seines gesamten Wesens.

3. Jetzt führt der Priester die Geste des Schwertziehens aus, um die Dämonen zu bekämpfen. Die rechte Hand, die Weisheitshand, symbolisiert das Schwert, die linke die Scheide, aus der das Schwert gezogen wird.

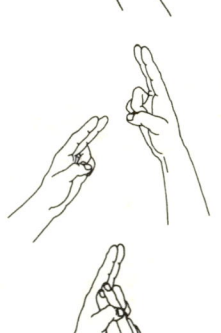

4. Der Priester legt die Scheide auf seinen Kopf, dreht sie dreimal und legt die rechte Hand auf seine rechte Brust. Diese Mudra symbolisiert die erste Drohung.

5. Der Priester steckt das Schwert zurück in die Scheide.

81 Dürckheim, Karlfried von: *Wunderbare Katze*, Seite 53

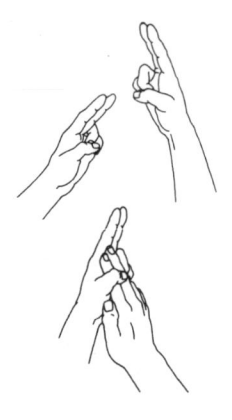

6. Diese Mudra symbolisiert die zweite Drohung. Indem der Priester sein Schwert (rechte Hand) vor die Brust hält, säubert er den gesamten Tempelbereich von allen Dämonen.

7. Die Dämonen sind alle auf der Flucht, und der Priester steckt das Schwert in die Scheide zurück.

Mudra des Bodhisattvas der allumfassenden Liebe (Dji-Shi-Bosatsou)

Die Mudra, bei der sich die Fingerspitzen der letzten drei Finger berühren und die gebeugten Zeigefinger die Daumenspitzen, wird als Mudra des »Bodhisattvas der allumfassenden Liebe« bezeichnet.
Durch diese Mudra identifiziert sich der Priester mit dem Buddha Mirokou (Maitreya), dem Buddha der allumfassenden Liebe.

Mudra des fünfstrahligen Blitzes (Goku-In)

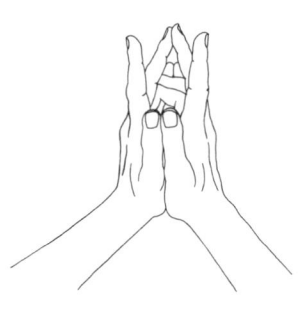

Die Mudra, bei der die Ringfinger übereinandergeschlagen sind, die Spitzen der Mittelfinger und der kleinen Finger sich berühren, die Zeigefinger aufrecht stehen und die Daumen dicht aneinander liegen, wird der »fünfstrahlige Blitz« genannt.
Durch die Nachahmung dieser Mudra erwirbt der Priester die fünf Arten der Intelligenz, die die fünf Buddhas besitzen, die allumfassende Intelligenz Vairochanas, die spiegelgleiche Intelligenz Akshobhyas, die Intelligenz Ratnasambhavas, die in der Vielheit die Einheit sieht, die beobachtende Intelligenz Amitabhas und die handelnde Intelligenz Shakyamunis.

Kapitel 7

Die Gestensprache des Okzidents

Auch im Westen waren die Hände Träger wichtiger Symbole, deren Bedeutung jedoch fast verlorengegangen ist. Im Mittelmeerraum, wo noch heute die Worte mit zahlreichen, lebhaften Gesten unterstrichen werden, spielten die Handgesten sowohl im alltäglichen als auch im religiösen Leben eine wichtige Rolle. Bei den Römern und Griechen der Antike waren die symbolischen Handgesten, von denen einige auch später vom Urchristentum und von christlichen Sekten übernommen wurden, ein wichtiges Element. So legten die heidnischen Römer und Griechen bei der Anbetung ihrer Götter großen Wert auf die sorgfältige Ausführung vorgeschriebener Gesten.

> »Wenn sich der Grieche oder der Römer an eine Gottheit wandte, wenn er sich ihrem Heiligtum näherte, ihrem Idol oder ihrem Altar, wurden nicht bloß die dabei ausgesprochenen Worte individuell gebraucht, sondern er gehorchte auch in allen seinen Akten und in den geringsten Gesten minuziösen Vorschriften, deren Ursprung allen verloren war, deren Wirksamkeit aber niemand in Zweifel zog.«[82]

In der griechischen Kultur gab es wie in der indischen einen hochentwickelten Gebärdentanz, der aus früheren pantomimisch-rituellen Handlungen hervorgegangen ist. Die griechische Gebärdenkunst, die ein ganzes System von Gesten und symbolischen Bewegungen bildete, war eine fertige Tanzsprache. Ein ausgebildeter Tänzer vermochte ein ganzes Schauspiel durch Tanz und Gesten zum Ausdruck zu bringen. Diese Kunst war bis zum sechsten Jahrhundert nach Christus in der römisch-griechischen Welt verbreitet und ging dann wegen der Einwände der Kirchenväter unter.

Vergleicht man die Gebärden aller Zeiten und Zonen, so fällt auf, daß viele davon allen Menschen gemeinsam sind. So gibt es bei vielen Völkern Darstellungen von betenden Menschen mit gefalteten Händen. Die Geste der erhobenen rechten Hand, die man auf römischen und byzantinischen Münzen, Reliefs, Fresken und an Statuen findet, galt vom Vorderen Orient bis zum Mittelmeer als Zeichen weltlicher und religiöser Macht. Mit der Ausbreitung

---

82 Ohm, Seite 47

des Christentums fand diese Geste auch Eingang in die christliche Kunst und symbolisierte die geistige Allmacht.

Bei den Gebärdensprachen ist längst keine so große babylonische Verwirrung eingetreten wie bei den Lautsprachen. Der Grund scheint darin zu liegen, daß die sichtbaren Ausdrucksmöglichkeiten des Menschen nicht so zahlreich sind wie die hörbaren. Da viele Gebärden allen Menschen und Völkern gemeinsam sind, können sie sich durch Gesten bis zu einem gewissen Grad miteinander verständigen.

Die Eigenarten der Völker haben sich auch in ihren Gesten ausgeprägt. So fallen bei den Mittelmeervölkern die lebhaften und lockeren Bewegungen auf, während man bei den nordischen Völkern eher den Eindruck von Verhaltenheit und Steifheit hat.

Genauso wie sich die Gesten der einzelnen Völker unterscheiden, zeichnen sich auch die Religionen durch ihre unterschiedliche Bewertung der Gebärden aus.

Im folgenden wird auf einige der wichtigsten christlichen Gesten eingegangen.

Die Gebetsgeste

Die Geste der zusammengefalteten Hände spielt in vielen Religionen der Welt eine wichtige Rolle.

Im Christentum begleitet diese Geste das Gebet, das ursprünglich nur an Gott gerichtet war. Gebete an Jesus und Maria wurden erst später üblich.

Im Gebet ruft der Gläubige seinen Gott an. Er dankt ihm, preist ihn oder sucht Trost, Hilfe und Vergebung. Die Umgebung und die eingenommene Gebetshaltung stimmen den Gläubigen auf das Gebet ein, das in vieler Hinsicht mit der Meditation vergleichbar ist.

> »Das Anstimmen ritueller Wendungen und Sätze, die immer wieder gesungen werden, widerhallende Musik, Kerzenlicht, Weihegaben, Weihrauch, Glockengeläute, Ehrfurcht einflößende Architektur mit symbolischer Ornamentik, eine für eine bestimmte Zeit eingenommene Haltung, ganz oder halb geschlossene Augen – das sind die traditionellen Begleiterscheinungen des Gebetes, die ein Gefühl der Ehrfurcht und der Vereinigung mit der Gottheit hervorrufen sollen. Durch sie wird auf höchst wirksame Weise die meditative Stimmung erzeugt.«[83]

83 Carrington, Patricia: *Das große Buch der Meditation*, Seite 42

Bei den Christen war das Zusammenlegen der Hände in den ersten Jahrhunderten nicht üblich. Die Urchristen beteten zuerst wie die Heiden mit hoch zum Himmel emporgehobenen Händen und ausgestreckten Armen. Das Erheben und Ausbreiten der Arme war im gesamten vorderen Orient eine der bekanntesten und beliebtesten Gebetsgebärden. Mit der Zeit wurde diese ausladende Geste jedoch eingeschränkt, und die Hände wurden gefaltet. Offenbar widerstrebte es den Christen, die Heiden zu auffällig nachzuahmen. Auch wollte man im Gestus gezügelter, bescheidener und maßvoller sein.

Die Einführung des Händefaltens bei den Christen hat man mit einer germanischen Huldigungsform erklärt. Beim Lehensvertrag reichte der Vasall seine Hände mit aneinandergelegten Flächen seinem Herrn hin, und dieser umschloß sie dann mit den seinigen. Auf diese Weise wollte der Vasall seiner Hingabe an seinen Herrn Ausdruck verleihen.

Bis zum 9. Jahrhundert wurde die Geste der zusammengefalteten Hände jedoch nicht als Gebetsgeste benutzt, da sie mit der Magie in Verbindung gebracht wurde. Bei den Römern und Griechen der Antike galt diese Geste als ein Mittel, Dämonen abzuwehren oder an einen bestimmten Ort zu fesseln. Erst als die Bedeutung dieser Handstellung in Vergessenheit geraten war, konnte sie zu einer christlichen Gebetsgeste werden. Papst Nikolaus I. (857–867) lobte sie als eine schöne und demutsvolle Gebärde und erklärte, sie sei ein Zeichen dafür, daß sich die Christen als Knechte und Gebundene des Herrn erkennen sollten.

Die erhobene Hand

Nach Ansicht einiger Forscher hat die Geste der erhobenen Hand ihren Ursprung im religiösen Ritual der Semiten. Auf Reliefs der alten Babylonier und Syrer werden Götter und Menschen mit dieser Geste gezeigt, die an die buddhistische Abhaya-Mudra, die Geste der Furchtabwendung, erinnert. Aus dieser Ähnlichkeit könnte man schließen, daß es eine historische Verbindung zwischen dem Vorderen Orient und Indien gegeben hat. Ausgrabungen bei Mohenjo Daro im pakistanischen Sind und bei Harappa im Punjab haben gezeigt, daß schon in sehr früher Zeit kulturelle Beziehungen zwischen Indien und dem Zweistromland bestanden haben. Es könnte natürlich auch sein, daß die Geste der erhobenen rechten Hand als universelles Zeichen an verschiedenen Orten zur gleichen Zeit auftrat. In allen semitischen Ländern galt diese magische Geste als Zeichen der Macht. Führte ein Gott sie aus, so bewahrte sie die gläubigen Diener vor allen bösen Einflüssen.

In der jüdischen Religionsgeschichte wird Jahwe, der Gott der Juden, mit der erhobenen rechten Hand beschrieben. So geleitete er sein Volk auf der Flucht aus Ägypten unter dem Schutz seiner erhobenen rechten Hand sicher und unbeschadet aus der Gefahr. Bevor die Israeliten das Rote Meer überqueren mußten, hatte er die Kraft der erhobenen rechten Hand auf seinen Diener Moses übertragen, den er anwies:

> »Du aber hebe deinen Stab auf und recke deine Hand über das Meer und teile es voneinander, daß die Kinder Israel hineingehen, mitten hindurch auf dem Trockenen.« (2. Moses 14,16)

Seine Allmacht manifestiert sich in seiner ausgestreckten rechten Hand:

> »Ich habe die Erde gemacht und Menschen und Vieh, so auf Erden sind, durch meine große Kraft und meinen ausgestreckten Arm und gebe sie, wem ich will.« (Jeremia 27,5)

Als die Israeliten sich von ihm abwandten, stand er mit ausgestreckter Hand vor seinem Volk und sagte:

> »Und ich will wider euch streiten mit ausgestreckter Hand, mit starkem Arm, mit Zorn, Grimm und großer Ungnade.« (Jeremia 21,5)

Durch den starken Einfluß der östlichen Kulturen auf die westliche Welt fand die Geste der erhobenen Hand auch Eingang in diesen Kulturkreis. Mit dem Hellenismus, der Verschmelzung des Abendlandes mit dem Morgenland, begann ein immer regerer Austausch zwischen diesen beiden Welten. Vom vorderen Orient bis zum Mittelmeer übernahmen Könige und Herrscher von den alten orientalischen Göttern die Geste der erhobenen Hand als Zeichen ihrer Macht. Von Alexander dem Großen finden sich Darstellungen, die ihn mit dieser Geste zeigen. Eine Statue in Konstantinopel, die Kaiser Justinian mit ausgestreckter Hand darstellt, symbolisiert die Macht dieses magischen Handzeichens:

> »Indem er seine Hand und Finger zum Orient ausstreckt, befiehlt er den Barbaren, in jenen Vierteln zu bleiben und nicht weiterzugehen.«[84]

Auf römischen, griechischen und alexandrinischen Münzen, Statuen und Reliefs findet man Abbildungen von Herrschern, die diese Geste ausführen.
    Mit der Ausbreitung der christlichen Lehre im römischen Reich erhielt die

---

84 L'Orange: *Studies*, Seite 140

Geste der erhobenen Hand auch in der christlichen Ikonographie Bedeutung. Auf einem Bild in der Katakombe von Gallisto streckt Jesus Lazarus seine ausgestreckte Hand entgegen, um ihn vom Tode auferstehen zu lassen.

Als das Christentum zu einer Staatsreligion geworden war, übernahm es die kaiserlichen Insignien und Machtsymbole. Zu diesen gehörte auch die Geste der ausgestreckten Hand. In dieser Haltung erscheint Christus nun nicht mehr als mystischer Wunderheiler, sondern als mächtiger Schöpfer und Weltherrscher. Auf römischen Mosaiken, die ihn mit ausgestreckter Hand darstellen, verkündet er als Zeichen seiner Allmacht das Gesetz des Evangeliums.

Die Geste des sprechenden Jesus oder die Geste des Logos

Die Geste, bei der Daumen, Zeigefinger und Mittelfinger gestreckt sind und Ringfinger und kleiner Finger die Handinnenfläche berühren, wird als Geste des Logos bezeichnet. Diese Fingerstellung, die in der katholischen Kirche als Segensgeste benutzt wird, hatte ursprünglich eine andere Bedeutung.

> »Diese Geste ist ein spezifisches Kennzeichen des Sabaziokultes, das von hier vielleicht unmittelbar als die sogenannte *benedictio latina* in die liturgische Gewohnheit der christlichen Lehre überging.«[85]

Sabazios ist ein phrygischer Gott, der in hellenistischer Zeit mit dem jüdischen Zebaoth und in den dionysischen Mysterien mit Dionysos identifiziert wird. Die Anhänger dieses Mysterienkultes schufen Bilder von der Hand ihres Gottes. Diese Hand, die die Geste des Logos ausführt, findet sich überall auf zahlreichen Monumenten, Altären, Reliefs und so weiter. Sie symbolisiert, wie später auch im Christentum, das gesprochene Wort. Christus enthüllt mit dieser Geste das Wort Gottes. Im Sabazioskult begleitete sie die Rezitationen magischer Beschwörungsformeln.

Die Katakombenkunst Roms sowie die byzantinische Kunst zeigen Christus mit der Geste des Logos. In seiner linken Hand hält er die Rolle des Evangeliums, die geschriebene Sprache, mit der rechten führt er die Geste des Logos aus, die die Verwirklichung des geschriebenen Wortes in der Welt symbolisiert. Die Rolle und die Geste sind aufs engste miteinander verbunden. Von dieser Geste sind einige Variationen bekannt. Manchmal berühren sich Ring-

---

85 L'Orange, Seite 184

finger, Daumen und Mittelfinger, während Zeigefinger und kleiner Finger gestreckt bleiben. Ein anderes Mal berühren sich Daumen und Mittelfinger. Auch hier bleiben die anderen Finger ausgestreckt. In einer anderen Stellung berühren sich der kleine Finger, der Ringfinger und der Daumen. Die Fingerstellung verändert sich je nach der Aussage, die mit dieser Geste symbolisiert werden soll. Genauso wie im Buddhismus steht diese Geste im Zusammenhang mit der Lehre.

Unter dem Einfluß der christlichen Philosophie des Altertums symbolisierte die Geste des Logos Christus als Philosophen. Abbildungen aus dem 3. Jahrhundert zeigen ihn und seine Jünger in der Tunika des Philosophen, mit der Rolle in der linken Hand und mit der rechten die Geste des Logos (*gestus oratorius*) ausführend. Erscheint Christus als Philosoph, so werden alle Jünger und Heilige um ihn herum zu Philosophen.

Im späteren Christentum verliert diese Geste ihre philosophische Bedeutung und wird zum Zeichen der Autorität des christlichen Dogmas benutzt. Das Entdecken der Wahrheit wird abgelöst durch die Lehre und Auslegung der offenbarten Heilswahrheit. Die Wahrheit wird nicht mehr durch Befragung oder Erforschung des Seienden zu erfahren versucht, da sie in der Offenbarung Gottes bereits gegeben ist. Mosaiken und Malereien zeigen Christus jetzt als Allwissenden, der allein die Geste des Logos ausführt, um die göttliche Offenbarung zu verkünden. Die Jünger werden nicht mehr als Philosophen dargestellt, die sich aufmachen, das Göttliche in der Welt zu entdecken, sondern als diejenigen, die demütig die Heilswahrheit empfangen.

Die Gestensprache des Tanzes im Morgenland und Abendland

Der Tanz als Hauptquelle des kultischen Handelns ist überall in der Welt anzutreffen. Wollten die Völker mit ihren Göttern kommunizieren, so griffen sie zu pantomimischen Mitteln, die in den rituellen Handlungen deutlich zu erkennen sind. Nur in zwei Kulturkreisen der Welt, dem vorder- und hinterindischen und dem griechisch-römischen, hat sich der Kulttanz zu einer Symbol- und Gestensprache, einem Gebärdentanz entwickelt, dessen Hauptzweck eine künstlerische Sinn- und Inhaltsvermittlung war. Da die Entwicklung des pantomischen Tanzes in Indien und Griechenland ähnlich verlief, ist anzunehmen, daß eine gegenseitige Beeinflussung stattgefunden hat. Aus pantomimisch-religiösen Ursprüngen entwickelten beide Völker eine symbol- und gestenreiche Sprache, die später als klassische Tanzkunst bezeichnet wurde. In beiden Kulturen war der Tanz Ausdruck der Religiösität.

Teil eines Gemäldes von Neri di Bicci (1419–1491)

Der Prophet Elijah mit der erhobenen Hand (Leningrad)

Christo Pantocrator (Museo del Monte di Portofino, 12. Jahrhundert)

Christo Pantocrator (russische Ikone, 17. Jahrhundert)

Christo Pantocrator (russische Ikone, 1662)

Tanz zu Ehren des Gottes Dionysos (griechische Vasenmalerei)

Sowohl Inder als auch Griechen waren der Ansicht, daß im Tanz der ganze Mensch spricht und sich dionysisch-ekstatisch und apollinisch-kontemplativ ausdrückt. Dies ist zu erkennen in den berühmten Tänzen des Dionysos, des Gottes der Fruchtbarkeit, und des Apollo, des Gottes des Maßes. Während die dionysischen Tänze ekstatisch-berauschend sind, sind die apollinischen Tänze geordnet und selbstbeherrscht. Beide Elemente gehören zusammen und führen zur mystischen Vereinigung der Seele mit Gott. Diese zwei Elemente werden in Indien von ein und demselben Gott, von Shiva, verkörpert.

Auch die Griechen kannten ein System von Gesten und symbolischen Bewegungen, das der indischen Gestensprache ähnelt. Die griechische Cheironomia war ein ganzes System von Gesten und symbolischen Bewegungen. Wie in Indien spielten die Finger und Hände eine wichtige Rolle bei der tänzerischen Sinnübermittlung. Die Worte Quintilians weisen auf die Bedeutung der Handbewegung in der antiken Welt hin:

»Die Zahl der Bewegungen, deren die Hände fähig sind, ist unberechenbar, fast so groß wie die der Wörter. Sie können sprechen, bitten, versprechen, rufen, verabschieden, drohen und flehen; sie drücken Abscheu, Furcht, Frage, Weigerung, Freude, Trauer, Zagen, Geständnis, Reine, Maß und Überfluß, Zahl und Zeit aus. Haben sie nicht die Fähigkeit zu erregen, zu beruhigen, anzuflehen, zu billigen, zu bewundern, Scham zu bezeigen? Dienen sie nicht wie Adverbia und Pronomina, um Ort und Personen zu bezeichnen?«[86]

Was das Indische vom Griechischen unterscheidet, ist die Art der Nachahmung. Nach Ansicht der Griechen, insbesondere des Aristoteles, war die Gebärdenkunst eine Nachahmung menschlicher Handlungsweisen. Nach Bharata, dem Verfasser des Natyashastra, aber ist der Tanz die Nachahmung innerer Zustände. Es handelt sich beim indischen Tanz um mehr als bloß eine Nachahmung. Es ist der Mensch, der im Tanz seine Affekte und Gefühlsbewegungen verdeutlichen will. Die innere Anteilnahme des Menschen wird in der indischen Gebärdenkunst deutlich hervorgehoben. Die indischen Tänze besitzen eine solche innere Aussagekraft, daß sie kaum mit Worten beschrieben werden können.

»Man erlaube mir, von der verhaltenen Zartheit und schlichten Größe dieser Gebärdentänze zu schweigen; sie wollen erlebt und nicht beschrieben sein. Ausgesprochen mag nur werden, daß eine Tanzkunst dieser höchsten Art an Kulturen gebunden ist, die auch in Malerei und Plastik die unver-

---

86 Zitiert bei Sequeira, Seite 33

gleichliche Gabe besitzen, mit dem zuckenden Leben einer einzigen Linie den letzten Sinn der Erscheinung aufzudecken. Wie sie mit dem flüchtigen Tupf eines Tuschpinsels, mit dem eckigen Ruck eines Holzschnittmessers Götter, Menschen und Natur ihrer Zufallswirklichkeit entheben und in jenes Traumland versetzen, in dem das tiefste Wesen der Dinge, statt in Dämmerung zu verschwimmen, in überwacher Klarheit aufblitzt – das ist Gebärdenkunst.«[87]

Untergang des griechischen Gebärdentanzes

Der griechische Gebärdentanz, der bis zum 6. Jahrhundert nach Christus in der römisch-griechischen Welt aufgeführt wurde, ging schließlich unter, weil die christliche Kirche dagegen Einspruch erhob. Während in Indien Tempeltänzerinnen die Hauptrolle bei der Überlieferung der Gebärdenkunst spielten, ging die frühe christliche Kirche so weit, von einem Tänzer, der in die Kirche aufgenommen zu werden wünschte, die Aufgabe seines Berufes zu verlangen.

Die Tänze der Antike waren der Kirche und den Kirchenvätern suspekt, da sie unlösbar mit dem Heidenkult verknüpft und mit der Religion des auferstandenen Christus nicht zu vereinbaren waren. Besonders die erotischen Tänze, die die heidnischen Griechen und Römer zum Symbol der Vereinigung der Seele mit Gott erhoben, empfanden die Kirchenväter als dekadent. Die heidnische Religiosität mit ihren orgiastisch-dionysischen Wurzeln war den Priestern der jungen Kirche ein Dorn im Auge. Deshalb waren sie ständig bemüht, sämtliche heidnischen Elemente auszumerzen. Volkstänze jeglicher Art von Hochzeitstänzen bis zu Totentänzen riefen bei der Kirche moralische Entrüstung hervor. In einer Synode entschloß sich die Kirche gegen den Hochzeitstanz, da er in ihren Augen als sittenverderbend galt:

»Heutzutage hingegeben besingen die Tanzenden in Hymnen die Aphrodite. Täglich hört man Lieder zu ihren Ehren, die von schmutzigen Erlebnissen nur so strotzen. Wenn Arme in dein Haus kommen, dann ist Christus da. Umgekehrt, wenn dort die weichen Jünglinge (das heißt Ballettänzer) und Mimen tanzen, dann tanzt in ihrer Mitte der Teufel.«[88]

87 Zitiert bei Sequeira, Seite 37
88 Sequeira, Seite 236

Schlußbetrachtungen

Hände sind die Träger wichtiger Symbole, die im Orient noch heute universell verstanden werden. Mit seinen Händen drückt der indische Tänzer das Leben des gesamten Universums aus. Die reiche Symbolik der tänzerischen Gestensprache gewinnt durch ihre Vielzahl an Deutungsmöglichkeiten eine größere Bedeutung für den Geist, als es das Wort vermag. Die hohe Kunst des Gebärdentanzes, die die Abendländer 600 nach Christus verloren haben, lebt noch heute in Hunderten von Dörfern und vielen Städten Indiens weiter.

Während die Mudra in der Gebärdensprache des Tanzes ein Symbol in Bewegung, ein Sprachsymbol ist, das durch den vorausgegangenen Bewegungsablauf und Sinnzusammenhang zu verstehen ist, ist das, was durch eine Mudra in der Ikonographie zum Ausdruck gebracht wird, schon in der Pose enthalten. Die ikonographischen Mudras, die ihre Wurzeln in der klassischen Tanzkunst haben, sind nicht Mittel zum Ausdruck, sondern nur äußeres Zeichen. Die sechs verschiedenen Mudras, mit denen Gautama Buddha dargestellt wird, rufen nicht nur bestimmte Episoden aus seinem Leben in Erinnerung, sondern stehen auch in einem engen Zusammenhang mit der buddhistischen Lehre.

Im tantrischen Ritual verbinden die Mudras den Meditierenden mit der göttlichen Welt. Die wichtigsten Hilfsmittel des Tantrismus für das Fortschreiten auf dem spirituellen Weg sind die Mantrarezitationen, die yogischen Techniken der Visualisation und die Anwendung der Mudras, der symbolischen Handgesten. Ehrfurchtgebietende Gottheiten oder Mandalas dienen dem Tantriker als Visualisationsobjekte, durch deren Identifikation er die Buddhanatur in sich zu erfahren vermag. Die verschiedenen Attribute und die Mudras, mit denen die Gottheiten ikonographisch dargestellt werden, symbolisieren die Stufen und Erfahrungen, die der Yogi auf seinem Weg zur Erleuchtung durchschreitet.

Die im Hatha-Yoga verwendeten Mudras, die Hand- und Körperstellungen, haben einen großen Einfluß auf Körper und Geist. Sie werden benutzt, um sich in einen bestimmten Bewußtseinszustand zu versetzen. Durch das Praktizieren dieser Mudras vermag der Übende nicht nur positiv auf seinen Körper und Geist einzuwirken, sondern auch spirituelle Kräfte zum Erwecken zu bringen. Auch in der indischen Heilkunst spielen die Mudras eine große Rolle. Sie werden benutzt, um die Energien in den Chakras zu erwekken beziehungsweise zu harmonisieren.

Im japanischen esoterischen Buddhismus werden die symbolischen Gesten der Hände sowohl in den geheimen Ritualen als auch in der Ikonographie benutzt. Während die ikonographischen Mudras auf einige wenige begrenzt sind, kennt die Shingon-Sekte unzählige Handstellungen, die von den Priestern und Novizen ausgeführt werden, um die Buddhanatur in sich zu realisieren.

Auch im Westen waren die Hände Träger wichtiger Symbole, die Eingang in die christliche Kultur fanden. In der christlichen Ikonographie sind vor allem die Geste der erhobenen Hand, die des Logos und die der gefalteten Hände bekannt, die als Gebetsgeste benutzt wird. Die Griechen kannten eine Gebärdenkunst, die mit der der Inder zu vergleichen ist. Im 6. Jahrhundert nach Christus ging der griechische Gebärdentanz unter, da für die christliche Kirche der Tanz unlösbar mit dem Heidentum verbunden war.

Während die asiatischen Religionen der Gestensprache im Ritus grundsätzlich positiv gegenüberstehen, legt das Christentum wenig Wert auf die Gebärden. Die Vernachlässigung der Gestensprache im Okzident ist aus ihrer Geschichte und dem Frömmigkeitsempfinden der abendländischen Welt zu verstehen. Der christliche Westen hat den Körper stets als Widersacher und Hindernis auf dem Weg zum Heil betrachtet.

Während der hinduistische oder buddhistische Tantriker seinen Körper als einen heiligen Tempel, als einen Ort der Seligkeit betrachtet, in dem die Weisheit verborgen liegt, hat man im Okzident die dualistische Vorstellung vom Leib als seelenlosen Körper, dem eine körperlose Seele gegenübersteht. Der Körper scheint aller geistigen Wirklichkeit beraubt. Der westliche Mensch »hat« einen Körper, aber er »ist« kein Körper. Der Leib, den man hat, »wird bei uns als Instrument verstanden, mit dem man die Welt bestehen, sich durchsetzen und etwas leisten muß. So wird er »geübt«, das heißt trainiert und behandelt wie ein Apparat, der in Ordnung, haltbar, elastisch und »gut geölt« sein muß, um leistungsstark und reibungslos zu funktionieren.«[89] Der Leib, der man ist, »meint den Menschen, den ganzen Menschen als Person in der Weise, in der er sich nicht nur erlebt, sondern darlebt, das heißt darleibt… So verstanden ist der Leib das Ganze der Gestimmtheiten und Gebärden, in denen sich der Mensch sich selbst als die ihrer selbst bewußte und zugleich die Welt erlebende und in ihr handelnde Person fühlt, ausdrückt und darstellt, in Raum und Zeit besteht oder untergeht, sich zum wahren Selbst hin verwirklicht oder verfehlt.«[90]

89 Dürckheim, Karlfried Graf: *Vom doppelten Ursprung des Menschen*, Seite 170
90 Dürckheim, Seite 171

Die Abwertung des Leibes in der christlichen Welt hat dazu geführt, daß der westliche Mensch die volle Stärke seiner Kommunikation verloren hat. Die klassische indische Tanzkunst könnte zum Vermittler des östlich-westlichen Dialogs werden. Die Körperbewegungen des indischen Tänzers, die oft mehr von der Totalität und dem Hintergrund des Lebens ausdrücken, als es Worte oder Töne vermögen, können den Europäer ebenso berühren wie den Inder.

»Als echte Kunst ist sie gemeinsames Erbe aller Menschen, die sich ›ausdrücken‹ wollen und damit miteinander ›sprechen‹ wollen.«[91]

91 Sequeira, Seite 302

Anmerkungen

(Die Ziffern in Klammern beziehen sich auf die Nummer des zitierten Buches in der Literaturliste)

1. Zitiert bei Sequeira (44), Seite 38
2. Molcho (35), Seite 142
3. Sequeira (44), Seite 16
4. Zitiert bei Glasenapp (21), Seite 314
5. Coomaraswamy (10), Seite 66
6. Coomaraswamy (11), Seite 71
7. Zitiert bei Lehmann (30), Seite 114, 115
8. Zitiert bei Lehmann (30), Seite 13
9. Zitiert bei Lehmann (30), Seite 40
10. Zitiert bei Lehmann (30), Seite 41
11. Zitiert bei Lehmann (30), Seite 41
12. Zitiert bei Lehmann (30), Seite 26
13. Zitiert bei Lehmann (30), Seite 50
14. Zitiert bei Lehmann (30), Seite 58
15. Zitiert bei Anderson (2), Seite 41
16. Zitiert bei Lehmann (30), Seite 211
17. Zitiert bei Percheron (38), Seite 30
18. Conze (9), Seite 88
19. Ohm (36), Seite 67
20. Ohm (36), Seite 53
21. Suzuki (47), Seite 125
22. Suzuki (47), Seite 126, 127
23. Suzuki (47), Seite 128
24. Tieck-Bücher (49), Seite 51
25. Zitiert bei Lehmann (30), Seite 59
26. Zitiert bei Lehmann (30), Seite 59
27. Zitiert bei Lehmann (30), Seite 60, 61
28. Zitiert bei Percheron (38), Seite 23
29. Jaspers (24), Seite 112, 113
30. Suzuki (47), Seite 68, 69
31. Suzuki (47), Seite 70
32. Zitiert bei Fromm und Suzuki (20), Seite 165
33. Jaspers (24), Seite 110
34. Zitiert bei Lehmann (30), Seite 64, 65
35. Zitiert bei Lehmann (30), Seite 71, 72
36. Zitiert bei Lehmann (30), Seite 70, 71

37. Zitiert bei Percheron (38), Seite 48
38. Zitiert bei Lehmann (30), Seite 122, 123
39. Zitiert bei Jaspers (24), Seite 120
40. Zitiert bei Jaspers (24), Seite 124
41. Tieck-Bücher (49), Seite 29
42. Zitiert bei Lehmann (30), Seite 233
43. Tieck-Bücher (49), Seite 91
44. Percheron (38), Seite 38
45. Zitiert bei Lehmann (30), Seite 99
46. Zitiert bei Lehmann (30), Seite 104
47. Zitiert bei Lehmann (30), Seite 101
48. Zitiert bei Glasenapp (21), Seite 318
49. Zitiert bei Bharati (5), Seite 139
50. Zitiert bei Bharati (5), Seite 90
51. Zitiert bei Zimmer (52), Seite 518
52. Zitiert bei Zimmer (52), Seite 520, 521
53. Zitiert bei Zimmer (52), Seite 375
54. Zitiert bei Bharati (5), Seite 91
55. Zitiert bei Anderson (2), Seite 142
56. Zitiert bei Anderson (2), Seite 96
57. Zitiert bei Bharati (5), Seite 177
58. Conze (9), Seite 144
59. Conze (9), Seite 178
60. Zitiert bei Eliade (18), Seite 245
61. Zitiert bei Bharati (5), Seite 172
62. Kakar (26), Seite 185, 186
63. Kakar (26), Seite 161
64. Zitiert bei Kakar (26), Seite 186
65. Zitiert bei Kakar (26), Seite 242, 243
66. Kakar (26), Seite 244, 245
67. Lobo (32), Seite 46, 47
68. Vasu (51), Seite 66
69. Vasu (51), Seite 65
70. Lobo (32), Seite 50, 51
71. Zitiert bei Kakar (26), Seite 211, 212
72. Zitiert bei Suzuki (47), Seite 56
73. Dürckheim (15), Seite 60
74. Ohm (36), Seite 239
75. Lehmann (30), Seite 157, 158
76. Suzuki (47), Seite 145
77. Suzuki (48), Seite 113, 114
78. Suzuki (45), Seite 66, 67
79. Suzuki (47), Seite 133
80. Dürckheim (13), Seite 38
81. Dürckheim (15), Seite 53
82. Ohm (3), Seite 47
83. Carrington (7), Seite 42
84. L'Orange (37), Seite 140

85. L'Orange (37), Seite 184
86. Zitiert bei Sequeira (44), Seite 33
87. Zitiert bei Sequeira (44), Seite 37
88. Sequeira (44), Seite 236
89. Dürckheim (14), Seite 170
90. Dürckheim (14), Seite 171
91. Sequeira (44), Seite 302

Abbildungsnachweis

Art Institute of Chicago: Farbtafel nach Seite 256.

Musée Guimet, Paris: Seiten 22, 27, 31, 34, 93, 100, 102, 107, Farbtafel nach Seite 112, 125, 132, 139, 143, 159, 166, 170, 171, 172, 173 unten, 177, 183, Farbtafel nach Seite 184, 188, 189, 190, 192, 193.

Musée Rodin, Paris: Seite 18.

Victoria and Albert Museum, London: Seiten 96, 98, 99, 101, 105, 108, 117, 129, 136, 147, 173 oben, 178, 182, 207, 256, Farbtafel nach Seite 256.

Aus Ambrose: Classical Dances and Costumes of India: Seiten 19, 20, 63, 88, 90.

Tanzvorführung bei der UNESCO: Seiten 81, 82, 83.

Literaturverzeichnis

1. Ambrose, Kay: *Classical Dances and Costumes of India;* A and C Black (Publishers), London, 1983.
2. Anderson, Walt: *Das offene Geheimnis;* Barth Verlag, München, 1981.
3. Bernbaum, E.: *Der Weg nach Shambala;* Papyrus Verlag, Hamburg, 1980.
4. Beyer, Stephan: *The Cult of Tara;* University of California, Berkeley and Los Angeles, 1973.
5. Bharati, Agehananda: *Die Tantra Tradition;* Aurum Verlag, Freiburg, 1977.
6. Blofeld, John: *Der Weg zur Macht;* Ullstein Verlag, Frankfurt, Berlin, Wien, 1981.
7. Carrington, Patricia: *Das große Buch der Meditation;* Scherz Verlag, Bern, München, 1982 (2. Auflage).
8. Chatterji, Usha: *La Danse Hindoue;* Asiathéque, Paris, 1982.
9. Conze, Edward: *Der Buddhismus;* Kohlhammer Verlag, Stuttgart, 1953.
10. Coomaraswamy, Ananda: *The Dance of Shiva;* Asian Publishing House, Bombay, 1948.
11. Coomaraswamy, Ananda: *The Mirror of Gestures;* Havard University Press, Cambridge, 1977.
12. Dargyay, Eva: *The Rise of Esoteric Buddhism in Tibet;* Motilal Banarsidass, Delhi, 1977.
13. Dürckheim, Karlfried Graf: *Japan und die Kultur der Stille;* Scherz Verlag, Bern, München, Wien, 1981 (7. Auflage).
14. Dürckheim, Karlfried Graf: *Vom doppelten Ursprung des Menschen;* Herder Verlag, Freiburg, 1973.
15. Dürckheim, Karlfried Graf: *Wunderbare Katze;* Scherz Verlag, Bern, München, Wien, 1982 (5. Auflage).
16. Dürckheim, Karlfried Graf: *Zen und wir;* Scherz Verlag, Bern, München, Wien, 1982.
17. Edde, Gerard: *Chakras et Santé;* L'Originel, Paris, 1985.
18. Eliade, Mircea: *Yoga. Unsterblichkeit und Freiheit;* Rascher Verlag, Zürich, 1960 (jetzt beim Insel Verlag, 1. Auflage 1977).
19. Evans-Wentz, W. J. (Hrsg.): *Das tibetanische Totenbuch;* Walter Verlag, Olten und Freiburg, 1973.
20. Fromm, Erich, und Suzuki, D. T.: *Zen-Buddhismus und Psychoanalyse;* Suhrkamp Verlag, Frankfurt, 1972.
21. Glasenapp, Helmut von: *Brahma und Buddha;* Deutsche Buchgemeinschaft Berlin, 1926.
22. Gosh, Monmohon: *Abhinaya Darpanam;* Metropolitan Printing and Publishing House, Calcutta, 1934.
23. Ions, Veronica: *Indische Mythologie;* Emil Vollmer Verlag, Wiesbaden, 1967.
24. Jaspers, Karl: *Die maßgebenden Menschen;* Piper Verlag, München, 1980 (6. Auflage).
25. Jung, Carl Gustav: *Zur Psychologie westlicher und östlicher Religionen;* Walter Verlag, Olten, 1979 (3. Auflage).

26. Kakar, Sudhir: *Schamanen, Heilige und Ärzte*; Biederstein Verlag, München, 1984.

27. Kukai: *Major Works*; übersetzt von Y. S. Hakeda, Columbia University Press, 1972.

28. Kumar, L. Frederick: *Philosophy of Shaivism*; Oxford and IBH Publishing, New Delhi, 1980.

29. Lawler, Lillian B.: *The Dance in Ancient Greece*; Wesleyan University Press, Middletown, Connecticut, 1978.

30. Lehmann, Johannes: *Buddha. Leben, Lehre, Wirkung*; Fischer Verlag, Frankfurt, 1983.

31. Lysebeth, André van: *Die große Kraft des Atems*; Scherz Verlag, Bern, München, Wien, 1977 (3. Auflage).

32. Lobo, Rocqe: *Jahrbuch für Yoga*; Scherz Verlag, Bern, München, Wien, 1980.

33. Mahesh, Sri: *Le Bhakti Yoga de Akkamaha Devi. Shiva Yoga*; Imprimerie Noel, Paris, 1977.

34. Michael, Tara: *La Symbolique des Gestes de Mains*; Editions Semaphore, Paris, 1985.

35. Molcho, Samy: *Körpersprache*; Mosaik Verlag, München, 1986.

36. Ohm, D. Thomas: *Die Gebetsgebärden der Völker und das Christentum*; E. J. Brill, Leiden, 1948.

37. L'Orange, H. P.: *Studies on Iconography of Cosmic Kingship in the Ancient World*; Aschehong Verlag, Oslo, 1953.

38. Percheron, Maurice: *Buddha*; Rowohlt Verlag, Reinbek, 1958.

39. Rambach, Pierre: *The Art of Japanese Tantrism*; Macmillan, London, 1979.

40. Rao, Vijaya: *Bharata Natyam, der klassische indische Tanz – Abbild des Göttlichen*; Verlag Hermann Bauer, Freiburg, 1987.

41. Saunders, Dale E.: *Mudra. A Study of Symbolic Gestures in Japanese Buddhist Sculpture*; University Press, Princeton, 1985.

42. Schleberger, Eckard: *Die indische Götterwelt*; Diederichs Verlag, Köln, 1986.

43. Schumann, Hans Wolfgang: *Buddhistische Bilderwelt*; Diederichs Verlag, Köln, 1986.

44. Sequeira, Ronald A.: *Klassische indische Tanzkunst und christliche Verkündigung*; Herder Verlag, Freiburg, 1978.

45. Suzuki, Daisetz T.: *Amida. Der Buddha der Liebe*; Scherz Verlag, Bern, München, Wien, 1974.

46. Suzuki, Daisetz T.: *Die große Befreiung*; Fischer Verlag, Frankfurt, 1975.

47. Suzuki, Daisetz T.: *Der westliche und der östliche Weg*; Ullstein Verlag, Frankfurt, Berlin, Wien, 1971.

48. Suzuki, Daisetz T.: *Erfülltes Leben aus Zen*; Barth Verlag, München und Bern, 1973.

49. Tieck-Bücher: *Gleich der Lotosblüte ist das Leben. Weisheit des Buddhismus*; Verlag Das Bergland Buch, Salzburg, 1979.

50. Toki, Horiu: *SI-DO-IN-DZOU. La Symbolique des Mudras*; Vidya, Montreuil, 1985.

51. Vasu, Sris Chandra (Übersetzer): *The Gheranda Samhita. A Treatise on Hatha-Yoga*; Theosophical Publishing House, London, 1967.

52. Zimmer, Heinrich: *Philosophie und Religion Indiens*; Suhrkamp Verlag, Frankfurt, 1979.

Verlag Hermann Bauer · Freiburg im Breisgau

Ingrid Ramm-Bonwitt

Yoga Nidra – Der Schlaf der Yogis

Ein Weg zum Gleichgewicht von Körper, Seele und Geist

2. Aufl., 143 S. mit 16 Abb. und 8 Zeichn. kart.
ISBN 3-7626-0615-3

Ein Weg zur Bewußtwerdung des Selbst, der Körper, Seele und Geist in einer selten vollkommenen Weise verbindet und zu bewußtseinstranszendenten Erlebnissen führen kann. Dank der Tiefenentspannung, die aus dem Bewußtwerden des Körpers, des Atems, der Sinne und des Denkens besteht, können nicht nur allgemeine Leiden wie Streß und Nervosität abgebaut, sondern die im Unbewußten liegenden Kräfte ins Bewußtsein gehoben werden.
Seit undenklichen Zeiten wird diese Methode der Introspektion von Yogis praktiziert, um das ihrem Wissen innewohnende überweltliche Sein zu vernehmen. Wörtlich übersetzt aus dem Sanskrit heißt *nidra* Schlaf, in dem körperliche, geistige und seelische Aktivitäten zur Ruhe kommen. Im Unterschied zum Tiefschlaf ist der Praktizierende aber bei vollem Bewußtsein.
Das Buch führt über bloße Theorie hinaus und enthält praktische Anleitungen zur Durchführung einiger Übungen, die von der physischen zur psychischen Entspannung führen. Eine wichtige Rolle kommt dabei den Sankalpas (Entscheidungen oder kurze Leitsätze) zu. Mit ihrer Hilfe können positive Einstellungen in den verborgenen Schichten des Unbewußten mobilisiert werden und dadurch eine Veränderung im Denken und Verhalten bewirken.

Verlag Hermann Bauer · Freiburg im Breisgau

Tonprogramm im Verlag Hermann Bauer

Ingrid Ramm-Bonwitt

Yoga Nidra – Der Schlaf der Yogis

Zwei typische Yoga-Nigra-Übungen, die auf dieser Kassette von Ingrid Ramm-Bonwitt besprochen werden, bieten Ihnen die Möglichkeit, Spannungen abzubauen und die Harmonie zwischen Körper, Seele und Geist wiederzuerlangen. Die Bewußtwerdung der einzelnen Körperteile und die Konzentration auf den Atem bewirken die physische Entspannung, die die psychische vorbereitet. Die geistige Entspannung wird durch das Hervorrufen der Empfindungen wie Wärme und Schwere und durch das Visualisieren verschiedener Bilder herbeigeführt.

Bauer-Tonbücherei im Verlag Hermann Bauer

Ingrid Ramm-Bonwitt

Tantrische Meditationen

Broschüre (157 S. mit 27 Abb.) mit 2 Karten und Tonkassette

Die tantrischen Meditationen, die zu den am höchsten entwickelten Formen der Selbsterforschung der Psyche gehören, geben dem Meditierenden die Möglichkeit, sich in seinen Sinneswahrnehmungen angesprochen zu fühlen, seine psychische Zentrierung zu erlangen und die Einheit allen Lebens in sich zu erfahren. Der Meditierende steigt in die Tiefen seines Unbewußten, um mit den archetypischen Bildern Kontakt aufzunehmen und kehrt mit neuen, für sein Alltagsleben hilfreichen Erfahrungen zurück.

Verlag Hermann Bauer · Freiburg im Breisgau